Heidelberger Fachbücher
für Praxis
und Studium

Techniken der Personalentwicklung

Trainings- und Seminarmethoden

von

Prof. Dr. Ralf D. Brinkmann

Korb

Mit 35 Abbildungen und Tabellen

I. H. Sauer-Verlag GmbH
Heidelberg

Die Deutsche Bibliothek – CIP-Einheitsaufnahme

Brinkmann, Ralf D.:
Techniken der Personalentwicklung : Trainings- und Seminarmethoden ; mit Tabellen / von Ralf D. Brinkmann. – Heidelberg : Sauer, 1999

(Heidelberger Fachbücher für Praxis und Studium)
ISBN 3-7938-7213-0

ISBN 3-7938-7213-0

© 1999 I. H. Sauer-Verlag GmbH, Heidelberg

Satz: ProSatz Unger, 69469 Weinheim

Druck und Verarbeitung: Wilhelm & Adam, Werbe- und Verlagsdruck GmbH,
63150 Heusenstamm

Umschlagentwurf: Horst König, 67067 Ludwigshafen

∞ Gedruckt auf säurefreiem, alterungsbeständigem Papier, hergestellt aus chlorfrei gebleichtem Zellstoff (TCF-Norm)

Printed in Germany

Geleitwort

Es ist mir eine besondere Freude, einige einleitende Worte zu diesem Buch von *Ralf Brinkmann* zu verfassen. Ich konnte mit dem Autor intensiv im Rahmen von Fortbildungsveranstaltungen der *European Platform for Vocational Rehabilitation* zusammenarbeiten und weiß daher aus persönlicher und beruflicher Erfahrung, daß wir ein gemeinsames Verständnis praxisorientierter Personal- und Organisationsentwicklung haben.

Die in diesem Buch vermittelten Vorgehensweisen stellen theoretisch fundierte Anwendungen auf dem Gebiet der Personalentwicklung dar. Personalentwicklung, ausgerichtet an der Praxis und den spezifischen Bedürfnissen einer Organisation, sichert Qualität und erhält bzw. steigert die Leistungsfähigkeit des Unternehmens. Meine Erfahrungen als Unternehmensberater und Hochschullehrer zeigen mir, wie wichtig es ist, die Einstellungen von Mitarbeitern zu deren Tätigkeit sowie ihr konkretes Verhalten zu beeinflussen, wenn es gilt, Organisationen erfolgreicher zu machen. Diesen Bemühungen sind jedoch häufig Grenzen gesetzt, da Einstellungen, Glaubenssätze und das in der Biographie erworbene Wertesystem von Mitarbeitern sowie spezifische unternehmenskulturelle Werte dem entgegenstehen. Individuelle wie auch kollektive Ansätze der Veränderung werden zwar in verschiedener Form angeboten, Verhaltensänderungen finden aber oft nur ansatzweise statt und führen zu keinen substantiellen Änderungen auf individueller oder organisationaler Ebene. Ursache hierfür sind meist nicht ausreichende methodische Kenntnisse und Erfahrungen von Führungskräften, internen Coaches oder hausinternen Trainern.

Das vorliegende Buch *„Techniken der Personalentwicklung"*, entstanden aus der Trainingspraxis des Autors, bietet viele Anregungen und Ideen zur Gestaltung von Trainings, Seminaren und Workshops, die nachhaltige Erfahrungen und Erlebensprozesse vermitteln. Damit liegt der Schwerpunkt der dargestellten Methoden auf der emotionalen Ebene, wenngleich kognitive und verhaltensbezogene Komponenten nicht zu kurz kommen. Neben einer fundierten Einführung in die Grundlagen der Trainingspraxis veranschaulicht es bekannte und weiterführende Vorgehensweisen. Es bietet vor allem Trainingsmethoden für spezielle Themenbereiche wie *Kommunikation, Neuro-Linguistisches Programmieren, Teamentwicklung, Coaching, interkulturelle Zusammenarbeit, Service- und Kundenorientierung*. Damit gibt der Autor

Geleitwort

dem Leser, der im Rahmen von Personalentwicklung, Veranstaltungen konzipieren oder durchführen muß, eine notwendige Orientierung und Praxishilfe zugleich.

Der Autor hat einen gelungenen Beitrag geleistet, um die Umsetzung von Strategien und Ansätzen von Personalentwicklung zu verbessern. Somit stellt das Buch eine wertvolle Quelle für Trainer und Manager dar, die Bedürfnisse und Erwartungen von Mitarbeitern ernst nehmen.

San Diego, Sommer 1999

Dr. Fred R. McFarlane
Professor, Interwork Institute
San Diego State University,
California, USA

Inhaltsverzeichnis

1. Einleitung

Das Buch ist aus der Seminar- und Trainingserfahrung des Autors entstanden und informiert über erfolgreiche *Techniken, Übungen und Spiele,* die im Rahmen von Maßnahmen der Personalentwicklung eingesetzt werden. Es möchte auf anschauliche und systematische Weise über Methoden sowie einige ausgesuchte spezifische Anwendungsfelder informieren.

Obwohl es bereits eine Vielzahl von Büchern zu Kurs- und Seminarmethoden gibt, sprechen gute Gründe dafür, ein weiteres hinzuzufügen. Ein wesentlicher ist, daß das Buch eine Lücke schließt zwischen der mittlerweile sehr umfangreichen Literatur zur Personalentwicklung (PE) einerseits, die sich vor allem mit den Zielen, Konzepten und Strategien der betrieblichen Erwachsenenbildung befaßt und dem Bedarf der Praktiker andererseits nach Hilfen der *praktischen Umsetzung* von PE-Zielen in der betrieblichen Bildung. So bietet das vorliegende Buch Unterstützung für die Gestaltung von Trainings im allgemeinen und zahlreichen Maßnahmen der Personalentwicklung im besonderen. Es befaßt sich vor allem mit dem *WIE* und weniger mit dem *WAS* und *WARUM* von Personalentwicklung. Vom Inhalt her bewegt es sich somit auf einer sehr konkreten und praxisrelevanten Ebene.

Neben theoretischen Aspekten des *Lehrens und Lernens* im Rahmen der Erwachsenenbildung soll im Mittelpunkt die Darreichung von *Methoden zu bestimmten Themengruppen* stehen, die die heutige Personalentwicklung inhaltlich kennzeichnen (z. B. Coaching, Kunden- und Serviceorientierung, interkulturelle Zusammenarbeit). *Übungen, Vorgehensweisen, Techniken* oder *Spiele* werden dabei nach einem gleichbleibenden Schema übersichtlich dargestellt. Damit wird dem Leser eine informative Übersicht an die Hand gegeben, die ihm eine rasche und leichte Orientierung zu interessierenden Themen ermöglicht.

Inhaltlich geht das Buch mit seinem Kapitel zum NLP (Neuro-Linguistisches Programmieren) auch auf neueste Entwicklungen ein und kommt damit einem ausgeprägten Leserinteresse entgegen.

2. Wie ist dieses Buch aufgebaut?

Im *ersten Teil* des Buches werden die notwendigen Voraussetzungen für einen sinnvollen Methodeneinsatz beschrieben. Es geht um Grundsätzliches zu Lernprozessen und Einstellungsänderungen, um Gruppendynamik, organisatorische Rahmenbedingungen von Veranstaltungen der Personalentwicklung sowie um die Rolle von Trainern.

Der *zweite Teil* besteht ausschließlich aus der Methodensammlung. Vielfach erprobte Methoden, Spiele und Übungen zu den unterschiedlichsten Bereichen der Personalentwicklung werden hier beschrieben. Als Einstimmung in die einzelnen Themenbereiche wird zunächst der jeweilige theoretische Hintergrund dargestellt. Danach folgen die einzelnen Verfahrensweisen, die nach einem einheitlichen Darstellungsschema aufgebaut sind. Dieser Aufbau beinhaltet die Punkte:

Name der Methode: Diese Zeile trägt den Namen der Methode sowie eine alphanumerische Kodierung zum schnellen Auffinden.

Stichwort: Das Stichwort soll eine rasche Einordnung der Verfahrensweise ermöglichen.

Ziel: Hier wird die wesentliche Zielsetzung kurz und knapp beschrieben.

Typ: Diese Rubrik kategorisiert die Methode danach, ob es sich um Gruppen- oder Einzelarbeit, eine Übung oder ein Spiel handelt.

Ort: Unter diesem Stichwort wird auf die benötigten räumlichen Voraussetzungen und örtlichen Gegebenheiten zur Durchführung der Methode hingewiesen.

Mitwirkende: Benannt ist hier der Personenkreis, für den diese Methode geeignet ist bzw. wer zur erfolgreichen Durchführung des Verfahrens unbedingt benötigt wird.

Durchführung: Dieser Punkt geht auf den Ablauf ein. Es werden Anregungen gegeben, wie diese Methoden durchzuführen sind.

Dauer:	Die hier angegebenen Zeiten sind Erfahrungswerte, die je nach Gruppengröße, Zusammensetzung und Rahmenbedingungen variieren können.
Teilnehmer:	Mindest- und Höchstgrenzen für die Anzahl der Teilnehmer an einer Übung, einem Spiel oder einer Gruppenarbeit werden hier vorgeschlagen. Die angegebenen Zahlen gewährleisten einen erfolgreichen Einsatz der Methode.
Trainer:	„Trainer" steht für den Leiter einer Veranstaltung. Hier wären auch Bezeichnungen wie Moderator, Seminarleiter, Referent usw. möglich.
Material/ Unterlagen/ Vorbereitung:	Benötigte Materialien oder Unterlagen sowie andere Arbeiten, die der Vorbereitung des Einsatzes einer Methode dienen, werden hier aufgeführt.
Auswertung:	Diese Zeile bietet der Leitung Hilfen für die abschließende Auswertung eines Spiels, einer Übung, einer Einzel- oder Gruppenarbeit an.
Variationen:	Hier werden Anregungen für Abwandlungen der Grundversion gegeben, da Veränderungen neue Wirkungen oder ganz neue Einsatzmöglichkeiten ergeben können.

Alle Methoden sind in einer Gesamtübersicht nach Themen geordnet und in alphabetischer Reihenfolge im Anhang zu finden.

Das Buch ist überwiegend in der männlichen Form geschrieben, da sich auch die mittlerweile häufig gebrauchte neue Schreibweise, in die die weibliche Form integriert ist, in vielen Zusammenhängen fremd anhört. Leserinnen mögen dies im Sinne einer Leseerleichterung dem Autor nachsehen.

3. Veranstaltungsformen

In der Personalentwicklung werden alle Entwicklungsmaßnahmen außerhalb des Arbeitsplatzes als *Off the job* bezeichnet. Das *Off-the-job-Lernen* ist stärker mit einem Reflexionsprozeß, einer systematischen Analyse und dem Raum für Muße verbunden. Hiervon sind das *Into-the-job-Lernen*, das *On-the-job-Lernen* und das *Near-the-job-Lernen* zu unterscheiden. Ersteres hat alle Maßnahmen der raschen Einarbeitung neuer Mitarbeiter in eine Organisation zum Ziel. Es reicht von einer allgemeinen Information neuer Mitarbeiter, über Mentoren- und Patensystemen bis zum Coaching. Das On-the-job-Lernen besitzt einen direkten Problembezug zur Tätigkeit, bezieht die Zusammenarbeit mit anderen ein und ist damit sehr stark realitätsbezogen. Formen des Near-the-job-Lernens verbinden den individuellen Lerneffekt mit den Anforderungen der Arbeitswirklichkeit. Meist gibt es konkrete Anlässe, die bei dieser Form das Wissens-, Fertigkeits- und Erfahrungspotential der Teilnehmer mit der Notwendigkeit des Findens von Lösungen für betriebliche Problemstellungen verknüpfen.

Für alle vier Lernarrangements werden unterschiedliche Veranstaltungsformen gewählt. Die wichtigsten sind das *Seminar*, das *Training*, der *Workshop* und die *Selbsterfahrungsgruppe*. Je nach Veranstaltungsform definieren sich die Beziehungen zwischen Teilnehmern und der Leitung bzw. den Teilnehmern untereinander. Der unterschiedliche Ablauf dieser Veranstaltungen bildet den Rahmen für das Handeln und Verhalten der Agierenden. Die Veranstaltungsform bedingt somit auch die zu wählenden Methoden und deren Einsatz.

3.1 Das Seminar

Seminare werden meist danach unterschieden, ob sie *intern* oder *extern* stattfinden. Bei ersteren liegt die Verantwortung bzgl. Zielsetzung, Ablauf, Organisation und Durchführung beim Unternehmen selbst. Das Seminar kann sowohl im Betrieb als auch außerhalb, z. B. in einem Hotel, stattfinden. Auf externe Seminare hat das Unternehmen i. d. R. keinen Einfluß, d. h. die Seminarkonzeption, Organisation und Durchführung obliegt dem externen Seminaranbieter.

Seminare können über einen oder mehrere Tage dauern, eine Einzelveranstaltung sein oder aus einer Reihe von Veranstaltungen bestehen.

Inhaltlich versucht das Seminar, möglichst alle Teilnehmer zu aktivieren und zu beteiligen. Zentrales Interesse im Seminar ist auch der Entwicklungsprozeß, den eine Seminargruppe über die Zeit, in der sie zusammen ist, durchmacht. Er begleitet die Arbeit am Thema. Die zuständigen Referenten müssen diesen Prozeß fördern und Anregungen geben, damit Ideen produziert und Aktivitäten eingeleitet werden können. Schließlich gibt die Leitung auch Hilfestellung, wenn Materialien benötigt, Informationen gesucht oder Methoden eingesetzt werden sollen.

Somit besteht im Seminar sowohl für den Trainer als auch die Teilnehmer eine Vielzahl möglicher Handlungsmuster. In der Regel steht bei Seminaren mehr Zeit zur Verfügung als bei einem Training oder Workshop, so daß beim Einsatz von Methoden stärker auf die Erfahrungen, Erkenntnisse und „Aha-Erlebnisse" abgestellt werden kann, die einzelne Übungen, Spiele usw. den Teilnehmern vermitteln. Ebenso wichtig ist die Aktivierung der Teilnehmer und die Förderung sozialer Kontakte, die im Rahmen eines Seminars stärker berücksichtigt werden können, um ein Zusammenwachsen der Gruppe zu ermöglichen.

3.2 Das Training

In der Personalentwicklung ist der Begriff *Training* unterschiedlich besetzt. Ursprünglich stammt er aus dem Sport und bezeichnet ein sich wiederholendes Programm zur Leistungssteigerung. Dabei kann sich Training auf einen Einzelnen oder ein Team beziehen. Da auch berufliche Situationen *trainiert* werden können, besteht das Hauptcharakteristikum des Trainings im *geplanten Ablauf* zur Vermittlung spezifischer Fähigkeiten, Fertigkeiten oder Verhaltensweisen, was nicht ausschließt, daß dabei auch nicht geplant oder unbewußt Lernprozesse vor sich gehen.

Die gebräuchlichste Form des Training dürfte das *Training-on-the-job (TOJ)* sein. Hier wird das Trainieren mit der beruflichen Realität aufs engste verknüpft. Die Leitung eines Trainings obliegt dem Trainer. Er kann als interner Trainer aus dem Haus stammen oder als Externer für das Training die Verantwortung tragen. Der Begriff des Trainers hat sich, wie in der Folge noch auszuführen sein wird, in der beruflichen Bildung durchgesetzt und steht als Synonym für den *Seminarleiter, Referenten, Moderator, Leiter* usw. Trainings können wie im TOJ sehr kurz dauern, aber auch über mehrere Tage gehen. Im Training stehen der Sachinhalt und die Vermittlung von Fertigkeiten und Fähigkeiten ebenso wie das Informations- und Lernbedürfnis der Lernenden im Vordergrund. Im Gegensatz zum Seminar muß der Wunsch nach Austausch und Kontakt häufig hintanstehen. Gleichwohl ergeben sich informell auch bei Trainings vielfältige Möglichkeiten hierfür bzw. können durch den Trainer bewußt gesteuert werden.

Der Methodeneinsatz richtet sich nach der spezifischen Zielsetzung des Trainings, der meist bei der Wissensvermittlung, dem Üben, der Visualisierung, der Darstellung von Abläufen und Verhaltensweisen liegt (z. B. Methoden der geistigen Arbeit).

3.3 Der Workshop

Im Workshop wird unter kompetenter Anleitung eine spezielle Zielsetzung verfolgt. Workshops dienen in der Regel zur *Ideenfindung* und *der Erarbeitung bestimmter Problemlösungen*. Teilnehmer sind diejenigen, die zur Lösung eines Problems aufgrund der Betroffenheit oder ihrer Erfahrung etwas beitragen können. Hierzu müssen die Teilnehmer kooperieren und dort, wo nötig, sich auch die Arbeit teilen. Die Leitung bereitet den Workshop vor, koordiniert den Ablauf gemeinsam mit den Teilnehmern und lenkt auf das angestrebte Resultat hin. Der Austausch von möglichst vielen Ideen und Beiträgen soll erreicht werden. Workshops können ein bis drei Tage dauern und bei der Teilnehmerzahl stark variieren (5 bis 50 Personen). Methoden haben hier vor allem eine *Katalysator-Funktion*, indem sie die Zusammenarbeit erleichtern, Unterstützung bei einer Themenerschließung geben, zum Austausch anregen oder die Darstellung erarbeiteter Resultate vereinfachen.

3.4 Die Selbsterfahrungsgruppe

Der besondere Aspekt einer Selbsterfahrungsgruppe liegt in der Auseinandersetzung der Teilnehmer mit ihrem *Selbst- und Fremdbild*. Über die Rückmeldungen der anderen Teilnehmer wird versucht, eine möglichst hohe Übereinstimmung zwischen der Wahrnehmung der eigenen Handlungen und Verhaltensweisen mit der tatsächlichen Wirkung auf andere zu erreichen. Da Menschen individuell unterschiedlich ausgeprägte Fähigkeiten und Merkmale besitzen, die sich im Laufe einer langjährigen Biographie herausgebildet und weiterentwikkelt haben und mehr oder weniger bewußt sind, ist eine Reflexion darüber sehr wichtig. Denn sogenannte „blinde Flecken" in der Wahrnehmung bewirken, daß eine Person Verhaltensweisen oder spezifische Eigenarten an sich häufig nicht bemerkt bzw. ihre Wirkung völlig falsch einschätzt.

Selbsterfahrungsgruppen werden vor allem zur Entwicklung der Persönlichkeit eingesetzt. Sie dauern i. d. R. zwei bis fünf Tage. Hierzu zählen auch viele *Outdoor-Trainings*, bei denen die Selbsterfahrung über die Wirkung auf andere hinausgeht und daher Erfahrungen mit den eigenen Grenzen und den eigenen in uns schlummernden Ressourcen gemacht werden können. Methoden der Selbsterfahrung sollen vor allem diesen Erkenntnisprozeß bewirken, das Vertrauen der Teilnehmer untereinander aufbauen, den Austausch fördern und wertvolle Hilfen für Veränderungen geben.

4. Strategie- und systemorientierte Ansätze in der Personalentwicklung

Die bisher geschilderten Formen von Personalentwicklung können nun noch nach ihrer *Zielsetzung* unterschieden werden. Im Denken der Personalverantwortlichen verankert sich mehr und mehr die Überzeugung, daß sich Personalentwicklung an Strategien der Organisation ausrichten muß. Es geht dabei verstärkt um eine bedarfsorientierte Entwicklung der Mitarbeiter, die sich wiederum an den Strategien des Unternehmens und den Anforderungen des Umfeldes orientiert. Personalentwicklung wird daher vermehrt wohldurchdacht geplant, indem strategische Geschäfts- und Produktfelder definiert sowie Unternehmensdaten und Personalressourcen mit Blick auf die jeweiligen strategischen Geschäftsfelder analysiert werden.

Daraus leiten sich schließlich die *Anforderungen* und *Schlüsselqualifikationen* für die betroffenen Mitarbeiter ab, und die *spezifischen Prozesse* des Arbeitsablaufes und der Zusammenarbeit werden definiert. Hier ist ein Trend zu registrieren, der aufgrund von zunehmender

Komplexität der Tätigkeiten, der technischen Umwälzungen und der weltweiten wirtschaftlichen Konkurrenz *Persönlichkeitseigenschaften* notwendig macht. Dies sind beispielsweise: Überzeugungsfähigkeit, strategisches Denken, Klarheit des Wertesystems, Team- und Kommunikationsfähigkeit, Selbstmanagementfähigkeiten oder das Vermögen, sich trotz Unsicherheit entscheiden zu können. Aber auch betriebliche Prozesse, die durch eine starke Vernetztheit gekennzeichnet sind, gehören dazu. Die Ziele der Personalentwicklung werden dabei durch die zunehmende Erkenntnis bestimmt, daß sowohl eine Organisation als auch ein System nur dann funktioniert, wenn es über viele Elemente – also Mitarbeiter – verfügt, die voneinander abhängig sind und sich in ihrer Leistung gegenseitig beeinflussen.

Insgesamt ist erkennbar, daß Unternehmen ihre Personalentwicklung stärker an Strategien und dem Systemgedanken ausrichten. Konkret bedeutet dies, Mitarbeitern notwendige Fähigkeiten und Verhaltensweisen auch im realen Systemkontext, d. h. im gemeinsamen Training mit Vorgesetzten und Kollegen, zu vermitteln. Dies stellt besonders Trainer und Verantwortliche von Bildungsveranstaltungen vor die Aufgabe, Lernprozesse so zu gestalten, daß nachhaltige Erlebnisse ermöglicht und gemeinsame Erkenntnisse gesammelt werden können. Ebenso sollte die Chance bestehen, Erfahrungen auf neuen Feldern zu machen und individuelles sowie kollektives Verhalten zu reflektieren. Dies alles ist nicht reproduzierbar oder so einfach nachzuahmen, wie es etwa beim Vermitteln von Informationen oder Wissen geschieht.

5. Lernziele

Der Begriff des Lernens wird von den meisten Menschen mit der Aneignung von Wissen gleichgesetzt. Für die Pädagogische Psychologie, die sich mit dem Lernen und den Lernprozessen befaßt, ist dieser Begriff jedoch viel umfassender. Dort beinhaltet Lernen alle Verhaltensänderungen, die aufgrund von Erfahrungen zustande kommen. Es ist allerdings auch zu beachten, daß einerseits Lernprozesse ablaufen, die sich in externen Veränderungen wie Verhalten oder bestimmten Fertigkeiten zeigen und solchen, die sich im einzelnen selbst vollziehen, z. B. in bezug auf Werte, Haltungen, Einstellungen oder Gefühle. Im Rahmen der Personalentwicklung werden daher i. d. R. immer folgende drei Lernbereiche angesprochen:

– das Wissen,
– das Können und
– die Einstellungen und Haltungen.

Die Absicht, Lernprozesse bei Teilnehmern von Maßnahmen der Personalentwicklung herbeizuführen, macht es daher notwendig, sich über die Richtung und das Ausmaß dieser Veränderungen Gedanken zu machen. Hierzu sind nach Möglichkeit konkrete Beschreibungen zu geben wie das künftige Verhalten, das Wissen, die Einstellung usw. *nach* der Maßnahme aussehen bzw. ausgeprägt sein sollte. Dazu werden *Lernziele* formuliert, die genau beschreiben, was erreicht werden soll. Weil Lernprozesse immer Kognitionen, Emotionen und Fähigkeiten des einzelnen betreffen, werden sie auch als die *klassischen Lernzielbereiche* bezeichnet. Für die Planung von Entwicklungsaktivitäten bieten sie eine hilfreiche Systematik zur Lernzielbestimmung.

5.1 Kognitive Ziele

Bei der Vermittlung von Wissen beziehen sich die Ziele des Lernens auf das *Wissen*, das *Denken*, das *Lösen von Problemen*, auf neue *Kenntnisse*, spezifische *Informationen* oder allgemeine *intellektuelle Fähigkeiten*. Alles, was vermittelt werden soll, hat etwas mit dem Denken zu tun, der Kognitio.

Beispiele:

Ein Bankangestellter soll die neuesten Informationen über ein Bausparmodell einer Bausparkasse vermittelt bekommen. Hierbei handelt es sich vor allem um Informationen zu einem bestimmten Produkt. Das Lernziel für ein Training-on-the-job (TOJ) könnte lauten: Der Teilnehmer soll die wichtigsten Vorteile des neuen Produkts gegenüber dem Konkurrenzprodukt benennen und Kunden Auskunft über Inhalte, Laufzeiten und Tarife geben können.

5.2 Psychomotorische Lernziele

Dieser Lernzielbereich umfaßt die Elemente *Können* oder *praktische Fertigkeiten*, also alles im Sinne einer Fertigkeit. *Psychomotorisch* deshalb, weil hier die Umsetzung von Wissen in Handeln im Mittelpunkt steht.

Beispiel:

Das richtige Halten einer Feile zur Werkstoffbearbeitung, die Handhabung der Tastatur eines PC oder die Beratung eines Kunden.

5.3 Affektive Lernziele

Sie beziehen sich auf den Gefühlsbereich, der beispielsweise bei Einstellungen eine große Rolle spielt. So sind mit der Einstellung zu einer Partei, einer Speise, einer Person oder gegenüber hygienischem Verhalten immer Gefühlskomponenten aktiv. Der affektive Lernzielbereich erfährt in der Personalentwicklung eine immer stärkere Beachtung, weil in ihm der wesentliche Schlüssel für personale Veränderungen liegt.

Beispiel:

Verkäufer müssen den Kunden als ihren „Arbeitgeber" akzeptieren und ihm entsprechend begegnen. Beamte müssen vom „Obrigkeitsdenken" Abschied nehmen. Vorgesetzte sollten sich als „Dienstleister" für Mitarbeiter verstehen.

Dies alles setzt Einstellungsveränderungen voraus. Werte, die die Grundlagen von Überzeugungen sind, müssen in Frage gestellt und verändert werden.

Zusammengefaßt kann der Mensch also mit „Kopf", „Hand" und „Herz" lernen. Daß diese Bereiche eng miteinander verbunden sind, wird am Beispiel der Kundenorientierung deutlich. Verkäufer müssen zunächst einmal *„erkennen"* und *„verstehen"*, daß sich Unternehmen meist vordergründig durch die Qualität ihrer Mitarbeiter und nur noch marginal durch ihre Produkte voneinander unterscheiden (kognitives Lernen). Sie müssen Fertigkeiten und Techniken erlernen, um in ihrer *Gesprächsführung* den gestiegenen Ansprüchen, Erwartungen und Argumentationen aufgeklärter Kunden gerecht zu werden (psychomotorisches Lernen). Und schließlich müssen sie dem Kunden „dienen" *wollen*, um ihm einen umfassenden Service zu bieten (affektives Lernen).

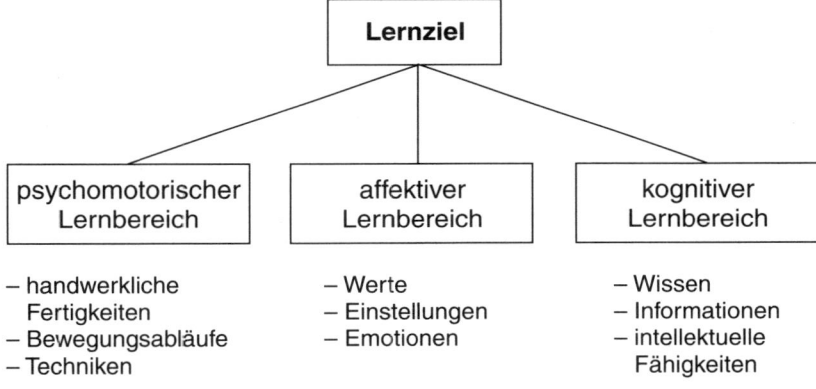

Abb. 1: Die drei Lernzielbereiche

6. Der Trainer als Lernpartner

6.1 Das Rollenverständnis

In der *betrieblichen Weiterbildung* hat sich im Gegensatz zur Fort-
und Weiterbildung in allgemeinbildenden Einrichtungen wie z. B. der
Volkshochschule, der Begriff „Trainer" durchgesetzt. Er signalisiert,
daß die Aufgabe eines Trainers nicht ausschließlich in der Wissensvermittlung liegt, wie dies schwerpunktmäßig beim Begriff des „Dozen-
ten" oder „Referenten" der Fall ist. Vielmehr legt der Begriff besonderen Wert auf die Veränderung von Verhalten, das Erlernen von Fertigkeiten und die Korrektur von Einstellungen.

Das Verständnis der Rolle eines Trainers kommt der eines Moderators
am nächsten. Der Trainer verfolgt im Gegensatz zum Moderator stärker
die inhaltlichen Ziele, gibt klare Aussagen darüber ab, ob z. B. ein Teil-
nehmerverhalten richtig oder falsch ist. Seine Professionalität, sein Wissen und seine Erfahrungen zwingen ihn, Stellung zu nehmen. Dagegen
ist der Moderator inhaltlich neutral und versucht, die in den Teilnehmern
liegenden Kenntnisse, Erfahrungen, Fähigkeiten sowie ihre Motivation
zu aktivieren und zu kultivieren. Der Moderator ist somit mehr Helfer
bei Problemlösungen und Berater für Prozesse. Gleichwohl überschnei-
den sich die Rollen in vielen Phasen eines Trainings, was dazu führt, daß
sich Trainer immer wieder in beiden Rollen zurechtfinden müssen.

6.2 Das Trainerverhalten

Trainer und Teilnehmer bei Veranstaltungen gehen gemeinsam vor-
übergehend eine Beziehung besonderer Art ein. Die Teilnehmer erwarten vom Trainer, daß er ihre Fähigkeiten erweitert, Kenntnisse vermittelt, Verhaltenshinweise und Denkanstöße gibt oder ihnen neue Einstellungen aufzeigt. Der Trainer seinerseits ist überzeugt, die entsprechende Erfahrung, das Können und Wissen mitzubringen, um diesen
Erwartungen gerecht zu werden. Die Praxis zeigt jedoch meist keine
Ausgewogenheit zwischen den gegenseitigen Erwartungen, sondern
eher eine Abhängigkeit der Teilnehmer vom Trainer, indem dieser vorträgt und die Teilnehmer zuhören. Das Verhältnis ist allerdings ein
wechselseitiges, da ihr gemeinsames Ziel nur durch das Zutun beider
Seiten erreicht werden kann.

Es empfiehlt sich deshalb für jeden Trainer, die Regeln der Themen-
zentrierten-Interaktion (TZI) nach *Ruth Cohn* zu beherzigen (Themen-
zentrierte-Interaktions-Regeln). *Ruth Cohn* geht es in ihrem TZI-Mo-
dell um eine Verbindung von *Interaktionsanliegen* mit *Sachanliegen*
von Gruppen. Um dies zu erreichen, strukturiert sie die Situation sehr
stark, was auch in ihrem Modell deutlich wird. Nur das Beachten der
Struktur ermöglicht eine effektive Interaktion und Kommunikation.
Sie schlug deshalb vor, einen Ausgleich innerhalb der menschlichen
Kommunikation zu schaffen: zwischen der *Sache (Es)*, um die es
geht, im Training demnach das *Thema* und den einzelnen, also *Teilnehmer und Trainer (Ich)* sowie der *Gruppe (Wir)*. Alle drei werden von
der *Umwelt (Globe)* umgeben. Dieser Zusammenhang wird im folgenden Dreieck verdeutlicht:

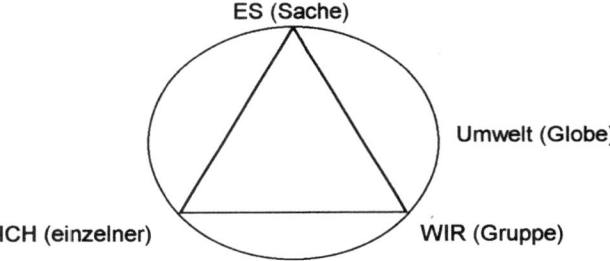

Abb. 2: Das TZI-Dreieck

Die Instanzen des Modells sind folgendermaßen zu kennzeichnen:

- *Ich (Person):* Dies sind die Teilnehmer mit ihren Wahrnehmungen,
  Wünschen, Gedanken, Erfahrungen, Gefühlen, Körperempfindun-
  gen und Ängsten in bezug auf das Training oder das Thema.

- *Wir (Gruppeninteraktion):* Hierunter fällt das Erleben des Umgangs
  miteinander, der emotionalen Dynamik und der kognitiven Gemeinsamkeiten. Es geht nicht darum, in der Trainingsgruppe aufzugehen,
  sondern sich zu fragen: „Wie kann ich mich einbringen?"

- *Es (Thema):* TZI betrifft nur Gruppen, die sich gemeinsam einer
  Aufgabe stellen, also zusammen agieren, Probleme lösen, verstehen,
  planen, erleben oder miteinander lernen.

- *Globe oder Kreis (Umfeld):* Er umfaßt alles, was außerhalb der
  Gruppe liegt, aber auf die Teilnehmer während des Trainings Einfluß
  ausübt, wie Zeitrahmen, Motivation, Gruppenräume, Unterkunft usw.

Der Trainer hat die Aufgabe, dieses Dreieck im Gleichgewicht zu halten, während die Teilnehmer auf die Balance innerhalb der Gruppe achten sollten. Dazu müssen sie ein eigenes Gleichgewicht aufbauen und aufrechterhalten, indem sie die TZI-Regeln einhalten.

Diese basieren auf den beiden folgenden Postulaten:

1. „Sei Dein eigener Vorsitzender."

Teilnehmer sollen sich ihre Bedürfnisse und Bestrebungen klarmachen und sie in der Gruppe vertreten. Sie sollen Verantwortung für sich übernehmen, entscheiden, wann und was sie reden, denn alle anderen, inklusive Trainer, tun es auch.

2. „Störungen und Betroffenheit haben Vorrang."

Damit will *Cohn* sagen, daß gelangweilte, abgelenkte oder gar verärgerte Teilnehmer, die dem Training oder einem Gespräch demnach auch nicht folgen können, sich die Freiheit nehmen sollten, dies der Gruppe zu signalisieren. Es ist besser, seine Betroffenheit zu äußern oder eine Frage zu stellen, als negative Gefühle zu entwickeln, die dazu führen, daß der einzelne oder im schlimmsten Fall sogar die ganze Gruppe nicht vom Training profitieren.

Regel 1: „Vertritt Dich selbst in deinen Aussagen; indem Du in der Ich-Form, nicht in der Wir- bzw. Man-Form sprichst."

Das Verwenden der *Ich-Form,* anstelle von *Man- oder Wir-Formulierungen* macht die Eigenverantwortlichkeit des Sprechers deutlich, die dieser übernimmt. Dadurch kann der Zuhörer seine Aussagen leichter annehmen.

Regel 2: „Wenn Du Deine Frage stellst, mache klar, warum Du fragst und was Deine Frage für Dich bedeutet. Sage Dich selbst aus und vermeide das Interview."

Regel 3: „Sei authentisch und selektiv in Deiner Kommunikation. Mache Dir bewußt, was Du denkst, fühlst und glaubst und überdenke vorher, was Du sagst und tust."

Unter authentisch wird der Kontakt zu den eigenen Gefühlen und Gedanken verstanden. Selektiv zu sein bedeutet, nicht alles zu sagen, was gedacht und gefühlt wird. Selektiv authentisch zu sein, ist daher eine Gratwanderung zwischen unbedingter Offenheit und ängstlicher Verschlossenheit.

Regel 4: „Halte Dich mit Interpretationen zurück. Sprich statt dessen Deine persönlichen Reaktionen aus."

Diese Regel soll vor Mißverständnissen schützen, die durch ungeprüfte Vermutungen bzgl. des Verhaltens oder der Motive anderer entstehen. Interpretationen führen meist zu Zurückweisungen, Richtigstellungen oder Rechtfertigungen und belasten damit das Klima in einer Gruppe oder zwischen zwei Personen. Dagegen sind direkte persönliche Reaktionen, *wie* etwas erlebt wurde und nicht, auf *was* es zurückzuführen ist, eher förderlich für die Interaktion.

Regel 5: „Sei zurückhaltend mit Verallgemeinerungen."

Regel 6: „Wenn Du etwas über das Benehmen oder die Charakteristika eines anderen Teilnehmers aussagst, sage auch, was es Dir bedeutet, daß er so ist, wie er ist (d. h., wie Du ihn siehst)."

Beispiel: „Mich ärgert es, wenn Sie während des Trainings Kreuzworträtsel lösen."

Regel 7: „Seitengespräche haben Vorrang."

Sie stören zwar, sind aber häufig wichtig. Teilnehmer haben Beiträge zum Thema, trauen sich aber nicht, diese einzubringen. Seitengespräche zeugen immer von einer hohen Ich-Beteiligung, im Sinne des starken Beteiligt-Seins, aber auch von Ablehnung.

Regel 8: „Nur einer zur gleichen Zeit."

Um eine Desorientierung der Teilnehmer zu vermeiden, sollten Äußerungen in einer Gruppe nacheinander ablaufen. Nur so können sich alle auf die Aussagen einzelner konzentrieren.

Regel 9: „Wenn mehr als einer gleichzeitig sprechen wollen, verständigt Euch in Stichworten, über was Ihr zu sprechen beabsichtigt."

Absprachen in dieser Form machen autoritäre Entscheidungen seitens des Trainers überflüssig.

Regel 10: „Beachte Signale Deines Körpers und beachte diese auch bei anderen Teilnehmern."

Körpersignale können innere Widersprüche anzeigen und so wichtige und zusätzliche Informationen geben. So können sie Angst, Ärger, Verlegenheit, Vertrauen oder Ablehnung signalisieren.

Die Vernetzung der Gruppe der Teilnehmer, der Person des Trainers, der Thematik und der angewendeten Methoden, kann in folgender Graphik nachvollzogen werden:

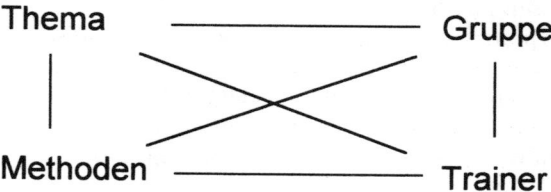

Abb. 3: Erweiterung und Übertragung des TZI-Modells
auf die Trainingssituation

Damit Teilnehmer im Training die TZI-Regeln verinnerlichen und in der Veranstaltung praktizieren, sollte ihnen der Trainer als Modell dienen. Dadurch stiftet er eine gute Atmosphäre, und die Gruppe wird immer wieder an diese Regeln erinnert. Hilfreich ist es, die TZI-Regeln zu Beginn des Trainings zu erklären und sie gut sichtbar auf einem Chart im Seminarraum an die Wand zu heften.

7. Planung und Durchführung von Veranstaltungen der Personalentwicklung

Im Unterschied zur systematischen Planung von Personalentwicklung durch die Personalverantwortlichen, die sich i. d. R. an strategischen Zielen orientiert, muß ein Trainer die groben Zielsetzungen, die ihm vorgegeben werden, auf eine Ebene herunterbrechen, die er in seine didaktischen und methodischen Überlegungen einließen lassen kann. Darüber hinaus muß er sich Gedanken machen, wie der Transfer in die Praxis gesichert und der Erfolg von ihm verantworteter Maßnahmen auch in Zeiten knapper Kassen belegt werden kann. Kurz: Er muß die Qualität seiner Veranstaltung sichern. Dies kann er, wenn er einige wesentliche Punkte berücksichtigt. Qualität drückt sich aus in

- einer guten *Vorbereitung* auf die Thematik oder Problemstellung,
- einer klaren *Lernzieldefinition* für die Maßnahme,
- einem entsprechenden *Design der Aktivität*, abgestimmt auf die Lernziele,
- einer Absicherung der *Umsetzung* in den betrieblichen Alltag (Transfersicherung) und
- einer anschließenden *Bewertung der Maßnahme* und deren Qualität (Bildungs-Controlling).

Im nächsten Abschnitt wird deshalb die Planung und Organisation von Veranstaltungen der Personalentwicklung näher beschrieben.

Um Trainings, Seminare oder Gruppenprogramme erfolgreich durchführen zu können, ist eine gute Planung notwendig. Dabei können zwei Planungsarten voneinander unterschieden werden: die *Vorausplanung* und die *Steuerung der Prozesse* während der Veranstaltung.

Das Vorausplanen dient dazu, den Inhalt und die organisatorischen sowie technischen Rahmenbedingungen festzulegen. Die Prozeßsteuerung sichert die konkrete und praktische Umsetzung. Zur Prozeßgestaltung gehört das Abklären der Erwartungen und des Bedarfs der Teilnehmer zu Beginn einer Maßnahme. Dies kann beispielsweise mittels Kartenabfrage geschehen, um das Vorwissen, die Erfahrungen oder konkrete Wünsche der Teilnehmer zu erfahren. Informationen zur Gestaltung des Ablaufs ermöglichen eine Straffung des Stoffs oder die Ausweitung eines Themas, für das weniger Zeit vorgesehen war bzw.

die Auswahl geeigneter Übungen und Aufgaben. Damit ist das Planen eine Voraussetzung für offenes und flexibles Handeln des Trainers während der Veranstaltung.

7.1 Was ist bei der Planung zu berücksichtigen?

Um die Rahmenbedingungen für eine erfolgreiche Veranstaltung zu schaffen, sind organisatorische und technische Überlegungen durchzuführen. Sie beziehen sich auf folgende Punkte:

– Teilnehmer
– Zeitstruktur
– Zielsetzung
– Inhalte
– Methoden
– Materialien, Medien und Technik
– Allgemeine Rahmenbedingungen

7.2 Die Teilnehmer

Dieser Teil der Vorausplanung bezieht sich auf die Voraussetzungen, die die Teilnehmer mitbringen. Was sind ihre Aufgaben in ihrer Organisation, und wie ist ihr sozio-kultureller Hintergrund? Entscheidend ist auch die Gruppengröße, die auf die Auswahl der Methoden einen großen Einfluß hat. Auch die Frage ist wichtig, ob die Teilnehmer freiwillig an der Veranstaltung teilnehmen oder verpflichtet wurden. Pflichtveranstaltungen lassen Teilnehmer eher zurückhaltend bis abwehrend sein, da ihre Motivation gewöhnlich niedrig ist. Dies erschwert es dem Trainer u. U. rasch eine positive Lernatmosphäre zu schaffen. Gleiches gilt für Über- und Unterstellungsverhältnisse, d. h., wenn Vorgesetzter und Mitarbeiter am selben Training oder Seminar teilnehmen. Die Erfahrung zeigt, daß insbesondere bei nicht-fachlichen Themen, also z. B. in einer Teamentwicklung, solche „Abhängigkeiten" die Offenheit der Betroffenen verringern. Hier sind große Anforderungen an das Geschick des Leiters gestellt, um Vertrauen untereinander zu schaffen.

Fragen in diesem Zusammenhang sind:

– Wie groß ist der Kreis der Teilnehmer?
– Aus welchen Hierarchiestufen stammen sie?

- Gibt es Über- und Unterstellungsverhältnisse, die die Zusammenarbeit im Seminar behindern könnten?
- Wie alt sind die Teilnehmer?
- In welcher Situation befindet sich die Zielgruppe, z.B. Lebens-, Alltags- und Arbeitssituation?
- Welche beruflichen Erfahrungen bringen die Teilnehmer mit?
- Handelt es sich um Personen mit viel Seminarerfahrung oder um Mitarbeiter mit wenig Weiterbildungspraxis?
- Nehmen die Teilnehmer an der Veranstaltung freiwillig teil, oder ist die Teilnahme Pflicht?
- Wie ist der Stellenwert der Veranstaltung für die Seminarteilnehmer?
- Über welche Themen könnte schnell eine Beziehung zum Trainer hergestellt werden?

7.3 Die Zeitstruktur

Unter Zeitstruktur wird der chronologische Ablauf einer Veranstaltung verstanden. Die Erfahrung zeigt, daß hoch motivierte Teilnehmer mit vorhandener Seminar- und Trainingserfahrung zeitlich stärker belastet werden können als „Neulinge". Erstere wollen gefordert werden und brauchen weniger Pausen als Personen, die noch keine oder wenig Erfahrungen mit Veranstaltungen der Personalentwicklung sammeln konnten. Hier ist ein moderater Zeitplan sinnvoll, der durch Ausgewogenheit von Arbeitsphasen, Pausen und ausreichender Freizeit gekennzeichnet ist. Da jeder Mensch über gewisse Leistungshochs und -tiefs über den Tag verteilt verfügt, sollte dies bei der Planung berücksichtigt werden. Es bietet sich an, vormittags eher Phasen einzuplanen, bei denen es um das Problemlösen, Wissensaneignung und Konzeptionieren geht. Das typische Leistungstief liegt nach dem Mittagessen, also am Nachmittag. Damit Teilnehmer nicht ins „Suppenkoma" fallen, bieten sich hier Übungen, Spiele usw. an, bei denen die Beteiligten aktiv werden können. Grundsätzlich gilt: Nach 90 Minuten muß eine Pause von ca. 15 Minuten eingelegt werden, da die Konzentrationsfähigkeit über diesen Zeitraum rapide nachläßt. Da viele Menschen am Abend wieder leistungsfähiger sind als am Nachmittag, kann für „Fortbildungsprofis" durchaus nach dem Abendessen noch ein weiterer 90minütiger Baustein angeboten bzw. selbstgesteuerte Arbeit eingeplant werden.

Findet die Veranstaltung über mehrere Tage statt, können die morgendlichen Anfangszeiten früher liegen, etwa 8.00 Uhr. Der letzte Veranstaltungstag sollte jedoch etwas früher beendet werden, um den Teilnehmern mit einem langen Rückweg die Fahrt so angenehm wie möglich zu gestalten. Das Seminarende am letzten Tag sollte daher nicht später als 16.00 Uhr sein.

7.4 Die Ziele der Veranstaltung

Der Aufbau und Ablauf eines Trainings, Seminars oder Workshops richten sich nach den *Zielsetzungen,* die erreicht werden sollen. Die Ziele definieren auch die Inhalte, die Dramaturgie, Methoden, Medien und Technik. Nur wenn der Trainer weiß, *welche* Ziele er verfolgen soll, kann er die notwendigen Mittel und Wege wählen. Lernziele müssen klar definiert sein. Auch die Frage, wie sie kontrolliert werden können, muß beantwortet werden. Sinnvoll ist es daher, Lernziele zu operationalisieren, d. h. sie so konkret wie möglich zu formulieren.

Das Definieren von Lernzielen hat *Vor- und Nachteile.* Einerseits ermöglicht es eine optimale Vorbereitung des Leiters, andererseits ist bei der Überprüfung des Lernerfolgs die Gefahr gegeben, Lernprozesse, die außerhalb des focusierten Bereichs liegen, nicht wahrzunehmen. Auch fehlen häufig affektive Lernziele, die, obwohl schlecht zu operationalisieren, besonders bedeutsam sind. Ein Trainer sollte Lernziele deswegen als Planungshilfe verstehen und sie nicht verabsolutieren, um notwendige Emanzipationsschritte der Teilnehmer nicht zu verhindern.

Effizient sind Lernziele vor allem dann, wenn es darum geht, die Bildungsarbeit zu verbessern und eine Basis für die Erfolgskontrolle zu schaffen. Vorteilhaft ist auch ein gewisser Zwang, der von formulierten Zielen ausgeht und den Trainer dazu anhält, sein Vorgehen konsequent zu durchdenken und entsprechend zu planen.

Ziele sind bei *offenen Veranstaltungen* eher globaler zu fassen als bei hausinternen Maßnahmen. Sie können vorher gemeinsam mit dem Auftraggeber, den potentiellen Teilnehmern, Personalentwicklern, Vorgesetzten usw. bedarfsgerecht formuliert werden.

7.5 Die Inhalte

Liegen die Ziele fest, sind die Inhalte zu definieren und die Bausteine festzulegen. Das Vorgehen orientiert sich i. d. R. an *inhaltlich-logischen Aspekten* sowie den *Bedürfnissen der Teilnehmer*. Als allgemeingültig können folgende Regeln für die Gestaltung der Inhalte angesehen werden:

– Informationsvermittlung durch Kurzvorträge am Vormittag, da dies die beste Zeit für die Aufnahme kognitiver Inhalte ist und die Teilnehmer noch frisch und ausgeruht sind.

– Um die Beziehungen der Teilnehmer untereinander aufzubauen oder um in Gruppen, deren Mitglieder sich bereits gut kennen, eine positive Atmosphäre zu schaffen, sollten im zweiten Schritt aktivierende Übungen, wie z. B. Rollenspiele, eingebaut werden.

– Es sollte nicht nur *ein* didaktisches Prinzip verfolgt werden, etwa „vom Allgemeinen zum Speziellen" oder „vom Leichten zum Schweren". Erfolgversprechender ist ein Mix aus mehreren Ansätzen.

– Abwechslung in den Arbeitsformen Plenum, Kleingruppe, Partner- und Einzelarbeit lockert auf und führt zu unterschiedlichen Lernerfahrungen.

– Übungen, Rollen- oder Planspiele können mit Blick auf eine gewünschte Kooperation, den induzierten Wettbewerb oder als neutrale Aufgabe durchgeführt werden. Wichtig ist, anhand der Ziele festzulegen, was für die Teilnehmer angebracht ist. Ein Workshop, bei dem mangelnde Zusammenarbeit als Problem im Raum steht, kann sowohl Übungen und Aktionen mit kompetitivem als auch kooperativem Charakter enthalten. Zum einen, um beispielsweise die Folgen von Konkurrenz deutlich zu machen, zum anderen, um die Bedeutung einer fruchtbaren Zusammenarbeit herauszuarbeiten.

– Es sollte sich ein Wechsel vollziehen zwischen personennahen und -fernen Themen und Übungen. D. h. emotionale Betroffenheit, induziert durch entsprechende personennahe Übungen und Rollenspiele (z. B. Selbst-/Fremdbild), wechselt sich idealerweise mit personenfernen Themen ab. Letztere sind theoretische Grundlagen, z. B. der Zusammenarbeit im Team.

7.6 Der Abschluß

Wie bereits dargestellt, kann der Abschluß einer Veranstaltung emotional stark belastet sein. Teilnehmer sind sich während einer Veranstaltung näher gekommen, haben miteinander gearbeitet und gemeinsam gesteckte Ziele erreicht. Gefühle müssen deshalb bewußt gemacht und zugelassen werden. Genauso sorgfältig wie die Anfangsphase geplant sein muß, ist der Abschluß zu organisieren. Nach *Ruddies* (1991) ist der Leiter gehalten, folgende Punkte zu beherzigen:

- Die Abschlußphase sollte im Verhältnis zu den vorangegangen Zeiteinheiten nicht zu langwierig sein.
- Zusammenfassungen am Ende der Veranstaltung helfen den Teilnehmern, den Zusammenhang in der Gänze nochmals Revue passieren zu lassen und bieten Realisierungsmöglichkeiten.
- Es gilt, Zeit und Möglichkeiten für eine Nacharbeit und ein Feedback zu geben.
- Ein gemeinsames Abschlußessen kann das Zusammengehörigkeitsgefühl der Teilnehmer nochmals betonen.
- Fragen, ob ein Nachtreffen gewünscht wird.

Checkliste für die Abschlußphase nach *Metzger & Weichert* (1996):

Abschlußphase	
Einteilung und Organisation	– Wer muß früher gehen? – Termin für ein evtl. Nachtreffen? – Mitgebrachtes verstauen?
Thema	– Ist das Ziel der Veranstaltung erreicht worden? – Ist das Thema umfassend erarbeitet worden? – Was mußte offen bleiben?
Trainer	– Was ist von der Leitung noch zu erarbeiten? – Was ist noch einzubringen? – Welche Erfahrungen konnte die Leitung machen? – Was lief positiv? – Was sollte das nächste Mal verändert werden? – Was muß dem Auftraggeber berichtet werden? – Wie hat sich der Veranstaltungsort bewährt?
Psychosoziale Ebene	– Was beschäftigt die Teilnehmer noch? – Welchen Klärungsbedarf gibt es noch? – Wie wurde der Gruppenprozeß erlebt?

Checkliste Abschlußphase (Fortsetzung)

Auswertung	– Feedback zum Inhalt, den Methoden, dem Prozeß und dem Verhalten des Trainers bzw. Seminarleiters – Evtl. Protokoll erstellen
Rückkehr an den Arbeitsplatz	– Was erwartet die Teilnehmer an ihrem Arbeitsplatz? – Wofür wird noch Hilfestellung benötigt? – Welche Fragen zum Transfer in den Arbeitsalltag sind noch unbeantwortet?
Abschied	– Wie sollte der Abschied gestaltet werden? – Was möchte der Leiter den Teilnehmern noch auf den Weg geben?

7.7 Mittel, Medien und Technik

Jeder Trainer muß vor Beginn seiner Veranstaltung klären, welche Hilfsmittel er zur Durchführung benötigt. Hierzu gehören Materialien, Teilnehmerunterlagen, Namensschilder, notwendige Medien wie Film, Video, Flipchart, Pinnwand usw. Vorzubereiten sind auch die technische Ausstattung, etwa Stromanschlüsse, Videorecorder, Fernseher usw.

Ein wichtiges Hilfsmittel für jeden Trainer, Moderator oder Seminarleiter ist der sogenannte *Moderatorenkoffer.* Diese Koffer gibt es zu kaufen, sie können aber auch selbst zusammengestellt werden (vgl. Tabelle auf S. 36).

7.7.1 Hilfsmittel zur Visualisierung und Sicherung von Ergebnissen

Wichtige Hilfsmittel zur Ergebnissicherung und Visualisierung von Resultaten aus Gruppen- oder Einzelarbeiten, die nach bestimmten Methoden erarbeitet wurden, sind vor allem das *Flipchart*, die *Pinnwand* und der *Tageslichtprojektor.*

Folgende Materialien sollte ein Moderatorenkoffer enthalten:

Material	Beschaffenheit
Filzstifte	– mindestens vier verschiedene Farben und Größen – ca. 20 in Schwarz für das Arbeiten der Teilnehmer im Plenum oder der Kleingruppe
Schere	eine kleine und eine große Schere
Klebeband	– Tesakrepp – Tesafilm
Karten	nicht kleiner als 10 × 20 cm in den Farben Weiß, Hellgrün, Rosa, Gelb
Runde Kuller	Durchmesser ca. 10 und 20 cm in den gleichen Farben wie die Karten
Ovale Kuller	in zwei Größen und gleichen Farben wie die Karten
Klebepunkte	– Mindestgröße 10 mm – verschiedene Farben, aber mindestens Rot und Grün
Haftspray	für das Arbeiten auf Packpapier, um Karten festzukleben
Stecknadeln mit Nadelkissen	für das Arbeiten an der Pinnwand, ca. 150 Stck.
Folien	für die Präsentation von erarbeiteten Ergebnissen
Folienstifte	in verschiedenen Farben
Locher	zum Lochen der ausgegebenen Materialien
Taschenmesser	evtl. für Outdoor-Übungen
Namensschilder	zum Selbstbeschriften, falls keine vorbereitet sind

7.7.1.1 Das Arbeiten mit dem Flipchart

Bei einem Flipchart handelt es sich um einen transportablen Ständer, auf dem ein großer Schreibblock (Charts) in DIN-A1 befestigt ist. Auf den Charts werden mit Filzstiften die Ergebnisse, Texte oder Graphiken für alle sichtbar festgehalten. Mit Klebestreifen lassen sich auch Kärtchen befestigen. Fertige Charts werden abgetrennt (flippen) und können mit Klebestreifen im Raum an den Wänden befestigt werden, wodurch der Arbeitsprozeß und die Ergebnisse daraus visualisiert und festgehalten werden. Für den Umgang mit dem Flipchart gilt:

- groß und deutlich schreiben, damit alle es lesen können
- beim Schreiben den Ständer nicht mit dem Körper verdecken
- Inhalte so anordnen, daß sie übersichtlich sind
- Farben zur Hervorhebung einsetzen
- die vier Verständlichmacher einsetzen: kurz, prägnant, wenig Fremdworte, Bilder

7.7.1.2 Die Benutzung der Pinnwand

Die Pinnwand, auch Pinboard oder Stecktafel genannt, besteht aus einem festen Metallrahmen mit weichem Untergrund (z. B. Styropor, Kork), auf den mittels Stecknadeln Kärtchen, Graphiken oder Symbole befestigt werden können. Das Pinboard wird vor allem im Zusammenhang mit der Kartenabfrage eingesetzt. Es kann aber auch für das Sammeln von Ideen Verwendung finden, etwa beim Brainstorming.

7.7.1.3 Der Tageslichtprojektor

Der *Tageslichtprojektor* oder *Overhead* hat den Vorteil, auch in einer größeren Gruppe die Information aller zu gewährleisten. Er ist eine echte Alternative zum Flipchart und der Tafel. Über vorher erarbeitete Folien oder das Entwickeln einer Folie vor den Zuhörern werden Informationen vermittelt. Gruppen können in ihrer Runde die Ergebnisse ihres gemeinsamen Arbeitsprozesses auf Folie niederschreiben und anschließend im Plenum präsentieren. Auf Folien lassen sich auch Graphiken oder Fotografien kopieren, schwarzweiß oder farbig. Folienstifte und Folien sind das einzige, was zusätzlich zum Gerät benötigt wird. Der Trainer hat darauf zu achten, daß für eine Präsentation via Overhead eine entsprechende Projektionsfläche vorhanden ist (z. B. Wand oder Leinwand).

7.7.2 Die Teilnehmerunterlagen

Schriftliche Unterlagen dokumentieren den Ablauf und die Inhalte eines Trainings, Kurses oder Seminars. Beim schriftlichen Material für Teilnehmer muß ein Weg zwischen „zu wenig" und „zu viel" gefunden werden.

Für die Gestaltung gelten folgende Regeln:

- verständliche, gegliederte Darstellung mit prägnanten Überschriften und kurzen Zusammenfassungen
- einfache Sprache, also ein geläufiges Vokabular, übersichtlicher Satzbau und treffende Formulierungen
- Anschaulichkeit durch ein bildhaftes Vokabular, rhetorische Bilder und Denkanstöße
- Leserlichkeit durch deutliche Schrift und sinnvolle Zeilenabstände
- Einsatz von Farbe

Arbeitsblätter oder *work sheets* sind Papiere, auf denen den Teilnehmern Aufgaben gestellt werden. Sie sind bei einigen Methoden zentraler Bestandteil. Sie erfüllen aus didaktischer Sicht folgende Funktionen:

- Sie aktivieren zur Mitarbeit bzw. Auseinandersetzung mit dem Stoff.
- Sie dienen der Selbstkontrolle des Teilnehmers, indem dieser seinen Wissensstand überprüfen kann.
- Sie bieten dem Trainer die Möglichkeit des Feedbacks.

Für Arbeitsblätter sind die verschiedensten Varianten denkbar, weshalb an dieser Stelle auf die Gestaltung nicht detailliert eingegangen wird.

7.8 Allgemeine Rahmenbedingungen

Allgemeine *Rahmenbedingungen* sind die grundlegenden Gegebenheiten, wie sie beispielsweise in einem Seminarhotel oder dem Schulungsbereich einer Firma vorgefunden werden. Es sind die Räumlichkeiten, deren Ausstattung, Essenszeiten usw. Viele Menschen sind bereits dadurch verunsichert, daß sie an einem Training, Seminar oder Workshop teilnehmen müssen. Hinzu kommt dann noch eine fremde Umgebung, Furcht vor den Anforderungen oder der Bewältigung von ungewohnten Aufgaben. Dies führt bei einigen Teilnehmern zu Spannungen, die sich natürlich auf die Lernfähigkeit und Offenheit gegenüber neuen Situationen auswirken. Daher muß der Trainer für eine „Wohlfühl-Atmosphäre" sorgen. Das erreicht er durch die Gestaltung der äußeren Bedingungen. Mindestanforderungen sollte die Umgebung, in der die Veranstaltung stattfindet, daher gerecht werden. Dies sind in erster Linie:

- bei Hotelunterbringung ein Einzelzimmer für jeden
- Räumlichkeiten, die nicht beengen, frei von Lärmbelästigung sind und über Tageslicht verfügen

- technische Ausstattung der Räume mit Tageslichtprojektor, Leinwand, Flipchart und Pinnwänden
- zusätzliche Räume für Gruppenarbeiten
- Stühle, die ein bequemes Sitzen über den Tag erlauben
- Möglichkeiten, Pausen im Freien zu verbringen
- idealerweise ein Videorecorder und ein Fernsehgerät.

Checkliste: Rahmenbedingungen

Was?	Wann?	Wo?	Ausstattung?	Vereinbarungen?	Material?
Thema	Termin Uhrzeit usw.	Ort Raum usw.	Gruppenräume Bestuhlung Größe Freizeitmöglichkeiten usw.	mit Veranstalter Referenten Personalentwickler usw.	Medien Technik Instrumente Namensschilder Teilnehmerunterlagen usw.

7.9 Der Einstieg

Der *Einstieg* in eine Veranstaltung hat besondere Bedeutung, da hier bereits die Grundlage für eine positive Lernatmosphäre geschaffen wird und die Teilnehmer zur Mitarbeit motiviert werden. Auch er sollte daher sorgfältig geplant werden.

Hat der Trainer die Gelegenheit, sich bereits vor Beginn mit einzelnen Teilnehmern zu unterhalten, so sollte er sie nutzen, um Kontakt herzustellen, etwas über die Personen zu erfahren und zu prüfen, ob die Rahmenbedingungen für die Teilnehmer akzeptabel sind (z. B. Unterbringung). Zur *Begrüßung* stellt sich der Trainer kurz vor und gibt organisatorische Hinweise (z. B. Essenszeiten usw.). Besonders wichtig ist es, zu Beginn *Namensschilder* ausfüllen zu lassen, wenn diese nicht bereits vorbereitet wurden.

Im Anschluß daran kann der Seminarleiter eine *Programmübersicht* bieten, die eher global den Ablauf darlegt. Je nach Thema und Zielgruppe kann diese Übersicht sehr detailliert oder sehr kurz gehalten sein. Manche Menschen brauchen eine klare Struktur, anderen wiederum genügt es, einige Eckdaten zu erhalten. Geht es z. B. um ein Thema aus dem Bereich der Persönlichkeitsentwicklung, etwa Streßbewältigung, wird sich ein eher globaler Ablauf ergeben, da diese Thematik sehr teilnehmerorientiert aufgebaut werden muß. Anders verhält es sich, wenn es Inhalte betrifft, die spezielle Fähigkeiten und Fertigkeiten schulen sollen. Hier ist die Darstellung feinerer Abläufe angebracht, z. B. wenn es sich um das Führen von Beratungsgesprächen handelt.

Direkt daran können die Teilnehmer ihre *Erwartungen,* aber auch *Befürchtungen* zum Ablauf äußern und Vorschläge zur Veränderung des Programms machen. Hier können und sollten die ängstlichen Teilnehmer, die sich u. U. überfordert fühlen oder andere Befürchtungen hegen, ihre Bedenken artikulieren. Änderungswünsche werden erfahrungsgemäß selten zu Beginn einer Veranstaltung geäußert. Vielmehr geschieht dies während des Verlaufs, wenn man mit der Thematik, den anderen Teilnehmern und dem Leiter vertrauter geworden ist. Hervorzuheben ist, daß der Trainer nicht nur über den Ablauf informiert, sondern auch auf den *Stellenwert des Themas* eingeht. Damit schafft er einen gemeinsamen Bezugsrahmen und ein einheitliches Verständnis des Themas. Schließlich werden die Teilnehmer neugierig gemacht. Das motiviert sowohl die Unsicheren als auch „altgediente" Seminarteilnehmer, die sich u. U. nur noch durch wenige Themen herausfordern lassen.

Um Teilnehmern keine Informationen zu geben, die sie schon haben oder ihnen Erfahrungen zu vermitteln, die sie längst gemacht haben, ist es wichtig, *Vorkenntnisse und Vorerfahrungen* gezielt zu erfragen. Die Antworten ermöglichen es dem Trainer, sein weiteres Vorgehen an den Beteiligten auszurichten. Es gilt aber auch, die Teilnehmer aufzufordern, *Fragen zu stellen* und sich *frei zu äußern.* Hierauf kann eine *Vorstellungsrunde* folgen, damit sich alle besser kennenlernen.

8. Methoden als unterstützende Verfahrensweisen

Lernen – verstanden als jeglicher Prozeß der Verhaltensänderung – bedarf insbesondere in der Personalentwicklung zusätzlicher Erfahrungen und unterstützender Hilfen. Nur wenn Mitarbeiter, die beispielsweise in einer Teamentwicklung lernen, ihre Zusammenarbeit zu optimieren, persönlich die ablaufenden Prozesse in einer Gruppe erleben, werden sie ihr eigenes Verhalten darauf einstellen können. Über das methodische Erschließen einer Thematik wird das Interesse der Teilnehmer geweckt, verstärkt und die Bereitschaft gefördert, sich damit auseinanderzusetzen und über eigene Veränderungen nachzudenken. Diesen Vorgang zu initiieren ist dann besonders wichtig, wenn es um die Veränderung von *Werten, Glaubenssätzen und Einstellungen* geht. So beinhaltet beispielsweise das Qualitätsziel „stärkere Kundenorientierung", daß Mitarbeiter nicht nur wissen, was es bedeutet, in einer ausgeprägten Servicekultur zu arbeiten, sondern auch bewußt über ihre Einstellungen und persönlichen Reaktionen dazu reflektieren. Nur wenn sie sich bewußt sind, welchen Kommunikationsstil sie praktizieren, wie sie auf Kundenreklamationen reagieren und wie sie auf andere wirken, werden sie ihre Stärken weiter ausbauen und Entwicklungschancen wahrnehmen können. Zudem kommen durch technologische und arbeitsorganisatorische Veränderungen neue Anforderungen auf Mitarbeiter zu, die andere Verhaltensweisen, Formen der Zusammenarbeit und der Selbstorganisation verlangen, etwa im „Büro der Zukunft".

Hierzu sind in der Personalentwicklung neue methodisch-didaktische Vorgehensweisen nötig, die allerdings nicht losgelöst sein dürfen von inhaltlich-fachlichen Themen. Dies führt zwangsläufig zu neuen Lehrformen, die vor allem in simulierten Situationen, das neue Verhalten oder eine andere Einstellung als sinnvoller erleben lassen.

Methoden lassen sich in einem Vierfelder-Schema einteilen (siehe Abbildung 4 auf S. 42).

Methoden als unterstützende Verfahrensweisen

	individuell	kollektiv
erfahrungsorientiert	**A**	**B**
inhaltsorientiert	**C**	**D**

Abb. 4: Vierfelder-Schema zur Einteilung von Methoden

Feld A: Hierunter fallen alle Methoden, die darauf ausgerichtet sind, einzelnen Teilnehmern Einsichten, Erlebnisse und Erfahrungen zu vermitteln, die ihre Einstellungen, Glaubenssätze, Verhaltensweisen und Handlungen nachhaltig verändern. Hier ist sowohl der affektive, kognitive und verhaltensorientierte Lernzielbereich betroffen.

Feld B: In diesem Feld finden sich Verfahrensweisen, die einer Gruppe kollektive Erlebnisse vermitteln und „Aha"-Effekte liefern. Meist steht der Beziehungsaspekt im Vordergrund, also eher die psychologischen Faktoren von Leistung. Dies ist vor allem in der Teamentwicklung wesentlich, wenn Teilnehmer aus Teams erkennen, daß eine Gruppenleistung nicht allein die Addition von Einzelleistungen ist, sondern etwas ganz Neues, z.B. nach der Formel $2 + 2 = 5$.

Feld C: Methoden dieser Kategorie helfen bei der individuellen Problemlösung, dem Erarbeiten von Themen, dem Aneignen von Stoff oder dem Vermitteln von Fertigkeiten an einzelne Teilnehmer. Nicht das erlebnisaktivierende Element steht im Vordergrund, sondern eher das Managen der eigenen Person und die individuelle Selbstregulation.

Feld D: Inhaltsorientierte Methoden auf Gruppenebene haben im Gros das Ziel, die Zusammenarbeit zu verbessern und die Leistung effizienter zu gestalten. Bei der Anwendung von Methoden dieses Feldes steht i.d.R. die Konfliktlösung, das effizientere Arbeiten, die Kommunikation o.ä. im Mittelpunkt.

8.1 Welche Methode für welches Ziel?

Die Darstellung der Methoden beginnt mit den Verfahrensweisen, die das *Kennenlernen und den Einstieg* erleichtern. Es folgen die *inhaltsorientierten Methoden*, die Themen und Inhalte erschließen. Der Focus dieser Methodengruppe liegt zunächst auf den Inhalten, dann auf der Interaktion der Teilnehmer und anschließend auf dem Spielerischen. *Darbietende Verfahren*, die beispielsweise das Präsentieren enthalten, folgen. Methoden zur *Auflockerung, Ergebnissicherung und Prozeßanalyse* sowie zur *Auswertung einer Veranstaltung* und *Nacharbeit* komplementieren die Kategorie von Verfahrensweisen, die sich *themenungebunden* auf den Trainingsablauf beziehen. Die *themengebundenen Methoden* finden sich unter der jeweiligen Überschrift und stellen Methodensammlungen zu einer spezifischen Thematik dar.

Um eine gewisse Systematik zu erhalten, wurde diese Ordnung willkürlich gewählt, was beinhaltet, daß viele Methoden durchaus auch anderen Oberbegriffen zugeordnet werden können. Da dem Autor jedoch mehr an den Themen liegt, wurde der Schwerpunkt mit Blick auf die Zielsetzung und den beabsichtigten Einsatz gelegt.

Innerhalb des gewählten Themenbereiches, z. B. Kommunikation, helfen dem Trainer ein paar einfache Fragen, um die passende Methode auszuwählen. Diese Fragen sollen nachfolgend als Entscheidungshilfen dargestellt werden:

Welches Unterthema interessiert?	Ist es das ganze Thema, oder interessiert sich der Trainer nur für einen bestimmten Aspekt?
Für wen wird das Thema aufbereitet?	Wer ist die Zielgruppe? Welche Elemente der Methode sind für diese Personen wichtig? Sind es eher spielerische Elemente, oder passen besser inhaltsorientierte Vorgehensweisen?
Warum wird das Thema bearbeitet?	Gibt es in einem Team Konflikte? Sollen diese in einem Erlebnisprozeß gelöst werden? Oder gilt es eher, die Teilnehmer zu einem Team zusammenzuschweißen?
Welche Lernziele wurden formuliert, und auf welchen Lernzielebenen soll vor allem gelernt werden?	Geht es darum, die Teilnehmer emotional betroffen zu machen, um Lernprozesse auszulösen? Sollen eher psycho-motorische Resultate erreicht werden, also bestimmte Fertigkeiten und Fähigkeiten? Oder wird ausschließlich Wissen vermittelt?

Sollen individuelle und/oder kollektive Lernprozesse im Vordergrund stehen?	Sollen Erfahrungen, Erlebnisse, Einsichten oder neue Erkenntnisse individuell oder auf der Gruppenebene vermittelt werden?
Was kann dem Einsatz einer gewählten Methode entgegenstehen?	Sind hemmende Einflüsse vorhanden, institutioneller, räumlicher, organisatorischer oder anderer Art, die den Einsatz einer Methode behindern oder gar unmöglich machen können?

Aus dem Rasteraufbau der Methodendarstellung ergeben sich rasche Antworten auf diese Fragen, so daß der Leser schnell die geeignete Methode des ihn interessierenden Themenbereichs für sein Vorgehen auswählen kann.

8.2 Der Aufbau des Methodenteils

Die Methodenbausteine dieses Kapitels sind Angebote, die Trainern, Seminarleitern und anderen, die mit der Durchführung von Maßnahmen der Personalentwicklung betraut sind, zur Auswahl stehen. Vorrangig werden durch die verschiedenen Verfahren persönliche Erfahrungen, individuelle Einstellungen, Problemsichten und Ideen der Teilnehmer in unterschiedlichster Form aktiviert und kritisch reflektiert. Alle dargestellten Methoden können modifiziert und der jeweiligen Zielgruppe angepaßt werden. Vor der inhaltlichen Beschreibung der Methoden, Übungen und Spiele wird der jeweilige theoretische Hintergrund zum Themenkreis erläutert. Je nach beschriebenem Verfahren finden sich direkt an die Methodenbeschreibung anschließend die „Materialien" in Form von Informationen, Arbeitsblättern usw.

8.3 Methoden, die das Kennenlernen und den Einstieg erleichtern

Um in einem Training oder Seminar ein gutes Lernklima zu schaffen, in dem produktiv gearbeitet werden kann, muß ein Vertrauensverhältnis zwischen den Teilnehmern untereinander sowie der Gruppe und dem Trainer hergestellt werden. Dazu müssen Unsicherheiten und Ängste abgebaut und allen eine gewisse Sicherheit verschafft werden. Hierzu muß den Teilnehmern der Ablauf der Veranstaltung dargestellt werden, also Informationen über die Bausteine, Pausen, Ende der Veranstaltung und die Freizeitmöglichkeiten. Aber auch Verhaltensweisen gilt es zu klären und Spielregeln festzulegen, etwa wie die Gruppe mit dem Wunsch der Raucher umgehen soll, im Seminarraum zu rauchen. Besonders wichtig ist es allerdings, den Teilnehmern Gelegenheit zu geben, sich gegenseitig kennenzulernen. Da ein Nutzen für die Teilnehmer vor allem dann gegeben ist, wenn der Transfer der neuen Erfahrungen und des neuen Wissens in die Praxis gesichert ist, müssen Verbindungen zwischen dem Training und dem Berufsalltag hergestellt werden. Dies verlangt ein großes Maß an Selbstenthüllung, was immer auch mit Angst verbunden ist, vor allem, wenn die anderen Teilnehmer zunächst fremd sind. Wie bedeutsam ein Kennenlernen ist wird deutlich, wenn wir davon ausgehen, daß das Bild des anderen durch Erfahrungen und Erlebnisse aus der Vergangenheit stark beeinflußt wird. Dies sind insbesondere:

– Erfahrungen mit einzelnen Teilnehmer oder Gruppen bei ähnlichen Veranstaltungen
– Freiwilligkeit oder Verpflichtung zur Teilnahme am Training oder Seminar, sprich Motivation

Diese Erfahrungen können durchaus negativ sein und das Verhalten einzelner beeinflussen. Über eine Anwärmphase hinaus kann mit einer positiven Einstellung eine gute Grundlage gelegt werden, andere kennenzulernen und die Möglichkeit einer produktiven Zusammenarbeit zu schaffen.

Erwartungen, Ängste und Befürchtungen

Unbefriedigte Erwartungshaltungen bzw. unbearbeitete Ängste führen zu Unsicherheit und Unzufriedenheit. Es ist für den Trainer und die anderen Teilnehmer von Vorteil, bereits zu Beginn einer Veranstaltung die Erwartungen aber auch Befürchtungen der anderen Teilnehmer kennenzulernen. So können Inhalte richtig gewichtet bzw. Erwartungshaltungen frühzeitig korrigiert und Befürchtungen genommen werden. Schließlich dient die Abfrage der Erwartungshaltungen und Befürchtungen dazu, die eigenen Erwartungen, die der einzelne hat, wahrzunehmen und zu reflektieren.

Methoden als unterstützende Verfahrensweisen

Name	Vorstellung	A 1

Stichwort   Kennenlernen, Selbstdarstellung

Ziel   Kennenlernen; verbale oder visuelle Selbstdarstellung; freies Sprechen

Typ   Einzelaktivität

Ort   Nach Belieben

Mitwirkende   Teilnehmer in der Anfangsphase einer Veranstaltung

Durchführung   ☞ Die Teilnehmer werden aufgefordert, sich vor dem Plenum vorzustellen und auf folgende Punkte einzugehen:

     – Name (möglichst gut sichtbar aufschreiben!)
     – Persönliche Hintergründe

    ☞ Sinnvoll ist eine solche Vorstellungsrunde vor allem am Vorabend eines Seminars

Dauer   🕐 Max. 5 Minuten pro Teilnehmer

Teilnehmer   Unbegrenzt

Trainer   ➲ Achtet darauf, daß alle Teilnehmer auf die gleichen Kategorien eingehen
    ➲ Kontrolliert die Zeit

Material/ Unterlagen/ Vorbereitung   Evtl. Namensschilder/Keine

Auswertung   Keine

Variationen   Befragung seitens der Teilnehmer nach kurzer Vorstellung

Name	Partnerinterview	A 2

Stichwort	Kennenlernen
Ziel	Kennenlernen; Abbau von Hemmschwellen; Ausdrücken von Ängsten, Erfahrungen und Wünschen
Typ	Interview
Ort	Nach Belieben
Mitwirkende	Teilnehmer in der Anfangsphase einer Veranstaltung
Durchführung	☞ Die Teilnehmer werden aufgefordert, sich einen Partner nach eigener Wahl zu suchen.
	☞ Anschließend interviewen sich die Partner. Dazu kann der Trainer den Teilnehmern bestimmte Fragen an die Hand geben:
	„Welche Erwartungen haben Sie/Du an die Veranstaltung?"
	„Was macht Dir/Ihnen an Deiner/Ihrer Tätigkeit besonders Freude?"
	„Welche Erfahrungen haben Sie/Du mit solchen Trainings bisher gemacht?" usw.
	☞ Anschließend stellen sich die Interviewpartner gegenseitig im Plenum vor.
Dauer	◷ Pro Paar 10 Minuten (Wechsel nach 5 Minuten)
Teilnehmer	Unbegrenzt
Trainer	➲ Er gibt die Regeln bekannt und kontrolliert deren Einhaltung
	➲ Er achtet auf die Zeitvorgabe
Material/ Unterlagen/ Vorbereitung	Keines/Keine
Auswertung	Keine
Variationen	Fragen zum Lebenslauf, zur Tätigkeit, Hobbies, Lebenszielen, Herkunft usw.

Name	Steckbrief	A 3

Stichwort Kennenlernen

Ziel Kennenlernen; Abbau von Hemmschwellen; Ausdrücken von Ängsten, Erfahrungen und Wünschen

Typ Einzel- und Gruppenarbeit

Ort Nach Belieben

Mitwirkende Teilnehmer in der Anfangsphase einer Veranstaltung

Durchführung ☞ Die Teilnehmer werden aufgefordert, einen Steckbrief auszufüllen. Dieser kann aus folgenden Punkten bestehen:

- Name
- Sternzeichen
- Selbstbildnis (Zeichnung DIN A 4)
- Wichtige Lebenserfahrungen
- Mein Lebensmotto
- Meine Lebensziele
- Erwartungen und Befürchtungen (Was geschehen/ nicht geschehen soll).
- Meine Hobbies/Interessen

☞ Anschließend werden Kleingruppen gebildet, in denen sich die Teilnehmer anhand des Steckbriefes vorstellen.

☞ Ist der Austausch beendet, werden die Steckbriefe an den Wänden befestigt (Klebeband), so daß alle Teilnehmer sie lesen und aufeinander zugehen können.

Dauer 🕐 Für die Ausarbeitung ca. 15 Minuten
🕐 Für den Austausch ca. 5 Minuten pro Steckbrief

Teilnehmer Max. 6 Teilnehmer pro Kleingruppe

Trainer ➲ Führt in den Aufbau des Steckbriefes ein und macht einige Beispiele
➲ Er überprüft die Einhaltung der Zeitvorgabe

Material/ Unterlagen/ Vorbereitung ᔕ Sinnvollerweise sollte ein Steckbrief auf einem DIN A1-Papier erstellt werden (Chart). Notwendig ist daher eine ausreichende Menge an Flipchart-Papier.
ᔕ Filzstifte in verschiedenen Farben
ᔕ Klebeband

Auswertung Keine

Variationen
- Aussagen zum Beruf, Tätigkeit, Arbeitsplatz,
- Erwartungen an Kollegen
- Was ist privat bedeutsam usw.

✎ Material zu Übung A 3

STECKBRIEF	
Persönliche Daten	**Selbstbildnis**
Name: Sternzeichen:	
Meine wichtigsten Lebens- erfahrungen …	Mein Lebensmotto … Meine Lebensziele …
Erwartungen an das Training und mögliche Befürchtungen …	Meine Hobbies/Interessen …

Methoden als unterstützende Verfahrensweisen

Name	Polaroid-Foto	A 4

Stichwort	Kennenlernen
Ziel	Kennenlernen; Information anderer Teilnehmer
Typ	Gruppenarbeit
Ort	Beliebig
Mitwirkende	Teilnehmer in der Anfangsphase einer Veranstaltung
Durchführung	**Hinweis:** Diese Methode ist nur sinnvoll, da sehr aufwendig, wenn die Fotos im weiteren Verlauf der Veranstaltung noch weiter verwendet werden können.

☞ Zu Beginn der Veranstaltung werden die eintreffenden Teilnehmer mit einer Polaroid-Kamera fotografiert. Dies kann beim Eintritt in den Seminarraum geschehen oder während der Begrüßung.

☞ Im Anschluß werden die Bilder in die Mitte eines Charts geklebt und auf Augenhöhe im Raum aufgehängt.

☞ Die Teilnehmer werden nun gebeten, sich einen Gesprächspartner zu suchen. Aufgabe ist es, sich mit dem Partner über Informationen zur eigenen Person auszutauschen. Dazu können folgende Fragen gestellt werden: *„Was sollte mein Partner von mir wissen",* *„Was ist für die anderen Teilnehmer interessant?"*

☞ Nach der wechselseitigen Information schreibt jeder der Gesprächspartner die Dinge, die er für besonders wichtig oder interessant hält, auf das Chart.

Dauer	🕐 Für das Fotografieren ca. 10 Minuten
	🕐 Für den Austausch ca. 5 Minuten pro Foto
	🕐 Für das Aufhängen ca. 5 Minuten
Teilnehmer	Nicht mehr als 20 Personen, um die Fülle der Informationen überschaubar zu halten.
Trainer	➔ Er fotografiert die Teilnehmer
	➔ Er gibt Material aus (Fotos, Charts, Klebestreifen)
	➔ Er führt in den Ablauf ein
	➔ Er achtet auf die Zeitvorgabe
Material/ Unterlagen/ Vorbereitung	✐ Polaroid-Kamera mit genügend Filmmaterial
	✐ Ausreichend Flipcharts
	✐ Filzstifte
	✐ Klebeband
Auswertung	Keine
Variationen	Beliebig modifizierbar

50

Name	Stofftier	A 5

Stichwort Kennenlernen, Selbstdarstellung

Ziel Kennenlernen; Abbau von Hemmschwellen; freies Sprechen

Typ Einzelaktivität

Ort Nach Belieben

Mitwirkende Teilnehmer in der Anfangsphase einer Veranstaltung

Durchführung ☞ Jeder Teilnehmer bringt ein Stofftier zur Veranstaltung mit

☞ Jeder erzählt der Reihe nach etwas über das Stofftier. Hilfreich können folgende Fragen sein:

  – „Warum ist mir dieses Tier so wichtig?"
  – „Was verbinde ich mit dem Tier?"
  – „Welche Erinnerungen sind daran geknüpft?" usw.

Dauer ⏱ Für jeden Teilnehmer 5 Minuten

Teilnehmer Max. 20

Trainer ➲ Vermerkt in der Einladung, daß jeder Teilnehmer ein Stofftier mitbringen soll.
➲ Erklärt die Regeln und den Ablauf
➲ Achtet auf die Einhaltung der Zeitvorgabe

Material/ Unterlagen/ Vorbereitung ⌇ Stofftiere

Auswertung Keine

Variationen Beliebig modifizierbar

Name	Patchwork	A 6

Stichwort   Kennenlernen; Zusammenwachsen von Gruppen

Ziel   Kennenlernen anderer Teilnehmer; gemeinsames Erarbeiten eines Themas; Aufbau eines Plenums

Typ   Kennenlernübung

Ort   Nach Belieben

Mitwirkende   Teilnehmer in der Anfangsphase einer Veranstaltung

Durchführung

☞ Der Trainer bittet die Teilnehmer, sich zu Paaren zusammenzufinden und 5 Minuten lang über bestimmte Themen auszutauschen (z. B. *„Meine Hobbies"; „Meine Erwartungen an das Training"* usw.).

☞ Ist die Zeit um, bittet er die Paare, sich mit einem anderen zu einer Vierergruppe zusammenzufinden. In dieser Gruppe tauschen sich dann diese vier Personen für weitere 10 Minuten über ein neues Thema aus, das wiederum vom Leiter vorgegeben wird.

☞ Nach weiteren 10 Minuten gibt der Trainer die Anweisung an die Vierergruppen, sich mit einer anderen zu einer Gruppe zu acht zu vereinigen und sich für noch einmal 15 Minuten über ein neues Thema zu unterhalten.

☞ Wenn die Achtergruppe sich ausgetauscht hat, kann ein Übergang ins Plenum vorgenommen werden, indem nun ein letztes Mal in der Großgruppe ein Thema für weitere 10 Minuten bearbeitet wird.

Dauer   🕐 Ca. 40 Minuten

Teilnehmer   Max. 20 Teilnehmer

Trainer
- Er gibt die Regeln bekannt
- Hilft bei der Gruppenbildung
- Gibt die Themen vor
- Stoppt die Zeiten

Material/ Unterlagen/ Vorbereitung   Für die Variante: farbige Schleifchen, Papierpunkte o. ä.

Auswertung
✓ Mögliche Fragestellung:
- „Hatten Sie bei der Übung ausreichend Gelegenheit, die anderen Teilnehmer kennenzulernen?"
- „Wissen Sie nun mehr über die anderen?"
- „Was war für Sie das Interessanteste an der Übung?"

Variationen   Der Leiter verteilt zunächst farbige Schleifen (Papierpunkte o. ä.) und bittet bei der Paarbildung, daß sich zwei Personen mit der gleichen Farben zusammenfinden. Anschließend ein „rotes" und ein „blaues" Paar usw.

Name	Kennenlern-Karussell	A 7

Stichwort	Kennenlernen
Ziel	Kennenlernen; Abbau von Hemmschwellen
Typ	Spiel
Ort	Nach Belieben
Mitwirkende	Teilnehmer in der Anfangsphase einer Veranstaltung
Durchführung	☞ Die Teilnehmer bilden einen Innen- und einen Außenkreis und stellen sich einander gegenüber
	☞ Anschließend beginnt der Innenkreis, den Teilnehmern aus dem äußeren Kreis folgende Fragen zu stellen:
	„Welche Erwartungen haben Sie/Du an die Veranstaltung?"
	„Welchen beruflichen Hintergrund bringen Sie/bringst Du mit?"
	„Was können Sie/Du mir Interessantes über sich erzählen?" usw.
	☞ Nach ca. 5 Minuten dreht sich der Innenkreis im Uhrzeigersinn um eine Person weiter.
	☞ Das Spiel ist zu Ende, wenn alle wieder vor ihrem ersten Gesprächspartner stehen.
Dauer	🕐 Je nach Teilnehmerzahl 5 Minuten mal Anzahl der Paarungen
Teilnehmer	Mindestens 10 Personen
Trainer	➲ Er gibt die Regeln bekannt und kontrolliert deren Einhaltung
	➲ Er achtet auf die Einhaltung der Zeitvorgabe
Material/ Unterlagen/ Vorbereitung	Keines/Keine
Hilfen für die Auswertung	✓ Die Teilnehmer äußern sich über ihre Eindrücke und Gefühle bei der Übung
Variationen	Beliebig modifizierbar

Name	Erwartungs-Befürchtungs-Inventar	A 8

Stichwort Erwartungen; Befürchtungen

Ziel Reflektion von Erwartungen; Nehmen von Befürchtungen; Austausch im Plenum

Typ Einzel- und Gruppenarbeit

Ort Beliebig

Mitwirkende Teilnehmer in der Anfangsphase einer Veranstaltung

Durchführung ☞ Jeder Teilnehmer macht sich Gedanken zu folgenden Fragen und bringt sie zu Papier:

– „Meine Erwartungen bez. des Seminars/Trainings/ Workshops sind …
Besonders wichtig ist mir dabei …"

– „Meine Befürchtungen an das Seminar/Training/Besprechung sind …
Besondere Bedenken habe ich …"

☞ Anschließend sucht sich jeder einen Partner und tauscht sich mit ihm über seine Gedanken aus.

☞ Die wichtigsten Punkte aus dem Gespräch werden auf die im Raum aufgehängte Wandzeitung geschrieben (z.B. mehrere Charts, überschrieben mit „Erwartungen" und „Befürchtungen").

☞ Die Wandzeitung bleibt über die Dauer der Veranstaltung im Raum hängen, um so die Veränderungen bzw. Entwicklungen verfolgen zu können.

Dauer 🕐 5 Minuten für die Einzelarbeit
🕐 10 Minuten für den Austausch

Teilnehmer Beliebig

Trainer ➲ Der Trainer ermuntert die Teilnehmer, sich möglichst einen Partner zu suchen, den sie noch nicht kennen bzw. bei bestehenden Gruppen, mit dem sie wenig zu tun hatten.
➲ Er achtet auf die Einhaltung der Zeit

Material/ Unterlagen/ Vorbereitung ᏰᏒ Filzstifte und Charts

54

Auswertung

✓ Für die Auswertung ist es wichtig, daß der Trainer auf Häufungen achtet und hierauf zunächst eingeht. Dazu sollte er darum bitten, die Aufschriebe zu präzisieren.

✓ Zwischen den formulierten Erwartungen und dem Ablauf der Veranstaltung sollte der Trainer Verbindungen herstellen.

✓ Auf Befürchtungen sollte er eingehen und einzelnen bestimmte Ängste nehmen (z. B. *„Wir werden keine Übungen machen, bei denen Sie sich in irgendeiner Form vor den anderen produzieren müssen"*).

Variationen

Beliebig modifizierbar

8.4 Inhaltsorientierte Verfahrensweisen

8.4.1 Einzelarbeit

Einzelarbeit intendiert die Konzentration des Teilnehmers auf ein spezielles Thema oder besondere Fragestellungen und die damit zusammenhängenden Assoziationen, Einfälle und Erfahrungen. Handelt es sich um die Bewältigung eines Problems, das gelöst werden soll, kann in der Einzelarbeit eine eigene Perspektive entwickelt werden. Neue Informationen mit denen sich der einzelne bei seiner Arbeit auseinandersetzen soll, können über Arbeitsblätter vermittelt werden.

Die Ergebnisse aus Einzelarbeiten werden sinnvollerweise in Form der Präsentation dargestellt, aber auch der Austausch in Kleingruppen oder die Darstellung in anderer Form sind möglich. Jedoch sollte niemand gezwungen werden, seine Ausarbeitung zu präsentieren. Wird allerdings präsentiert, ergeben sich gleich zwei Lern- und Übungseffekte: zum einen durch die Einzelarbeit selbst, zum anderen über die Anforderung, die erarbeiteten Gedanken so aufzubereiten, daß sie von anderen nachvollzogen und verstanden werden können.

Zudem bietet die Einzelarbeit die Chance einer Selbstreflexion, die in der Gruppe weniger leicht herzustellen ist. Etwa wenn es in einem Streßbewältigungsseminar darum geht, sich in Ruhe Gedanken zu den eigenen Lebens- oder Berufszielen zu machen. Resultate aus Selbstreflexionen sind ein Beispiel für Ergebnisse, die nicht unbedingt im Plenum oder einer Kleingruppe weiterverarbeitet werden sollten. Sie dienen aber dem einzelnen als Ausrichtung für sein tägliches Handeln.

8.4.2 Die Arbeit in Kleingruppen

Eine möglichst hohe Lerneffizienz wird über das selbständige Lernen und Arbeiten in Kleingruppen erreicht. Sie bestehen meist aus vier bis sechs Teilnehmern und können die unterschiedlichsten Aufgabenstellungen bearbeiten.

Vorteile der Kleingruppenarbeit:

- Die Gruppe ist groß genug, damit genügend Erfahrungen, Wissen und Informationen zusammenkommen.
- Jeder hat die Chance zur aktiven Beteiligung und Meinungsäußerung.
- Schüchterne und zurückhaltende Personen können sich in der Kleingruppe eher äußern.

- Die Interaktionen werden durch die wenigen Teilnehmer intensiviert.
- Die direkte Rückmeldung der anderen Teilnehmer und das rasche Fortschreiten in der Kleingruppe vermitteln Erfolgserlebnisse und motivieren zum Engagement.
- Die Kleingruppenarbeit schult das soziale und kommunikative Verhalten, da sie einen partnerschaftlichen Umgang verlangt.

Voraussetzungen:

- Zum Erfolg der Kleingruppenarbeit tragen vor allem Absprachen im Umgang miteinander bei. Dies sind vor allem Regeln für die Kommunikation, wie z.B. das aktive Zuhören, das Ausredenlassen, das Fragenstellen, sich kurz und knapp halten u.a.m.
- Aussagen, Meinungen und Einstellungen anderer müssen respektiert werden.
- Das sachliche Argumentieren muß im Vordergrund stehen.
- Thementreue, d.h. nicht abschweifen, muß gewährleistet sein.
- Jeder muß initiativ und aktiv sein.

Der Einsatz von Kleingruppenarbeit kann die Teilnehmer auf ein Thema vorbereiten, sie einen Stoff erarbeiten oder tiefere Erfahrungen im gegenseitigen Austausch sammeln lassen.

Grundsätzlich gilt: erst die Aufgabenstellung, dann die Gruppeneinteilung. Die Aufgabe wird im Plenum bekanntgegeben und erklärt, wenn möglich visualisiert. Auch ist der zeitliche Rahmen abzugrenzen. Sind mehrere Themen zu behandeln, können dafür auch bestimmte Zeiten festgelegt werden. Die Gruppenbildung ist aufgrund unterschiedlicher Kriterien möglich. Die Einteilung kann insbesondere zu Beginn eines Trainings nach dem Zufallsprinzip vorgenommen werden, z.B. durch das Zerschneiden mehrerer Kärtchen, deren Teile willkürlich verteilt werden. Alle Personen, deren Teile zu einem ganzen Kärtchen zusammenpassen, bilden eine Kleingruppe. Bei Arbeiten die von den Gruppen ein Ergebnis fordern, sollten sich die Teilnehmer auf einen Gruppensprecher einigen, der das Ergebnis im Plenum vorstellt.

8.4.3 Die Denkweise und Argumente anderer kennenlernen und sich damit auseinandersetzen

Mit der *Diskussion* oder dem *Kreisgespräch* wird versucht, verschiedene Sichtweisen und Standpunkte einzelner hinsichtlich eines Themas kennenzulernen. Durch wechselseitiges Reden und Zuhören wird ein Klärungsprozeß in Gang gesetzt, an dessen Ende ein Resultat steht sowie die Entscheidung des einzelnen oder der Gruppe für oder gegen einen Standpunkt. Eine Diskussion führt immer dazu, andere Meinungen besser kennenzulernen, besser zu verstehen und zumindest zu respektieren, wenn man sie auch nicht akzeptiert. Dazu müssen alle Teilnehmer natürlich wissen, um was es inhaltlich geht; das Thema oder Problem muß klar definiert sein. Der Trainer seinerseits legt gemeinsam mit den Diskutanden die Regeln für den Umgang miteinander fest und wirbt für deren Einhaltung. Während der Diskussion moderiert er und gibt acht, daß alle Teilnehmer thementreu bleiben. Bei längeren Diskussionen hält er die Zwischenergebnisse fest und visualisiert diese u. U.

„Pro- und Kontra"-Diskussionen eignen sich besonders bei Themen, die gegensätzliche Standpunkte zulassen, wie Pro und Kontra *„Alkoholverbot am Arbeitsplatz?", „Ist ein Girokonto für Kinder ab 10 Jahren sinnvoll?"* usw. Ziel dieser Methode ist es, die verschiedenen Aspekte einer Thematik sowie die Denkweise und Argumentation der Gegenseite kennenzulernen. Dadurch werden die Teilnehmer genötigt, sich mit der Sicht der anderen zu einer Aufgabenstellung auseinanderzusetzen. Insofern gibt es viele Parallelen zu einem Rollenspiel. Der Leiter sollte daher die Gruppen, die die Pro- oder Kontra-Seite bilden, zufällig auswählen, um zu vermeiden, daß sich „Gleichgesinnte" zusammenfinden.

8.4.4 Die Moderationsmethode

Lernprozesse bauen nicht nur auf einer einseitigen Vermittlung von Informationen seitens des Trainers auf, sondern basieren zu einem großen Teil auf den Berufs- und Lebenserfahrungen *der Teilnehmer.* Wenn diese Erfahrungen, das Wissen und spezifische Informationen der Teilnehmer aktiv zusammengeführt werden, ergibt sich eine neue Qualität von Lernen. Dazu ist es notwendig, bestimmte Methoden anzuwenden, um diesen Lernprozeß zu initiieren. Hierfür bietet sich die *Moderationstechnik* an – eine Technik, bei der der Moderator einer Gruppe methodische Hilfen bietet, um diese durch einen intensiven Informations- und Meinungsaustausch zu einem erfolgreichen Gruppen- bzw. Lernprozeß zu führen.

Mit der Moderationstechnik wird folgendes erreicht:

– Auslösen von wirkungsvollen Lernprozessen durch gemeinsame Arbeit
– große Akzeptanz der Ergebnisse durch die Gruppenmitglieder

- zeitsparende und emotionsfreiere Kommunikation
- Aktivität aller Anwesenden
- ausgeprägte Motivation durch gemeinsames Vorgehen
- Prioritätensetzen beim Vorgehen
- gemeinsame Problemlösung
- hoher Erinnerungswert bzw. Problembewußtsein durch Visualisierung
- Meinungen und Informationen erfragen
- wirkungsvolle Präsentation von Ergebnissen bzw. Sachinformationen.

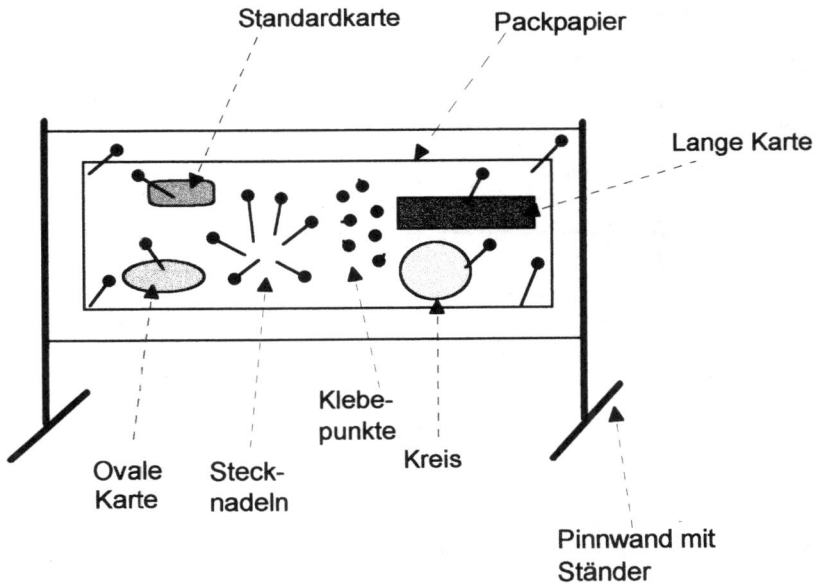

Abb. 5: Pinnwand zur Visualisierung von Ergebnissen mittels Moderationstechnik

8.4.4.1 Die Säulen der Moderationstechnik

Die Moderation baut auf folgenden Pfeilern auf:

- dem Wechsel von Groß- zu Kleingruppe
- dem Fragenstellen durch den Moderator und
- dem Sammeln und Sichtbarmachen der Teilnehmerbeiträge.

Der Wechsel von Groß- zu Kleingruppe

Für die Moderationsmethode ist typisch, daß die eigentliche Arbeit in Kleingruppen von vier bis sechs Personen stattfindet. Dieses Vorgehen stellt sicher, daß auch alle beteiligt sind und jeder von der gemeinsamen Arbeit profitiert. Ergebnisse der Kleingruppen lassen sich ausschließlich durch den Moderator im Plenum zusammenführen und z. B. in Maßnahmenkataloge fixieren.

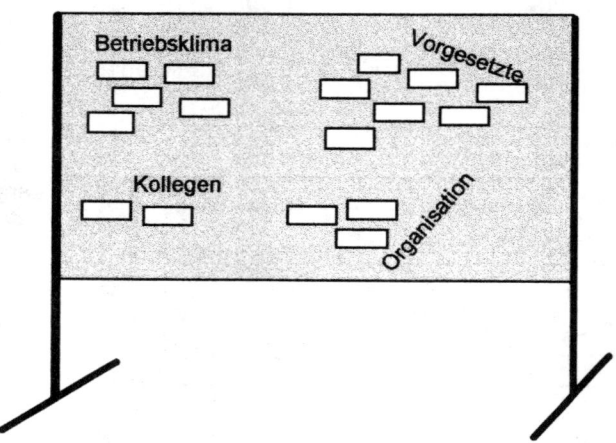

Abb. 6: Pinnwand mit den Resultaten einer Kartenabfrage

Die Fragetechnik des Moderators

Bei der Moderationstechnik sind immer alle Teilnehmer in den Lernprozeß involviert. Durch geschickte, manchmal auch provozierende Fragen spricht der Moderator alle Gruppenmitglieder an. Dadurch haben alle die Gelegenheit, zu antworten und sich einzubringen. Dies kann auf vielerlei Weise geschehen: zum einen verbal, etwa durch Zuruf, zum anderen über die Einstufung von am Flipchart aufgemalten Skalen (z. B. wichtig bis unwichtig; zufrieden bis unzufrieden) oder Methoden wie beispielsweise die Kartenabfrage.

Beispiele für eine Kartenabfrage:

- Was gefällt Ihnen bei Ihrer Arbeit? Was bedrückt Sie bei Ihrer Arbeit?
- Wie bewerten Sie unsere derzeitige Situation bei ....?
- Welche Konsequenzen hat die Entwicklung unserer ....?

– Was spricht aus Ihrer Sicht für bzw. gegen die ....?
– Was müssen/können wir konkret tun, um ....?

Sammeln und Sichtbarmachen der Teilnehmerbeiträge

Das Prinzip der Visualisierung der gesammelten Informationen, Meinungen oder Lösungsvorschläge usw. soll es den Gruppenmitgliedern ermöglichen, problemlos den Verlauf des Prozesses zu verfolgen und wahrzunehmen. Sie erleichtert die Aufnahme der Information und ist während der gesamten Moderation am Flipchart oder in anderer Form präsent.

Beispiel für eine Einstufung durch Punktvergabe der Teilnehmer am Flipchart:

Wie stehen Sie zu folgenden Aussagen?	☺☺	☺	☹	☹☹
1. Personalentwicklung muß in die strategische Planung des Unternehmens eingebettet sein.				
2. Personalentwicklung setzt voraus, daß für jede Tätigkeit Stellenbeschreibungen und Anforderungsprofile existieren.				
3. Zentrales Element der Personalentwicklung ist das regelmäßig einmal im Jahr durchzuführende Mitarbeitergespräch.				
4. Personalentwicklungsmaßnahmen müssen an die Erfordernisse des Unternehmens angepaßt werden.				
5. Führungsgrundsätze sind die Grundlage für ein Vorgesetztenfeedback im Rahmen der Personalentwicklung.				

8.4.4.2 Welche Merkmale zeichnen einen erfolgreichen Moderator aus?

Ein Moderator ...

– verfügt über ein umfangreiches Methodenrepertoire
– erklärt die Zielsetzung der einzelnen Schritte
– fördert die Aktivität aller Anwesenden
– beobachtet aufmerksam die Reaktion der Teilnehmer

– sammelt alle Meinungen
– vermeidet subjektive Wertungen bzw. Interpretationen
– hinterfragt unklare Aussagen neutral
– faßt die Kernpunkte zusammen
– führt zu brauchbaren Ergebnissen
– sorgt für breite Akzeptanz
– organisiert den reibungslosen Ablauf
– vereinbart Protokollierung und Folgemaßnahmen
– verfügt über gute Menschenkenntnis
– besitzt reichlich Moderatorenerfahrung

8.4.5 Die Fallstudie

In Fallstudien gibt es i. d. R. keine „richtige" Lösung, vielmehr geht es darum, ein optimales Ergebnis zu erzielen. Daher müssen Fallstudien von Fällen abgegrenzt werden, wie sie etwa bei rechtlichen Fragestellungen verwendet werden und bei denen es ein Richtig und Falsch gibt. Ursprung der Fallstudie sind die zu Beginn des 20. Jahrhunderts verwendeten „Harvard case studies", die im Kontext des Studiums für Betriebswirtschaft einen stärkeren Praxisbezug ermöglichen sollten.

Darüber hinaus sollte der Umgang mit komplexen Situationen geübt werden. In ihnen wurden Organisationen beschrieben und eine Fülle von Daten und Informationen vorgegeben. Ziel der *case studies* war es, den Organisationszustand zu optimieren. Die Erfolgskontrolle fand über den Vergleich zwischen der erarbeiteten Lösung und den in der Realität von Managern gefällten Entscheidungen statt. Komplexität muß jedoch kein Kennzeichen oder Voraussetzung einer Fallstudie sein, vielmehr können sich die Simulationen der Wirklichkeit auf einen engen Ausschnitt begrenzen.

Fallstudien entwickelt man am besten, indem man Informationen aus der Praxis sammelt, die konkrete Probleme darstellen. Je nach den intendierten Zielen, die der Trainer mit der Fallstudie erreichen möchte, wird er die Daten spezifisch aufbereiten.

Für die Durchführung gibt es verschiedene Varianten:

1. Der Trainer führt gemeinsam mit den Teilnehmern die Fallstudie durch, indem er den Fall erklärt und ihn gemeinsam mit dem Plenum nachvollzieht.
2. Eine Kleingruppe wird zusammengestellt. Diese Gruppe bearbeitet einen Problemfall unter Beobachtung des Plenums. Die Beobach-

tung ermöglicht es den anderen Teilnehmern, aus dem Vorgehen der Kleingruppe zu lernen.
3. Die Fallstudie wird einzeln oder in verschiedenen Kleingruppen erarbeitet, und die Lösungen werden im Plenum präsentiert.

Unabhängig vom Vorgehen steht die Lösung, die in der Realität praktiziert wurde, am Ende der Bearbeitung zur Diskussion. Sie wird vom Leiter vorgestellt und bezweckt eine weitere Optimierung der Einzel- oder Gruppenlösungen.

Teilnehmer machen bei der Bearbeitung von Fallstudien vielfältige Erfahrungen. Wird in der Gruppe gearbeitet, lernen sie unterschiedliche Vorgehensweisen der *Komplexitätsreduktion* und der *Arbeitsorganisation* kennen. Sie üben sich im gemeinsamen Problemlösen und machen gruppendynamische Erfahrungen. Im individuellen Bereich wird die Bedeutung von sozialer Kompetenz, des Methodenwissens und der fachlichen Kompetenz durch die Teilnehmer erkannt.

Damit ergeben sich folgende *Vorteile* der Verwendung von Fallstudien:

— Wissen kann angewandt werden.
— Methoden können an Simulationen der Wirklichkeit ausprobiert werden.
— Erlernen des Umgangs mit Komplexität.
— Üben von problemorientiertem Vorgehen.
— Chance, soziale Kompetenz in der Gruppenarbeit zu erwerben.

Dem Nutzen von Fallstudien stehen aber auch gewisse, in Kauf zu nehmende *Nachteile* gegenüber:

— Der Lerneffekt kann in Gruppen nicht für alle gegeben sein, da dominierende Teilnehmer den Problemlöseprozeß stark beeinflussen können.
— Wissen wird kaum erworben.
— Die Erfolgskontrolle durch den Trainer bezüglich des Nutzens für den einzelnen Teilnehmer ist kaum gegeben.
— Die Lerneffekte hängen insbesondere bei Gruppenarbeiten von der Atmosphäre ab, die in der Gruppe herrscht.

Der Trainer sollte deshalb genau prüfen, welche Ziele er mit dem Einsatz einer Fallstudie erreichen will.

8.4.6 Das Rollenspiel

Das Rollenspiel ist tatsächlich ein „Spiel" ohne den ernsten Hintergrund der Realsituation. Die Spielsituation ermöglicht es, unterschiedliche Effekte zu produzieren. Folgende Ziele werden durch den Einsatz von Rollenspielen verfolgt:

1. Das Rollenspiel kann Mittel dazu sein, fremde Rollen oder spezifisches Verhalten *konsequenzenlos auszuprobieren*, etwa die eines Vorgesetzten, Bewerbers usw.
2. Durch das Übernehmen einer Rolle können fremde oder abgelehnte Verhaltensweisen *spielerisch eingenommen* und damit besser verstanden werden. Beispielsweise beim Spielen der Rolle eines Kunden, der von einem Verkäufer barsch zurechtgewiesen wird.
3. Es können in einer relativ *angstfreien Atmosphäre* problematische Situationen simuliert und Lösungen angestrebt werden (z. B. Dilemmasituationen).
4. Die Verdeutlichung der *unterschiedlichen Wahrnehmung* von Rollen und Situationen; so nehmen Menschen, die ein Rollenspiel sehen, etwa eine Konfliktsituation, diese als unterschiedlich bedrohlich wahr.
5. Durch das Agieren in einer Rolle werden *Vorurteile abgebaut*, da das Erleben dieser Rolle das Verständnis für den Rolleninhaber verbessert („Die in der Verwaltung können ja gar nicht anders handeln!").
6. Die Rollenspieler müssen aufeinander eingehen, da sie die Bedürfnisse ihrer Mitspieler nur ungenau kennen. Sie müssen deren Bedürfnislage erkunden und Probleme eingrenzen. Kurz: *sie müssen sich mit anderen auseinandersetzen*.
7. Und letztendlich gilt es in den meisten Rollenspielen, eine *Lösung zu finden*, wie dies beispielsweise in Rollenspielen zur Konfliktbewältigung intendiert ist.

Der Vorteil des Rollenspiels liegt in der Möglichkeit der Rückmeldung und Kommentierung durch Mitspieler, Zuschauer und Beobachter, was im Alltag nicht möglich ist. Gerade dieses Feedback hilft den einzelnen, Einstellungen zu verändern, Gefühle wahrzunehmen oder Verhalten zu korrigieren bzw. weiterzuentwickeln.

In den Formen werden die *Vielfach-Rollenspiele* von den *Einzel-Rollenspielen* und *spontane Rollenspiele* von *vorbereiteten Rollenspielen* unterschieden. Bei ersteren werden von mehreren Gruppen identische Rollenspiele durchgeführt und die Ergebnisse ausgetauscht. Im Einzel-Rollenspiel wird das Spiel nur von einer Gruppe durchgeführt, während der Rest als Zuschauer die Aktionen beobachtet. Sinnvollerweise werden diese beiden Formen abwechselnd und je nach Lernziel angewandt.

Das spontane Rollenspiel wird i.d.R. dann eingesetzt, wenn bei einer speziellen Thematik ein Teilnehmer auf eine bestimmte Situation zu sprechen kommt und Lösungen gesucht werden. So kann dies beim Thema Zeitmanagement dazu führen, daß ein Teilnehmer davon erzählt, wie ein bestimmter Kunde ihn über Gebühr aufhält und er es nicht schafft, das Gespräch zu beenden. Der Trainer kann hier spontan die Situation spielen lassen und die Gruppe bitten, Lösungsvorschläge zu machen. Vorbereitete Rollenspiele arbeiten mit verteilten Rollen, machen Vorgaben und geben das zu erreichende Ziel meist vor.

In der Regel entwickeln Rollenspiele eine gewisse Eigendynamik, d.h., der Spielcharakter rückt in den Hintergrund, und die Spieler identifizieren sich stark mit den Rollen, zeigen Emotionen oder geben einen unfreiwilligen Einblick in ihre Persönlichkeit. In persönlich gefärbten Rollenspielen, wie z.B. Dilemmasituationen, kann es durchaus hitzig zugehen, was meist nachhaltige Erinnerungen bei den Teilnehmern hinterläßt.

Teilnehmer, die ein Rollenspiel durchführen sollen, müssen sich darauf vorbereiten können. Daher sind bei komplexeren Spielen, z.B. wenn verschiedene Rollen besetzt werden müssen, entsprechende Vorgaben zu machen. Eine detaillierte Darstellung der Rolle und der Spielsituation, deren Ende offen bleibt, erhalten die Spieler demnach erst, nachdem die Gruppen gebildet worden sind. Vor der Aktion müssen alle Spieler genügend Zeit bekommen, sich in ihre Rolle einzulesen, hineinzudenken und sich mit ihr zu identifizieren. Werden die Rollen von den Gruppen selbst aufgebaut, müssen sie Gelegenheit erhalten, ihre Argumente zu sammeln oder die Rollen zu konstruieren.

8.4.7 Das Planspiel

Kennzeichen von Planspielen sind im Rahmen der Personalentwicklung meist komplexe betriebswirtschaftliche oder führungspsychologische Problemstellungen. Beispielsweise kann sich ein Planspiel auf die unterschiedlichen Interessenlagen in einem Betrieb beziehen, in dem die Geschäftsleitung, der Betriebsrat, die leitenden Angestellten und einzelne Gruppen unterschiedliche Zielsetzungen verfolgen. Das Planspiel besitzt Elemente des *Rollenspiels* und der *Fallstudie*. Von der Fallstudie hat es die Komplexität, die sich in der vorgegebenen Ausgangssituation zeigt. Bei nicht-rechnergestützten Planspielen finden sich die Rollenspielanteile in den zugewiesenen Rollen, die die Teilnehmer im Spiel übernehmen, etwas stärker ausgeprägt, z. B. als Mitglied der Geschäftsleitung, des Personalratsvorsitzenden usw.

Grundsätzlich bietet das Planspiel die Möglichkeit, größere Zusammenhänge zu erkennen und Einsichten in vernetzte Wirksysteme zu erhalten sowie deren Einflußfaktoren zu identifizieren. Strategien müssen entwickelt, Wirkungen von Entscheidungen abgeschätzt und unter Zeitdruck gefällt werden. Es gilt, konkurrierende Interessen zu berücksichtigen und Beschlüsse auf einer unsicheren Datenlage im Team zu fassen. Werden Computer ins Planspiel einbezogen, erhalten die Teilnehmer eine unmittelbare Rückmeldung bzgl. ihrer Interventionen, also über Erfolg oder Mißerfolg der durchgeführten Maßnahmen. Lernziele des Planspiels liegen auf *der kognitiven Ebene*, z. B. im Sinne einer Verbesserung von Fachwissen, auf der *affektiv/emotionalen Ebene*, indem Führungs- oder Kooperationsverhalten entwickelt wird sowie auf der instrumentellen Ebene in Form des Aneignens von Arbeitsmethoden oder Führungstechniken. Übergeordnete Lernziele sind oft auch das „gute Abschneidenwollen" in bezug auf ein abstraktes Erfolgskriterium oder mit Blick auf eine konkurrierende, am Planspiel beteiligte Gruppe.

Sollen ganzheitliche Erlebensprozesse initiiert werden, etwa um ein optimales Managementverhalten zu erlernen, sind Aspekte der Unternehmenskultur, der Teamarbeit, der Zusammenarbeit verschiedener Interessengruppen usw. in ein Planspiel einzubauen. Dies bedeutet aber auch, daß Verhaltensweisen der Teilnehmer beobachtet, bewertet und rückgemeldet werden müssen. Hier ist es notwendig, mindestens zwei Planspielleiter einzusetzen, die unterschiedliche Aufgaben wahrnehmen. Einer übernimmt i. d. R. die *fachliche*, der andere die *verhaltensbezogene* Steuerung des Planspiels. Ein weiterer Vorteil liegt bei der Tandemvariante in den unterschiedlichen Persönlichkeiten der Trainer, die verschiedene Vorbilder darstellen.

Der Begriff des Planspiels wird häufig unterschiedlich gebraucht. Im Schulunterricht stehen vor allem die Förderung von Motivation, die effektive Stoffvermittlung, die sozial-kommunikativen Lernziele und das Lernen von Verantwortung im Mittelpunkt. Daher werden meist politische oder ökonomische Problemsituationen didaktisch vereinfacht aufbereitet. Spielverläufe sind hierdurch stark formalisiert und reglementiert. Sie dauern meistens nur fünf bis sechs Unterrichtsstunden. Planspiele im Bereich der Erwachsenenbildung sind dagegen zu 80 % Unternehmensplanspiele, die perfektioniert und rechnergestützt ablaufen. Sie werden zwischen drei bis zehn Perioden lang gespielt. Eine Periode umfaßt erfahrungsgemäß zwei Stunden. Eine Stunde wird benötigt, um zwischen den Perioden die Auswirkungen der durchgeführten Maßnahmen in der Gruppe zu analysieren und die Folgeentscheidungen treffen zu können. Damit können Planspiele zwischen ein und drei Tagen dauern. Sogenannte *Fernplanspiele* können sich sogar über mehrere Monate ausdehnen.

Durch die Möglichkeiten des Computers nehmen PC-gestützte Planspiele von professionellen Anbietern immer mehr Raum in der Personalentwicklung ein. Sie unterscheiden sich hinsichtlich Komplexitätsgrad, Anzahl der Mitspieler, den Entscheidungen, die pro Periode gefällt werden können, und der Spieldauer. Beispiele für Lernziele sind:

– Training des analytischen und planerischen Denkens
– Erleben der Entstehung von Preisbildung, Mengen- und Lagerpolitik
– Simulation eines Industriebetriebes
– Entscheidungstraining
– Üben sozialer Verhaltensweisen
– Wirtschaftliches Führungshandeln
– Erfahren der Gruppendynamik und Interaktion in wettbewerblichen Entscheidungsprozessen

Im Kontext dieses Methodenbuches soll das manuelle Planspiel im Vordergrund stehen, das von Planspielleitern selbst entwickelt und spezifischen Lernzielen gerecht werden kann.

Beispiel für ein Planspiel

Der Vorstand der Novobank, eines mittleren Kreditinstitutes einer strukturschwachen Region, hat sich dafür entschieden, seinen Kunden verstärkt elektronische Bankdienstleistungen anzubieten. Standardisierte Bankgeschäfte wie das Bestellen von Kreditkarten, das Ordern von Wertpapieren, Einzahlungen in Sparbücher oder der Abschluß von Bausparverträgen sollen ohne Beratung über Computer, Telefon, Internet und die sogenannte „integrierte Selbstbedienung" an Automaten in der Bank abgewickelt werden. Damit verspricht sich die Geschäftsleitung, konkurrenzfähig zu bleiben, Personalkosten einzusparen und so andere Arbeitsplätze in der Bank zu sichern. Es wird davon gesprochen, 50 Mitarbeiter „freizusetzen". Die potentiell betroffenen Mitarbeiter haben sich an den Betriebsrat gewandt und möchten, daß dieser alle Möglichkeiten des Betriebsverfassungsgesetzes ausschöpft. Außer der Geschäftsleitung, den Betroffenen und dem Betriebsrat interessieren sich zwischenzeitlich noch weitere Personen und Institutionen für den geplanten Personalabbau. Was aus der geplanten Rationalisierung der Bank wird, soll sich im Laufe des Planspiels entscheiden. Welche Gruppen dabei beteiligt sind und welche Aufgaben sie haben, ergibt nachfolgende Aufstellung:

- *Geschäftsleitung* (Erarbeiten von Argumenten für den Umgestaltungsprozeß und den Abbau des Personals; Verhandeln mit dem Betriebsrat; Information der Presse; Unterstützung bei den Mitarbeitern suchen und für den Plan werben; Anfragen und Stellungnahmen beantworten usw.)

- *Betriebsrat* (mit den potentiell betroffenen Mitarbeitern Gespräche führen und Aktivitäten absprechen; die Geschäftsleitung über die gesetzliche Mitwirkung des Betriebsrates bei der Personalfreisetzung informieren; versuchen, über den Verband, dem die Bank angehört, Druck auszuüben; die Presse informieren; einen Sozialplan vereinbaren, wenn die Entlassungen nicht zu vermeiden sind; Anfragen und Stellungnahmen beantworten usw.)

- *örtliche Presse* (Interviews mit der Geschäftsleitung, dem Betriebsrat und betroffenen Mitarbeitern durchführen; Hintergrundgespräche mit Vertretern der beteiligten Gruppen führen; Berichte schreiben und karikieren; Kommentare verfassen usw.)

- die *Jugendorganisation* einer großen politischen Partei (Leserbriefe schreiben; zu Aktionen aufrufen; eine Demonstration veranstalten; mit dem Betriebsrat konferieren und Unterstützung anbieten; Aufzeigen der gesellschaftlichen und wirtschaftlichen Auswirkungen der geplanten Entlassungen)

- *Verband* (Stellungnahmen abgeben zur derzeit schlechten wirtschaftlichen Situation der Kreditinstitute; Vorschläge machen für einen sozialverträglichen Abbau von Mitarbeitern; Beantworten von Anfragen und Stellungnahmen; Information der Presse, wie der Verband zur Freisetzung von Personal steht; Konferenzen mit dem Bankvorstand zur „Krisenbewältigung" usw.)

Neben einer umfangreichen *Beschreibung der Ausgangssituation* erhalten die Gruppen Hinweise zum Spielverlauf, detaillierte Rollen- und Aufgabenbeschreibungen mit Zusatzinformationen und Handlungsanregungen. Darüber hinaus bekommen alle vertiefende *Informationen zu Sach- und Fachfragen*, wie z. B. die einschlägigen Informationen des Betriebsverfassungsgesetzes, die ausgearbeiteten Pläne der Geschäftsleitung zum Personalabbau, Rundschreiben des Bankvorstandes an die Mitarbeiter, Pressemitteilungen, die über die Rationalisierungen in der Novobank berichten usw. *Ereigniskarten* für die beiden Planspielleiter mit unterschiedlichsten Informationen an die verschiedenen Gruppen sowie *Formulare für die Protokollierung* des *Spielverlaufs* und *Briefvordrucke* komplettieren die Planspiel-Materialien.

8.4.7.1 Die Entwicklung von Planspielen

Der Konstrukteur eines Planspiels muß sich vor Beginn seiner Entwicklungsarbeit folgende Fragen stellen:

- Welche Zielgruppe soll mit dem Planspiel trainieren?
- Welche Zielsetzungen werden mit dem Planspiel verfolgt?
- Was sollen die Teilnehmer lernen?
- Wie lange darf das Planspiel dauern?
- Wieviele Teilnehmer sollen pro Gruppe eingeplant werden?
- Handelt es sich um ein Planspiel in einem besonderen Funktionsbereich, z. B. Marketing?
- Soll es ein Unternehmensplanspiel oder ein Verhaltensplanspiel werden?
- Soll im Spiel Konkurrenz zwischen den Gruppen oder Teilnehmern induziert werden?
- Wieviele Perioden sollen gespielt werden, und wie lange kann eine Periode dauern?
- Sollen zwischen den Perioden theoretische Inputs gegeben werden?
- Gibt es *Ereignisse, die den Spielverlauf von außen beeinflussen*?

Die Antworten auf diese Fragen haben großen Einfluß auf die Gestaltung der Arbeitsmaterialien und der Sach- sowie Fachinformationen.

Freudenreich (1979) schlägt folgende Schrittfolge vor:

1. Bestimmen der Teilrealität

- Die agierenden Organisationen, Institutionen, Gruppen, Parteien, Multiplikatoren usw. werden festgelegt.
- Die Bereiche für die Sach- und Fachinformationen werden bestimmt: Gesetze, Vorschriften, Erlasse, Interessen, Programme, Regeln, Normen usw.

2. Reduktion und Integration der Daten zu einem Simulationsmodell

- Festlegen des Ausgangsszenarios
- Fixieren der Gruppen und Rollen
- Ausarbeitung der Arbeitsmaterialien

3. Durchführung des Planspiels

Name	Einzelarbeit	B 1

Stichwort Erfahrungen; Kenntnisse; Problemlösung; Selbstreflexion; Wissen

Ziel Konzentration auf ein spezielles Thema oder Problem. Aktualisierung sowie Transfer von individuellen Kenntnissen und Erfahrungen auf eine neue Fragestellung. Reflexion eigener Bedürfnisse, Ängste Wünsche usw.

Typ Einzelarbeit

Ort Beliebig

Mitwirkende Einzelpersonen

Durchführung ☞ Zu Beginn wird in die Aufgabe eingeführt, z. B.:

„Bitte setzen Sie sich nun in den nächsten 30 Minuten mit folgender Fragestellung auseinander und …", „Beleuchten Sie bitte das vorgegebene Thema aus den Perspektiven Ihrer Vorkenntnisse und Erfahrungen und …", „Bitte machen Sie sich bei der nun folgenden Einzelarbeit Gedanken zur Lösung folgenden Problems: …".

☞ Im zweiten Schritt werden die Teilnehmer gebeten, ihre Resultate schriftlich zu fixieren. Hier sollte der Trainer bereits darauf eingehen, was mit den Ergebnissen der Einzelarbeit geschieht. Mögliches Vorgehen:

– Daten aufbereiten und im Plenum darstellen
– Austausch in 2er-, 3er- usw. Gruppen
– Aushängen auf Flipcharts im Raum
– usw.

Dauer 🕐 Je nach Arbeitsauftrag

Teilnehmer Einzelarbeit kann in beliebig großen Gruppen durchgeführt werden

Trainer ➲ Er sollte dafür sorgen, daß eine entsprechende Atmosphäre der Ruhe herrscht, wenn die Einzelarbeit gemeinsam im Seminarraum durchgeführt wird.

Material/ Unterlagen/ Vorbereitung ✎ Je nach Arbeitsauftrag

Hinweis für die Weiterarbeit An die Einzelarbeit kann sich die Darstellung der Resultate anschließen oder ein Austausch in Kleingruppen.

Name	Kleingruppenarbeit	B 2

Stichwort   Aktivität; Erfahrungsaustausch; selbständiges Arbeiten; Informationszuwachs; Sensibilisierung

Ziel   Aktive Beteiligung einzelner an der Bearbeitung einer Aufgabe oder eines Problems. Es sollen Erfahrungen ausgetauscht, Empfindungen verbalisiert und Wissen sowie Kompetenzen aufgebaut werden bzw. Bestätigung finden. Zudem kann über das Zusammenarbeiten der Gruppenvorteil bewußt gemacht werden

Typ   Gruppenarbeit

Ort   Räumlichkeit mit beweglichem Mobiliar oder mehrere Gruppenräume

Mitwirkende   Teilnehmer einer Großgruppe

Durchführung

☞ Aufgabenstellung klar und deutlich formulieren, möglichst noch auf Flipchart oder Tafel bzw. über Arbeitsblätter visualisieren. Um Fragen, Präzisierungen oder weitere Informationen bitten.

☞ Die Gruppenfindung kann wie folgt geschehen:

- durch *Freistellung der Wahl* („Bitte finden Sie sich zu 4er-Gruppen zusammen.")
- durch *Vorgaben* („Bitte alle Kollegen aus der Verwaltung und alle aus der Kundenberatung, sich in 5er-Gruppen zusammenzufinden")
- durch *Zufall* („Bitte zählen Sie von 1 bis 5 durch. Alle 1er sind in Raum 1, alle 2er in ..." usw.)
- durch *räumliche Nähe* („Bitte tun Sie sich mit Ihrem Nachbarn zusammen.")

☞ Die Kleingruppen erst in die Arbeit entlassen, wenn klar ist, *wer* mit *wem* in welcher Gruppe an *welchem Thema wo* arbeitet. Letzteres ist dann wichtig, wenn die Kleingruppen nicht im selben Raum arbeiten und der Leiter die Gruppen zwecks Unterstützung besuchen möchte.

☞ Wird eine Präsentation im Plenum verlangt, sollen die Teilnehmer den inhaltlichen und zeitlichen Rahmen dafür kennen, um sich darauf einstellen zu können.

☞ Soll das Resultat der Gruppenarbeit im Plenum vorgestellt werden, gilt es, den Teilnehmern Hinweise zur Form der Darstellung sowie Empfehlungen zu den Materialien (z.B. Charts, Graphiken, Stifte, Folien usw.) zu geben. Bleibt das Ergebnis in der Gruppe, muß bekanntgegeben werden, was damit geschehen soll (z.B. Fragen formulieren o.ä.)

☞ Den Gesamt-Zeitrahmen bekanntgeben und ausmachen, wann sich die Kleingruppen im Plenum wieder zusammenfinden.

☞ Durchführen der Einzelpräsentationen mit jeweils anschließender Diskussion.

Dauer   🕐 Je nach Arbeitsauftrag

Teilnehmer   ○ Zwischen 3 und 7 Personen in der Kleingruppe
                   ○ Bei einer Präsentation der Ergebnisse im Plenum, max. 30 Personen in der Großgruppe

Trainer   ➲ Der Trainer sollte Bedenken gegen eine Kleingruppenarbeit mit dem Hinweis auf deren größere Effizienz gegenüber der Arbeit im Plenum zerstreuen, da die aktive Beteiligung einzelner in der Kleingruppe größer ist.

                   ➲ Möchte der Leiter gleichzeitig die Zusammenarbeit verbessern, kann er die Teilnehmer bitten, sich vor allem mit solchen Personen in den Kleingruppen zusammenzufinden, mit denen sie im beruflichen Alltag wenig zu tun haben oder die sie nicht bzw. kaum kennen.

Material/   ✑ Materialien je nach Arbeitsauftrag
Unterlagen/   ✑ Flipchart, Tafel, Tageslichtprojektor, Filzstifte
Vorbereitung   ✑ Ggf. Namensschilder

Auswertung   ✓ Vor der Präsentation oder wenn die Arbeitsergebnisse in der Kleingruppe bleiben, kann der Leiter fragen, wie die Gruppenarbeit verlaufen ist, welche Erfahrungen gesammelt wurden und wie sie empfunden wurde.

Name	Memory	B 3

Stichwort	Gruppen- und Paarbildung
Ziel	Kleingruppen- und Paarbildung per Zufall
Typ	Spiel
Ort	Nach Belieben
Mitwirkende	Teilnehmer an Trainings, Seminaren etc.
Durchführung	☞ Paarbildung
	– Der Trainer reicht den Teilnehmern einen Korb oder Karton mit den Teilen eines Memoryspiels (Namenspaare, z.B. Romeo und Julia).
	– Alle Teilnehmer ziehen eine Karte und suchen sich den entsprechenden Partner
	☞ Kleingruppenbildung
	– Gleiches Vorgehen wie oben mit dem Unterschied, daß nun bestimmte Gattungen wie Tiere, Pflanzen usw. für die einzelnen Gruppen stehen. D.h. alle Teilnehmer mit Karten, die Pflanzen zeigen, sind in einer Gruppe.
Dauer	🕐 Ca. 10 Minuten
Teilnehmer	Max. 24 Personen
Trainer	➲ Er erklärt das Vorgehen und die Regeln ➲ Er achtet auf die Einhaltung der Regeln und der Zeit ➲ Er stellt die Materialien zur Verfügung
Material/ Unterlagen/ Vorbereitung	✎ Memory-Spiel ✐ Sammlung von Namenspaaren verschiedener Begriffe, z.B. Namen von Gegenständen, Ländern usw.
Variationen	Die Memorykarten oder Namenspaare können auch durch Gegenstände ersetzt werden, z.B. Filzstifte, Büroklammern, Pinnwand-Nadeln usw.

Name	Gruppenpuzzle	B 4

Stichwort Informations-, Wissens- und Erkenntnisvermittlung

Ziel Rasche Vermittlung von Lerninhalten

Typ Gruppenarbeit

Ort Nach Belieben, jedoch mit der Möglichkeit, mehrere Kleingruppen ungestört arbeiten lassen zu können

Mitwirkende Teilnehmer der Großgruppe

Durchführung ☞ Das Plenum wird in Kleingruppen aufgeteilt, und Texte oder Lernstoff werden in den Gruppen verteilt.

☞ Gemeinsam erarbeiten sich die Kleingruppen-Teilnehmer den Stoff und bilden sich zu „Experten" aus.

☞ Nachdem der Stoff ausgearbeitet ist, wird ein Präsentator ausgewählt, der ihn in einer Runde mit den anderen Gruppensprechern vorträgt.

☞ Diese „Expertengruppe" tauscht sich anschließend in einem Kreis aus, der von den restlichen Teilnehmern in Form eines äußeren Kreises umringt wird.

☞ Die Runde der „Experten" stellt einen zusätzlichen Stuhl auf. Hierauf kann sich ein Teilnehmer aus dem äußeren Kreis setzen, wenn er einen Beitrag oder eine Frage hat. Danach verläßt er den Platz wieder.

☞ Die „Expertenrunde" ist beendet, wenn jeder seinen Beitrag geleistet hat.

Dauer 🕐 Ca. 90 bis 120 Minuten

Teilnehmer Ca. 15 bis 20 Personen

Trainer ➲ Er erklärt das Vorgehen, die Regeln und achtet auf ihre Einhaltung

Material/ Unterlagen/ Vorbereitung ✐ Flipchart und Filzstifte
✐ Schreibpapier
✐ Arbeitsunterlagen

Variationen Die „Experten „wandern" von Gruppe zu Gruppe und tragen vor

Name	Diskussion/Kreisgespräch	B 5

Stichwort
Argumentieren; Formulieren; sachliche Auseinandersetzung; Kennenlernen anderer Standpunkte

Ziel
Bewußtes und kontroverses Erschließen eines Themas; Lernen, sich sachlich auseinanderzusetzen; Erkenntnis, daß am Ende einer Diskussion kein harmonischer Konsens stehen muß; andere Meinungen verstehen und respektieren lernen

Typ
Diskussion

Ort
Die Räumlichkeit sollte so beschaffen sein, daß sich die Teilnehmer sehen und direkt ansprechen können.

Mitwirkende
Teilnehmer einer Großgruppe

Durchführung
Der Trainer initiiert die Diskussion, d.h., er stellt das Thema kurz und knapp dar, stellt Beziehung zwischen Teilnehmern und Thema her und klärt die Zielrichtung der Diskussion.

☞ Er beginnt mit einer Startfrage, die offen gestellt ist, sich an alle Diskussionsteilnehmer richtet und sie aktivieren soll. Diese Frage muß der Trainer gut vorbereiten.

☞ In der ersten Phase führt der Trainer in seiner Rolle als Moderator das Gespräch so, daß alle sich äußern können.

☞ Danach ordnet er die Beiträge, gibt auf Wortmeldungen acht und faßt ab und zu zusammen. Auch kann er Fragen einzelner an andere Teilnehmer weiterreichen und um deren Stellungnahme bitten.

☞ Bei Klärungsbedarf hilft er durch Nachfragen oder Aufzeigen inhaltlicher Sachverhalte. Stockenden Perioden gibt er eine neue Richtung durch aktivierende Fragen und Impulse.

☞ Zum Schluß faßt er das Ergebnis der Diskussion zusammen

Dauer
🕐 Max. 90 Minuten

Teilnehmer
Um alle in die Diskussion einbeziehen zu können, ist eine Teilnehmerzahl zwischen 7 und 17 Personen ideal. Ungerade Teilnehmerzahlen machen insbesondere dann bei Diskussionen einen Sinn, wenn am Ende eine Entscheidung durch Abstimmung abverlangt wird.

Trainer
➲ Er bereitet das Thema vor und klärt das Gesprächsziel, d.h. ist es ein Meinungsaustausch, eine Informationsvermittlung oder das Erarbeiten gegenseitigen

Verständnisses bzw. eine Problemlösung oder Beschlußfassung.

➲ Er legt gemeinsam mit der Gruppe die Diskussionsregeln fest.

➲ Er moderiert die Diskussion, indem er darauf achtet, daß man beim Thema bleibt. Er achtet auf die Reihenfolge der Redebeiträge und auf die Befindlichkeit der Diskutanden.

➲ Der Trainer hält sich in seiner Rolle als Moderator mit eigenen Beiträgen stark zurück.

➲ Er achtet auf den Zeitrahmen und gibt das Signal, mit der Diskussion zum Ende zu kommen.

**Material/
Unterlagen/
Vorbereitung**

✍ Wenn eine Ergebnissicherung gewünscht oder notwendig ist, werden Flipchart, Pinnwand, Folien oder eine Tafel eingesetzt.

📖 Wenn für die Diskussion Materialien, Unterlagen, Zahlen usw. benötigt werden, müssen diese rechtzeitig beschafft werden.

Auswertung

✓ Das Ergebnis einer Diskussion kann für eine Weiterarbeit genutzt werden, so daß die Frage am Ende stehen könnte: „Wie wollen wir mit dem Resultat der Diskussion weiterarbeiten?"

Variationen

An Stelle des Trainers kann ein Gruppenmitglied die Moderation übernehmen.

Name	Pro und Kontra	B 6

Stichwort   Argumentieren; Formulieren; Konzentrieren

Ziel   Denkweise und Argumentation anderer kennenlernen; Konzentration und flüssiges Formulieren üben

Typ   Diskussion

Ort   Zwei Räume mit variablen Tischen und Stühlen

Mitwirkende   Alle Teilnehmer einer Großgruppe

Durchführung

☞ Der Trainer nennt das Thema und schreibt es gut sichtbar auf das Flipchart.

☞ Er teilt die Großgruppe in zwei gleich große „Pro"- und „Kontra"-Gruppen.

☞ Jede Gruppe soll sich nun für 10 Minuten in ihre Sichtweise hineindenken und Argumente dafür sammeln.

☞ Der Austausch der Argumente beginnt nach der Gruppenarbeit, indem abwechselnd aus der jeweiligen Sicht Stellung zum Thema genommen wird.

☞ In der nächsten Runde werden die Positionen vertauscht, und die bisherige „Pro"-Gruppe nimmt nun die „Kontra"-Position ein. Dazu wird wiederum eine 10minütige Gruppenarbeit vorgeschaltet.

☞ Danach beginnt der Austausch aus den neuen Positionen.

☞ Zum Schluß werden die Haupterkenntnisse der Pro- und Kontra-Diskussion zusammengefaßt.

Dauer   🕐 Insgesamt ca. 2 Stunden, wobei

– zweimal 10 Minuten für die Vorbereitung und
– zweimal 40 Minuten für den Austausch der Argumente sowie
– max. 3 Minuten für jede Stellungnahme gedacht sind.

Teilnehmer   Die Anzahl an Teilnehmern sollte so gewählt werden, daß alle eine Chance haben, Argumente auszutauschen, d. h. max. 10 Personen je Gruppe

Trainer

➲ Er teilt die Gruppen zufällig ein.
➲ Er achtet auf den Ablauf und die Einhaltung der Zeit. Deren Ablauf signalisiert er mit einer Glocke oder Klingel.
➲ Er bittet in der zweiten Runde die Teilnehmer, wenn diese in die jeweils andere Argumentation wechseln müssen, auch andere Plätze zu wählen. Hierdurch lö-

sen sie sich automatisch leichter von ihrem alten argumentativen Standpunkt.

**Material/
Unterlagen/
Vorbereitung**

&⸝ Für den Aufbau der Sitzordnung gibt es verschiedene Möglichkeiten:

- Pro- und Kontra-Vertreter sitzen sich an einem Tisch gegenüber, oder
- es wird ein Pult benutzt, an dem die Sprecher der jeweiligen Partei ihre Argumente vorbringen.

Auswertung

✓ Auswertungsfragen, die hilfreich sind:

- Wie habe ich mich in der Pro-, wie in der Kontra-Situation gefühlt?
- Wie gut habe ich den Wechsel zum anderen Standpunkt geschafft?
- Hat der Positionswechsel bei der Argumentation mein Verständnis und meine Toleranz der anderen Sichtweise gegenüber vertieft?

Variationen

Variante 1: Der Austausch der zuvor gesammelten Argumente geschieht über die beiden Gruppensprecher.

Variante 2: Die Argumente werden nicht verbal, sondern mit Hilfe der Kartenabfrage schriftlich ausgetauscht, d. h. „Pro"- und „Kontra"-Aussagen werden wechselseitig an Pinnwände geheftet.

Name	Satzergänzungen	B 7

Stichwort   Ideensammeln; Meinungsäußerung; Stimmungsbild

Ziel

○ Die unterschiedlichsten Facetten eines Themas erkennen sowie Ideen und Gefühle visualisieren; Raum schaffen für unkonventionelle Ideen.

○ Zwischenbilanz zum Veranstaltungsverlauf (siehe auch „Prozeß- und Situationsanalyse")

Typ   Gruppenarbeit

Ort   Nach Belieben, jedoch mit beweglichem Mobiliar, um ein „Umherwandern" der Teilnehmer zu ermöglichen

Mitwirkende   Teilnehmer der Großgruppe

Durchführung

☞ Im Raum werden an den Wänden oder auf Pinnwänden Charts oder große Bogen Packpapier aufgehängt.

☞ Auf jedem Bogen steht ein angefangener Satz.

☞ Die Teilnehmer werden nun aufgefordert, durch den Raum zu gehen, vor jedem Papierbogen zu verweilen und die Ergänzungen der Sätze aus ihrer Sicht bzw. Befindlichkeit vorzunehmen.

☞ **Variante 1 a (Einzelpersonen, inhaltsbezogen):** Bei dieser Variante geht es darum, Sätze zu ergänzen, die mit dem Thema der Veranstaltung, einem methodischen Vorgehen oder auch dem Sammeln von Meinungen, Ideen oder Gefühlen zu tun haben.

– An unserem Kundenservice stört mich, daß ...
– Die Zusammenarbeit zwischen den Bereichen unseres Unternehmens ist verbesserungsbedürftig, weil ...
– Die Personalentwicklung sollte folgende Ziele in unserer Organisation verfolgen ... usw.

☞ **Variante 1 b (Einzelpersonen, erwartungs- oder stimmungsbezogen):** Diese Variante bietet sich in der Anfangsphase einer Veranstaltung oder zur Halbzeit an. Erwartungen helfen dem Leiter, sein Vorgehen nach den Bedürfnissen der Teilnehmer auszurichten und bei Rückmeldungen zum bisherigen Verlauf entsprechende Korrekturen vorzunehmen. Im Vordergrund stehen je nach Stand der Veranstaltung diverse unvollendete Sätze:

Ein Beispiel für die Anfangsphase:

– Ich erhoffe mir, daß ...
– Meine Erwartungen sind ...

Oder als Rückmeldung:

– Mir hat das Seminar bis jetzt gefallen, weil …
– Gestört hat mich im bisherigen Verlauf der Veranstaltung, daß …
– Ich erwarte mir am Schluß des Trainings, daß wir …
– Wir könnten uns alle besser einbringen, wenn …

☞ Der Trainer geht anschließend die einzelnen Aushänge durch, liest Punkt für Punkt vor und bittet bei unklaren Formulierungen den Schreiber um Erläuterungen („Verstehe ich das richtig, wenn der Schreiber meint, wir sollten …?"). Er hält die wichtigsten Aussagen schriftlich fest (z. B. Flipchart) und macht sie zum Ausgangspunkt für ein anschließendes Kreisgespräch.

Dauer   🕐 Ca. 30 bis 40 Minuten. (Hängt von der Anzahl der zu ergänzenden Sätze ab!)

Teilnehmer   Siehe unten „Variationen"

Trainer   ➲ Er bereitet die Aushänge vor, wobei er jeden Satz in einer anderen Farbe schreiben sollte, um die Plakate optisch voneinander abzuheben. Auch macht es Sinn, die Aushänge im Raum nicht zu eng zu verteilen, damit sich keine „Staus" vor einzelnen Bogen bilden.

➲ Er erklärt das Vorgehen, die Regeln und achtet auf die Einhaltung.

Material/ Unterlagen/ Vorbereitung
    ✄ Flipchart und ausreichend Papier
    ✄ Klebeband
    ✄ Evtl. Pinnwände mit Nadeln
    ✄ Bogen Packpapier
    ✄ Filzstifte in verschiedenen Farben

Auswertung   ✓ Dieses methodische Vorgehen ist immer ein Ausgangspunkt für ein anschließendes Kreisgespräch. In ihm werden die Ergänzungen besprochen: In der ersten Variante wird auf die Erwartungen eingegangen und dargestellt, was machbar oder was nicht vorgesehen ist bzw. noch eingebaut werden kann. Bei den Rückmeldungen kann gemeinsam festgelegt werden, was in der zweiten Hälfte der Veranstaltung verändert werden soll.

Variationen   Weitere Variationen bestehen darin, nicht durch einzelne Personen die Sätze ergänzen zu lassen, sondern von Kleingruppen. So können 4 bis 8 Personen für 5 bis 10 Minuten vor den Plakaten verweilen und über eine kurze Diskussion in der Gruppe die Ergänzung vornehmen. Hierzu sollten die Kleingruppen nicht zu groß sein. Ideal ist eine Kleingruppengröße von 5 Personen.

Name	Kartenabfrage	B 8

Stichwort Befürchtungen; Erfahrungen; Erwartungen; Ideen; Wissen; Wünsche

Ziel Das Wissen, die Erfahrungen, Wünsche und Befürchtungen usw. der Teilnehmer in den Ablauf einbeziehen

Typ Einzel- und Gruppenarbeit

Ort Raum mit Tischen zum Schreiben

Mitwirkende Alle Teilnehmer

Durchführung Die Teilnehmer erhalten Kärtchen (10 × 21 cm) mit der Aufforderung, darauf zu einer speziellen Frage deren Antwort zu vermerken. Für jede Aussage wird nur eine Karte verwendet.

☞ Der Trainer sammelt die Kärtchen und sortiert sie an der Pinnwand nach Zugehörigkeit (Klumpen), bis das gesamte Spektrum der Antworten aus dem Plenum gut sichtbar ist. Die Gruppe hilft ihm durch Zuruf. Im nächsten Schritt werden gemeinsam zu den „Klumpen" Überschriften gesucht.

☞ Anschließend werden die einzelnen Ober- und Unterpunkte der gebildeten Haufen durchgesprochen. Doppelungen werden entfernt, jedoch auf der letzten Karte wird die Gesamtzahl der unter diesem Stichwort aufgeführten Begriffe festgehalten („XYZ" = 4mal). Ist ein Teilnehmer mit einer Karte überhaupt nicht einverstanden, kann sie mit einem Blitz versehen werden. Ist die Gruppe der Meinung, daß eine bestimmte Karte genau den Punkt trifft, wird sie mit einem roten Ausrufezeichen versehen.

☞ Aus dieser Sammlung lassen sich anschließend methodisch weitere Schritte entwickeln, etwa die Übernahme der Themen in eine „Problemliste", die von den Teilnehmern mittels farbiger Punkte priorisiert werden kann.

Dauer 🕐 Je nach Fragestellung

Teilnehmer Max. 20 Personen

Trainer ➲ Er bereitet die Pinnwand vor.
➲ Er teilt die Kärtchen aus (eine Karte pro Fragestellung oder je Frage verschiedenfarbige Kärtchen).
➲ Er erläutert die Aufgabe.
➲ Er sammelt die Kärtchen ein.

⊃ Er liest die Kärtchen einzeln vor und ordnet sie (gemeinsam mit den Teilnehmern) an der Pinnwand an.

⊃ Er sucht gemeinsam mit den Teilnehmern nach Überschriften.

⊃ Er kennzeichnet die Karten mit Blitz oder Ausrufezeichen.

Material/
Unterlagen/
Vorbereitung

𝒢✓ Pinnwand mit Packpapier (idealerweise selbstklebend!)
𝒢✓ Stecknadeln und Nadelkissen
𝒢✓ Haftspray, wenn ohne Nadeln gearbeitet wird

Auswertung

✓ Der Trainer klärt gemeinsam mit den Teilnehmern das weitere Vorgehen bzgl. der „Problemliste", wodurch alle weiteren Schritte bestimmt werden.

Name	Fallstudie	B 9

Stichwort Praxislernen; soziales Lernen; erfahrungsorientiertes Lernen

Ziel Lösen von komplexen Sachverhalten; Einüben von Arbeitstechniken; Lernen durch Erfahrungen; Erwerb sozialer Kompetenz; Üben problemorientierten Vorgehens

Typ Fallstudie

Ort ○ Raum mit ausreichend Platz für störungsfreie Gruppenarbeit oder
○ mehrere Räume für Einzel- bzw. Gruppenarbeit

Mitwirkende Einzelne Teilnehmer; Teilnehmer in Kleingruppen; Plenum

Durchführung ☞ Zunächst stellt der Trainer die Fallstudie vor und gibt die Aufgabe dazu bekannt.

☞ Soll in Kleingruppen gearbeitet werden, sorgt er für deren Bildung. Die Gruppen sollten nach Möglichkeit nur so groß sein, daß die Chance für eine aktive Beteiligung aller gegeben ist.

☞ Anschließend stellt er die Vorgehensweise dar, die für eine erfolgreiche Bearbeitung der Fallstudie einzeln, in der Gruppe oder im Plenum erfolgversprechend ist. Folgende Schritte werden von ihm vorgestellt. Sie orientieren sich am allgemeinen Problemlöseschema:

1. Schritt: Analyse des Problems

– Durchsicht des Falls nach Abweichungen des Ist- vom Sollzustand („Was, wer usw. ist nicht so, verhält sich nicht so, wie es eigentlich sein sollte?")
– Anschließend werden diese Abweichungen als Probleme definiert und aufgelistet
– Informationen die helfen, die Einzelprobleme besser zu verstehen, werden ihnen zugeordnet
– Bei mehreren Problemen wird eine Prioritätenliste erstellt, die in der Folge abgearbeitet wird

2. Schritt: Suche nach möglichen Ursachen

– Durch das Abgleichen mit Idealvorstellungen wie Modellen, Theorien usw. werden die Ursachen für die Abweichung des Ist- vom Sollzustand erforscht.

3. Schritt: Entwickeln des Sollzustandes

– Durch die Definition von Zielen, sogenannten Muß- und Wunsch-Zielen, wird das zu erreichende Ideal beschrieben. Muß-Ziele stellen Mindestanforderungen dar, Wunsch-Ziele dagegen sind Zustände, die nicht unbedingt erreicht werden müssen.

    – Die Definition der beiden Zielarten läßt anschlie-
ßend auch eine Bewertung der erarbeiteten Lösung
zu.

4. Schritt: Erarbeiten von Lösungen

– Bei der Erarbeitung von Lösungen, also dem Versuch, die Lücke zwischen Ist- und Soll-Zustand zu
schließen, können nun verschiedene Methoden der
Problemlösung eingesetzt werden. Es bieten sich
an: *Methode 66, 635-Methode, Brainstorming,
Little-Technik, Mind-Mapping, Kraftfeldanalyse usw.*

5. Schritt: Auswahl von Lösungen

– Die Auswahl der Problemlösungen muß sich an der
Wirklichkeit, ihrer Wichtigkeit und praktischen Umsetzbarkeit ausrichten. Lösungen müssen die Ursachen für die Probleme beseitigen, ökonomisch und
moralisch vertretbar sein und in angemessener Zeit
verwirklicht werden können.
– Zusätzlich müssen sie darauf hin geprüft werden,
ob sie selbst neue Abweichungen von Ist- und Soll-
zustand produzieren.

6. Schritt: Maßnahmenplan

– In dieser letzten Phase der Fallstudie wird ein zeitlicher Rahmen für die Umsetzung geschaffen und
fixiert.

☞ Der Trainer stellt am Ende der Fallstudie, also nach
Bearbeitung und Präsentation der Ergebnisse, die
Reallösung vor.

Dauer   🕐 Hängt von der Fallstudie ab

Teilnehmer   Bei einer Gruppenarbeit nicht mehr als sechs Personen

Trainer   ➲ Er führt in die Fallstudie ein und stellt die Bearbei-
tungsschritte vor.
     ➲ Bei Einzel- und Gruppenarbeit besucht er die einzel-
nen Teilnehmer bzw. Gruppen reihum und bietet Hilfe
beim Vorgehen an.

**Material/
Unterlagen/
Vorbereitung**   📖 Fallstudie (Beschreibung, zusätzliche Daten, Graphi-
ken usw.) für jeden Teilnehmer in schriftlicher Form

Auswertung   Ist nicht nur die Lösung des Falls von Interesse, sondern
auch das soziale Lernen, können Fragen zur Zusammen-
arbeit in der Gruppe, dem Einbringen einzelner, der Konfliktlösung usw. thematisiert werden.

Variationen   – individuelle Bearbeitung
     – Kleingruppe
     – Plenum

Name	Rollenspiel	B 10

Stichwort Probehandeln; Rollenspiel

Ziel Einfühlen in Situationen; „Aha"-Erlebnisse vermitteln durch spielerisches „Probehandeln" in neuen Rollen; Kennenlernen eigener Fähigkeiten; Einstellungen, Erfahrungen, Wissen durch Darstellung vermitteln lernen

Typ Rollenspiel

Ort Räumlichkeiten mit ausreichend Platz

Mitwirkende Teilnehmer an PE-Veranstaltungen

Durchführung ☞ Einführung

Je nach Art des Rollenspiel – also offene oder geschlossene Situation bzw. vorgegebene Rollenbeschreibung oder freie Gestaltung – macht der Trainer die Aufgabe bekannt. Dann bittet er um Meldungen für die Rollen.

Wichtig: Rollenspiele sollten nur in Gruppen durchgeführt werden, in denen innerhalb der Teilnehmerschaft ein gewisses Vertrauen herrscht. Zu Beginn eines Trainings, bei dem sich alle noch nicht kennen, können sich eher negative Effekte zeigen.

☞ Rollenstudium

Sind die Rollen vorgegeben, müssen die Teilnehmer eine gewisse Zeit bekommen, sich in die Rolle einzulesen bzw. diese zu entwickeln, wenn nur grobe Vorgaben vorhanden sind. Kann die Rolle frei gestaltet werden, sollte der Trainer noch einmal die Situation beschreiben, in der sich die Rollenspieler fiktiv befinden und darauf aufmerksam machen, auf was es ankommt. Notfalls gibt er bei Verständnisschwierigkeiten Hilfestellung.

☞ Einführen der Beobachter

Werden Beobachter eingesetzt, müssen diese genaue Instruktionen erhalten, auf was sie ihre Aufmerksamkeit richten sollen. Hier haben sich vorbereitete Bogen bewährt, die Observationskriterien enthalten.

☞ Spielüberwachung

Der Trainer ist gehalten, während des Rollenspiels einzugreifen, wenn das Spiel in eine verkehrte Richtung läuft oder den Rollenspielern der nötige Ernst fehlt. Rechtzeitig ist den Spielern auch das Ende des Rollenspiels zu signalisieren, damit diese nicht abrupt enden müssen. Sollen gewisse Effekte im Rollenspiel erzielt werden, die ein „Aha"-Erlebnis bei Spielern und Zuschauern hervorrufen sollen, kann der Trainer allerdings auch ein Spiel gerade dann abbrechen, wenn dieser Effekt zum Tragen kommt (bestimmtes Verhalten, Aussagen usw.). Dadurch wird die Auswertung erleichtert und vermieden, daß sich ein Rollenspiel „totläuft", wenn die Ideen ausgehen.

☞ Endauswertung

Bei der Auswertung von Rollenspielen werden zuerst die Spieler über ihre Gefühle, Wahrnehmungen und Erfahrungen befragt. Erst danach geben die Beobachter und Zuschauer ihre Kommentare ab.
Werden Rollenspiele mit Video aufgezeichnet, bietet es sich natürlich an, wichtige Schlüsselszenen nochmals zu betrachten, um bestimmte Äußerungen oder Verhaltensweisen auf die Gruppe wirken zu lassen und sie zu Kommentaren aufzufordern („Wie wirkt dieses Verhalten auf Sie?"). Insbesondere eignet sich die Videoaufnahme zur Feinanalyse des Gesprächsverhaltens oder des non-verbalen Verhaltens.
Bei allen Rückmeldungen an die Rollenspieler gelten die allgemeinen Feedback-Regeln.

Dauer

🕐 Für das Rollenspiel selbst ca. 10 Minuten
🕐 Vorbereitung je nach Rollenspieltyp

Teilnehmer

○ In der Großgruppe ca. 25
○ In der Kleingruppe ca. 8

Trainer

➲ Der Trainer sollte die Vorbereitungszeit bei freier Rollengestaltung möglichst kurz halten, damit keine Lösungen vorausgedacht werden können, sondern sich aus der Spielsituation ergeben.

Material/ Unterlagen/ Vorbereitung

✎ Rollenanweisungen
✎ Beschreibung des Szenarios

Variationen

1. Die Rollen sind vorgegeben, allen bekannt und die Spielsituation eng definiert.
2. Die Rollen sind vorgegeben, jedoch nicht allen bekannt und die Spielsituation genau beschrieben.
3. Die Rollen sind vorgegeben und allen bekannt, allerdings ist die Situation weitgehend durch die Spieler frei gestaltbar.
4. Die Rollen sind durch die Spieler frei zu gestalten, aber die Spielsituation ist genau vorgegeben.
5. Rollen und Situation können von den Teilnehmern frei gestaltet werden.

Auswertung

👐 Regeln für die Auswertung:

Zuerst äußern sich die Rollenspieler/innen auf die Frage des Trainers „Wie ist es Ihnen in der Rolle ergangen?"; erst dann werden die Eindrücke der Zuschauer gesammelt („Was ist Ihnen am Spiel aufgefallen?").

Ergibt sich bei der Auswertung des Rollenspiels ein neuer Aspekt oder kommt das Plenum auf einen weiteren möglichen Ausgang des Spiels, kann sich sogleich eine weitere „Szene" oder gar ein ganz neues Rollenspiel anschließen.

☞ Idealerweise sollten Rollenspiele nach oder während ihrer Auswertung in einer zweiten Runde dazu benutzt werden, die gemachten „Schnitzer" zu verbessern. Etwa wenn deutlich wird, daß nicht zugehört wurde oder daß Gestik und Mimik etwas anderes aussagten, als der Sprecher mit seinen Worten beabsichtigte. Dies kann problemlos auch in kleinen Sequenzen bei der Auswertung per Video geschehen, indem das Band angehalten wird und sofort ein „ideales Verhalten" festgelegt und geübt wird.

Name	Planspiel	B 11

Stichwort   Planungsstrategien entwickeln

Ziel   Größere Zusammenhänge erkennen und Einsichten in vernetzte Wirksysteme erhalten sowie deren Einflußfaktoren identifizieren; Strategien entwickeln, Wirkungen von Entscheidungen abschätzen und unter Zeitdruck fällen; konkurrierende Interessen berücksichtigen und Beschlüsse aufgrund unsicherer Daten im Team fassen; Planungsstrategien entwickeln und Entscheidungen fällen.

Typ   Planspiel

Ort
- ○ Mehrere Räume mit beweglichem Mobiliar
- ○ Steht nur ein Raum zur Verfügung, dann mehrere Tische darin verteilt aufstellen.

Mitwirkende   Alle Teilnehmer einer Veranstaltung

Durchführung   ☞ Spieleinführung

Der Spielleiter macht die Teilnehmer mit der Zielsetzung und dem Ablauf des Planspiels bekannt. Gemeinsam wird der Spielrahmen festgelegt, ein Modell der simulierten Wirklichkeit geschaffen und spezifische Bedingungen festgelegt. Der Verlauf des Spiels kann eng vorgegeben sein oder auch zunächst bewußt offen bleiben. Hierdurch können sich bei Rollenvorgaben dynamische Spieleffekte ergeben, da die Handlungen der Teilnehmer die Rollen verändern. Im weiteren Verlauf besteht für die Planspielleiter die Chance, das Planspiel durch entsprechende „Ereignisse" in unterschiedliche Richtungen zu beeinflussen, etwa um unerwünschte Entwicklungen zu korrigieren. Ausgangslagen können allgemeine Situationsbeschreibungen, aber auch Herausforderungen, Spannungen, Konflikte oder Dilemmasituationen sein.

☞ Gruppenbildung und Raumverteilung

Je nach Spiel und Anforderungen werden Gruppen gebildet und die Aufgaben zugeordnet. Sinnvollerweise sollten die Gruppen unterschiedliche Räumlichkeiten nutzen können, in denen sie in Ruhe ihre Strategien planen, Entscheidungen fällen und die Folgen daraus analysieren können.

☞ Informationsaufnahme und -verarbeitung

In dieser Phase erhalten die Gruppenmitglieder die Möglichkeit, sich in die Planspielinformationen einzuarbeiten und eigene Informationen zu generieren.

88

☞ Meinungsbildung und Strategiefindung

Im nächsten Schritt überlegen die Planspieler, welche Alternativen sie bei ihrem Handeln haben, welche Strategien und Taktiken verfolgt werden sollen.

☞ Einbringen der Entscheidungen in die simulierte Realität

Je nach Art des Planspiels, also ob manuell oder rechnergestützt, bringen die Teilnehmer ihre Entscheidungen über Interaktionen mit anderen Gruppen oder durch Eingabe in den PC in das Modell ein. Diese Phase ist die lernintensivste und längste des gesamten Planspiels. Sie ist durch ein großes Engagement der Teilnehmer und entsprechende Aktivitäten gekennzeichnet. Die Identifikation mit den Rollen und zu vertretenden Interessen ist in diesem Spielabschnitt sehr groß.

☞ Vorbereitung auf den Abschluß

Je nach Planspieltyp finden Abschlußkonferenzen oder Auswertungsrunden statt. Auf beides gilt es, sich vorzubereiten. Dazu ist es sinnvoll, in den Gruppen das bisherige Vorgehen zu bilanzieren, d.h. erreichte Erfolge, Mißerfolge, Verhandlungsergebnisse usw. Revue passieren zu lassen. Bei Abschlußkonferenzen, die i.d.R. von den Planspielleitern moderiert werden, geht es meist um einen Konsens, der zwischen den beteiligten Gruppen herbeigeführt werden soll. Erklärungen werden dazu von den Gruppensprechern abgegeben und gemeinsam diskutiert.

Computergestützte Planspiele bieten die Gelegenheit, in einer Auswertung die Entscheidungen und Vorgehensweisen kritisch zu beleuchten, Handlungsweisen zu rekonstruieren und die Auswirkungen der durchgeführten Maßnahmen auf die simulierte Wirklichkeit nachzuvollziehen.

☞ Abschluß

Abschlußkonferenzen oder Analysen

☞ Endauswertung

Diese Phase dient der Rückmeldung, wie das Planspiel empfunden und was erlebt wurde. Sie bietet Gelegenheit, über Konsequenzen für das eigene Handeln und künftige Verhalten zu sprechen, aber auch über Defizite und erkannte Entwicklungschancen zu reflektieren. Hier kann auch die Reflexion des gesamten Spielverlaufs anhand der aufbereiteten Planspielunterlagen und der Aktivitätenprotokolle der Gruppen stattfinden. Für die Trainer bietet sich die Chance, Anregungen für weitere Durchführungen zu sammeln und Schwächen im Spielverlauf zu erkennen.

Dauer   🕐   Je nach Planspieltyp zwischen ein und drei Tagen

Teilnehmer   Überschaubare Anzahl, jedoch nicht mehr als 24 Personen

Trainer   ➲   Zwei Planspielleiter: Sie teilen die Gruppen zufällig oder nach Interesse der Teilnehmer ein.

➲   Sie führen in das Basisszenario ein und teilen die Materialien aus.

➲   Sie koordinieren die Spielzüge der Gruppen.

➲   Je nach Zielsetzung und Rahmenbedingungen des Planspiels können sie folgende Funktionen wahrnehmen:

- Eingaben in den Rechner
- Ausgabe der Rückmeldungen des Computers
- Protokollierung der Spielzüge der Einzelgruppen
- Kontaktherstellung zwischen den Gruppen
- Einbringen neuer Informationen, insbesondere von Ereigniskarten
- Entscheidungen über Spielunterbrechung, -abbruch oder -ende
- Moderation von Abschlußkonferenzen, Analysen und Auswertungen

Material/
Unterlagen/
Vorbereitung   ✎   Planspielunterlagen

- Beschreibung der Ausgangssituation
- Detaillierte Rollen- und Aufgabenbeschreibungen mit Zusatzinformationen und Handlungsanregungen
- Vertiefende Informationen zu Sach- und Fachfragen
- Ereigniskarten
- Formulare für die Protokollierung

✎   Computer und Planspielsoftware bei rechnergestützten Planspielen

Auswertung   👓 Auswertungsfragen, die hilfreich sind:

- „Wie war Ihr persönlicher Eindruck vom Planspiel?"
- „Was hat Ihnen besonders gut gefallen?"
- „Welche Ihrer Fähigkeiten und Stärken konnten Sie einbringen?"
- „Was nehmen Sie an persönlichen Erkenntnissen aus dem Planspiel mit?"
- „Woran würden Sie jetzt im Rahmen der Personalentwicklung gerne weiterarbeiten?"
- „Was hat Sie gestört?"
- „Wie war die Einführung des Planspiels?"
- „Was sollte an der Durchführung des Planspiels geändert werden?"

8.5 Darstellende Verfahrensweisen

8.5.1 Die Präsentation

Die Präsentation ist ein durch visuelle Hilfsmittel unterstützter Vortrag. Ausschließlich das gesprochene Wort zu verwenden, bringt für Zuhörer den geringsten Informationswert. Deshalb ist die visuelle Unterstützung sehr wichtig. Moderationstafeln sind beispielsweise ein hervorragendes Werkzeug, dem Zuhörenden die Chance zu geben, in möglichst kurzer Zeit viele Informationen zu verarbeiten.

Vorteile:

– Der Wirkungs- und Informationswert ist sehr hoch.
– Die Vergessenskurve verläuft langsamer.
– Umfassende und komplexe Informationen können durch die visuelle Unterstützung zusammengeführt werden.
– Der Präsentierende wird durch die Bilder, Graphiken sowie Abbildungen in seinem Vortrag unterstützt und kann dadurch frei sprechen.

Nach der Präsentation ist es sinnvoll, folgende Fragen zu stellen:

– Ist das Ziel erreicht worden? Wenn nicht, woran hat es gelegen?
– War die Zielgruppe richtig gewählt?
– Hat sich der Ablauf bewährt?
– War der Einstieg gelungen, oder muß etwas geändert werden?
– Gab es kritische Situationen im Hauptteil, oder hat alles funktioniert?
– Wie war der Abschluß und die anschließende Diskussion? Gibt es etwas zu verbessern?
– Wie war die Organisation? Wenn etwas schiefgelaufen ist, was sollte das nächste Mal geändert werden?
– Wie lief es mit den eingesetzten Medien?
– Wie war der Kontakt zu den Zuhörern? Gibt es etwas zu verbessern?

8.5.2 Die Expertenbefragung

Gezielte Fragestellungen zu einem speziellen Thema oder Problem

Befragungen von Experten eignen sich besonders, wenn es darum geht, sich mit einem speziellen Thema bzw. Problem auseinanderzusetzen. Sehr wirkungsvoll ist sie, wenn sich die Fragenden auf ein gemeinsames Thema ausgerichtet haben und Fragen gezielt vorbereiten konnten. Die Präparation von Fragen an den oder die Experten bietet sich an, da im Vorfeld Überlegungen angestellt werden und Fragen präzise formuliert werden können. Die Gefahr, daß bei der Befragung niemandem „etwas einfällt" bzw. Banalitäten erfragt werden, wird so minimiert. Auch können Fragen zu entsprechenden Komplexen geordnet und auf ihre Verständlichkeit geprüft werden.

Experten sollten nach ihrer Ausstrahlung und ihrem „standing" sowie nach ihrem notwendigen Fachwissen ausgesucht werden, das sie in einer Befragung spontan parat haben sollten.

Name	Präsentation	C 1

Stichwort   Informationsvermittlung; Visualisierung; Wissenstransfer

Ziel   Vermittlung von Wissen, Information, Erfahrungen und Zusammenhängen in max. 10 Minuten mit Hilfe von Medien zur Visualisierung der wichtigsten Inhalte.

Typ   Einzel- und Gruppenaufgabe

Ort   Geeignete Räumlichkeiten für eine Präsentation mit ansprechender Sitzordnung

Mitwirkende   Teilnehmer aus der Großgruppe

Durchführung   ☞ Einleitung

Mit einer interessanten Einleitung wird das Interesse geweckt, motiviert sowie die Zielsetzung klargelegt. Aber: nicht langatmig, sondern kurz und knapp.

☞ Darbietung

So wie wir eine Mahlzeit in kleinen Happen besser verdauen, sollte bei der Präsentation immer nur *ein* Informationsschritt, *eine* logische Einheit dargeboten werden. Komplexe Informationen sollten nicht vorgefertigt, sondern während der Präsentation entwickelt werden. Auch erhöht das Ergänzen vorgefertigter Informationen die Aufmerksamkeit. Allerdings dürfen nicht die Präsentationsmittel im Vordergrund stehen. Wenn visualisiert wird, sollte alles gut lesbar und wirkungsvoll gestaltet sein. Dazu ist es nicht erforderlich, hervorragende Bilder zu zeichnen, vielmehr sollte dem Zuhörer z.B. durch farbliche Gestaltung und entsprechendes Strukturieren der sachlich logische Zusammenhang verdeutlicht werden. Überschriften müssen die „Kernbotschaft" widerspiegeln.

☞ Verknüpfung

Der Inhalt, der dargeboten wird, ist besser zu verstehen und zu behalten, wenn er an bereits Bekanntes anknüpft. Beispiele aus dem Alltag, Metaphern und kleine Geschichten helfen, Inhalte zu verdeutlichen und sie gut einzuprägen.

☞ Zusammenfassung

Die Zusammenfassung der wesentlichen Gedanken ist wichtig, damit der Zuhörer den Gesamtüberblick erhält. Auch hier gilt: kurz, einfach und übersichtlich.

☞ Ende der Präsentation

Der Schluß sollte Hinweise auf die Anwendung, Übertragungsmöglichkeit, die Ergebnisse zum Thema sowie einen Ausblick enthalten.

Dauer   🕐 Faustregel: Präsentationen sollten nicht länger als 10 bis 15 Minuten dauern!

Teilnehmer   Präsentationen bieten sich eher in übersichtlichen Gruppen (bis 18 Personen) an, da in diesen eine anschließende Diskussion oder Weiterarbeit möglich ist.

Trainer   ➲ Führt der Trainer in das Präsentieren ein, so kann er die Abfolgen ausführlich darstellen und Ziel und Zweck dieser Methode diskutieren.

**Material/
Unterlagen/
Vorbereitung**   〰 Hilfsmittel zur Visualisierung:

– Tageslichtprojektor,
– Beamer zur Projektion von Computergraphiken,
– Tafel,
– Flipchart.

**Hinweise für
die Weiterarbeit**   ○ Präsentationen werden i. d. R. durch eine Diskussion weitergeführt, um die vermittelten Informationen tiefer zu verarbeiten. Fragen im Anschluß an die Präsentation können sich beziehen auf:

– die Erfahrungen der Teilnehmer mit dem Thema
– die möglichen Ergänzungen und Erweiterungen durch die Teilnehmer
– das Klären von Inhalten
– Fragen des Transfers in den Arbeitsalltag

○ Diese Fragen können auch als Arbeitsauftrag formuliert werden, und das Plenum kann in Kleingruppen zur Bearbeitung eingeteilt werden.

Variationen   Beliebig modifizierbar

Name	Expertenbefragung/Podiumsgespräch	C 2

Stichwort   Expertendiskussion; Expertenbefragung; Podiumsgespräch

Ziel   Kennenlernen unterschiedlicher Sichtweisen eines Themas; Aufnehmen unterschiedlicher Aspekte eines Problems oder Themas; Orientierungshilfe innerhalb eines Themenbereichs

Typ   Diskussion

Ort   Ausreichend großer Raum, der Publikum und Podiumsteilnehmern genügend Platz bietet

Mitwirkende   Max. sechs Sachverständige und ein Moderator

Durchführung   ☞ Kennzeichen:

- Mehrere Teilnehmer diskutieren stellvertretend für eine Gruppe.
- Sie stellen kontroverse Standpunkte heraus.
- Die Sitzordnung ist exponiert, d.h. außerhalb des Publikums.

☞ Moderator:

- Er erläutert zu Beginn der Befragung das Thema sowie die Regeln für das Vorgehen.
- Er fordert zu kurzen und prägnanten Redebeiträgen auf.
- Er moderiert und achtet darauf, daß eine lebendige Diskussion aufkommt und die Podiumsteilnehmer nicht zum Publikum sprechen.
- Er faßt hin und wieder zusammen und akzentuiert die verschiedenen inhaltlichen Aspekte und Einstellungen der Podiumsteilnehmer.
- Nach ca. 25 Minuten, also nach der Vorstellung der Podiumsteilnehmer und einem einleitenden Gespräch, bittet er um Fragen aus dem Auditorium und leitet diese Fragen an die zuständigen Experten mit der Bitte um Stellungnahme weiter.
- Am Ende faßt er nochmals zusammen und bedankt sich bei den Sachverständigen.

Dauer   🕐 Gesamtdauer ca. zwei Stunden:

- Einleitendes Gespräch ca. 25 Minuten
- Stellungnahmen des Podiums zu Fragen ca. 5 Minuten

Teilnehmer
- ○ Wenn nur Fragen aus dem Publikum gestellt werden, kann die Zuhörerschaft unbegrenzt sein.
- ○ Soll es zu einer Diskussion zwischen Podiumsteilnehmern und Zuhörern kommen, ist das Auditorium auf max. 50 Personen zu begrenzen.

95

Trainer/
Moderator

➲ Er bereitet sich auf das Thema vor.

➲ Er wählt die Teilnehmer und Sitzordnung auf dem Podium aus und bespricht mit ihnen den Zeitplan, die Vorgehensweise und die Methode.

➲ Er erläutert zu Beginn der Befragung das Thema sowie die Regeln für das Vorgehen.

➲ Er fordert zu kurzen und prägnanten Redebeiträgen auf.

Material/
Unterlagen/
Vorbereitung

☞ Bewährt haben sich für eine Podiumsdiskussion die Aufstellung von Tischen im Halbkreis oder in der U-Form. In der Mitte sollte der Moderator seinen Platz finden. Die offene Seite ist dem Publikum zugewandt.

☞ Die Teilnehmer an der Expertenbefragung können vor der eigentlichen Durchführung in Kleingruppen oder im Vorfeld der Veranstaltung Fragenblöcke oder -komplexe zusammenstellen.

Hinweis für die Wenn das Thema interessiert oder provoziert hat, kann
Weiterarbeit die Podiumsdiskussion im kleinen Kreis bzw. im weiteren Verlauf einer Veranstaltung, in die die Diskussion integriert war, weitergeführt werden.

Variationen Unter bestimmten pädagogischen Erwägungen können die Rollen der Experten von Teilnehmern einer Personalentwicklungsmaßnahme eingenommen werden. Dazu müssen sich diese Personen detaillierte „Fachkenntnisse" aneignen. Im Rahmen eines Förderpools bietet sich beispielsweise ein derartiges Vorgehen an.

8.6 Methoden zur Ergebnissicherung, Prozeß- und Situationsanalyse

Die *Sicherung von erarbeiteten Ergebnissen* dient im wesentlichen zwei Zielen: Zum einen zeigt sie den einzelnen aus der Gruppe, was gemeinsam erarbeitet und erreicht wurde, was die Teilnehmer für die Weiterarbeit stärkt und motiviert; andererseits bildet das Resultat der Gemeinschaftsarbeit auch die Grundlage für das weitere Vorgehen. Um diese Ziele zu erreichen, ist ein Minimum an methodischem Handwerkszeug notwendig.

Methoden der *Prozeß- und Situationsanalyse* werden dazu verwendet, den Erfolg einer Vorgehensweise sowie die aktuelle Situation einer Gruppe zu erfassen. Auf diese Weise können Fehler erkannt, beseitigt und ein effektiveres Vorgehen gewählt werden. Ebenso werden Gefühle, Beziehungsaspekte, Wünsche und Erwartungen thematisiert und Probleme geklärt.

Im folgenden geht es zunächst um einfache Verfahren der Ergebnissicherung, Auswertung, Prozeßanalyse und Erfolgskontrolle, die wenig Zeit benötigen, viel Informationen bringen und Hinweise zur weiteren Gestaltung einer Veranstaltung bieten.

Name	Kärtchenwand	D 1

Stichwort Ergebnissicherung

Ziel Erkennen des „roten Fadens" eines Themas; Verstehen von Zusammenhängen zu Resultaten, Einsichten oder Erkenntnissen anderer Teilnehmer

Typ Gruppenarbeit

Ort Raum mit viel freier Wandfläche

Mitwirkende Teilnehmer aus Kleingruppen

Durchführung ☞ Die Teilnehmer werden zu ihrem eigentlichen Arbeitsauftrag, z.B. dem intensiven Austausch über ein Thema in Paaren oder Kleingruppen, aufgefordert, das Diskussions- oder Gesprächsergebnis stichwortartig festzuhalten. Dazu sollen die Teilnehmer immer nur *ein* Stichwort auf ein Kärtchen schreiben.

☞ Anschließend beginnt ein Teilnehmer aus der ersten Kleingruppe, ein Kärtchen nach dem anderen vorzulesen und es zu erklären. Der Trainer nimmt das jeweilige Kärtchen, nachdem es vorgelesen und kommentiert wurde, und heftet es mit Klebeband an die Wand. Danach folgt die nächste Gruppe, bis alle durch sind.

☞ Der Leiter gruppiert beim Aufhängen bereits Stichworte nach bestimmten Schwerpunkten, Themen oder Entwicklungslinien.

Dauer 🕐 Ca. 25 bis 50 Minuten

Teilnehmer Max. 8 Teilnehmer pro Gruppe und 40 Personen insgesamt

Trainer ➲ Wichtig ist, darauf hinzuweisen, daß es nicht auf viele Kärtchen ankommt, sondern auf die Inhalte.
➲ Doppelte Stichworte sollten nicht aussortiert werden, sondern als Hinweis auf deren Wichtigkeit genutzt werden, indem man sie gemeinsam gruppiert.
➲ Die deutlich einer Kategorie zuordenbaren Stichworte sollten separat gehängt werden, um lange Diskussionen darüber zu vermeiden, was wohin gehört.
➲ Hinweis: Werden die Kärtchen zu groß gewählt, etwa in DIN A 4-Format, wird der Platz auf den Wänden rasch knapp, daher lieber ein kleinere Größe aussuchen.

Material/ Unterlagen/ Vorbereitung ✐ Ausreichend Kärtchen ca. 11 × 22 cm in verschiedenen Farben oder Weiß aus Abfallpapier geschnitten
✐ Filzstifte

98

Hinweise für die Weiterarbeit

○ Die Weiterarbeit kann in der Form geschehen, daß die aufgehängten Kärtchen hinsichtlich Häufungen, Schwerpunkten, neuer Erkenntnisse usw. analysiert werden.

○ Hieran können sich erneut Kleingruppen anschließen, die unterschiedliche Interessenlagen haben und Themen ihrer Wahl bearbeiten und vertiefen.

○ Vertiefende Referate können zu einzelnen, herausragenden Themen gehalten werden.

Variationen

Beliebig modifizierbar

Name	Kärtchen-Rückmeldung	D 2

Stichwort   Feedback zum Veranstaltungsverlauf

Ziel   Anonymes Vorbringen von Lob und Kritik

Typ   Einzel- und Gruppenarbeit

Ort   Nach Belieben

Mitwirkende   Alle Teilnehmer

Durchführung   ☞ Die Teilnehmer erhalten je ein grünes und ein rotes Kärtchen. „Rot" steht für Kritik an der Veranstaltung, also was nicht gefallen hat und was geändert werden sollte. Auf die „grünen Kärtchen" kommen die positiven Rückmeldungen. Für die Niederschrift erhalten die Teilnehmer 5 Minuten Zeit.

     ☞ Anschließend werden die Kärtchen eingesammelt. Zwei Teilnehmer werden gebeten, die Statements vorzulesen, und zwar einer die roten, der andere die grünen, so daß sich im Idealfall ein kritischer Kommentar mit einem lobenden abwechselt.

     ☞ Der Trainer bzw. Seminarleiter sollte sich die kritischen Punkte notieren und im Anschluß daran Stellung dazu nehmen.

Dauer   🕐 20 Minuten

Teilnehmer   Max. 20 Personen

Trainer   ➲ Der Trainer teilt Kärtchen aus und erklärt die Aufgabe.
     ➲ Er nimmt Stellung zur Kritik.

Material/ Unterlagen/ Vorbereitung   ᧞ Grüne und rote DIN A 6-Kärtchen

Auswertung   ✓ Der Trainer sollte darauf acht geben, sich nicht unnötig zu rechtfertigen, sondern die Rückmeldungen so zur Kenntnis zu nehmen, wie sie sind und Veränderungsmöglichkeiten aufzeigen.

Variationen   – Die Kärtchen-Rückmeldung kann mit einer Einstufungsmöglichkeit (z.B. Skalierung von 1 = sehr gut, bis 6 = sehr schlecht) kombiniert werden. Die Teilnehmer stufen mittels Filzstift oder Klebepunkte die Aussagen ein.
     – Die Kärtchen können begrenzt werden, z.B. jeweils zwei rote und zwei grüne. Auch können Prioritäten gesetzt werden (rote Karte Nr. 1 ist wichtiger als Nr. 2).
     – Wiederholte Befragungen bei länger dauernden Seminaren.

100

Name	Stimmungsbarometer	D 3

Stichwort   Prozeßanalyse; Situationsanalyse

Ziel   Anonymes Vorbringen von Lob und Kritik

Typ   Einzelarbeit

Ort   Nach Belieben

Mitwirkende   Alle Teilnehmer

Durchführung

☞ Die Teilnehmer werden auf ein an der Wand hängendes Plakat aufmerksam gemacht, das so angebracht ist, daß es nicht einzusehen ist. Dadurch soll die spätere Aufgabe, den Verlauf der Veranstaltung anonym einzustufen, gewährleistet sein.

☞ Aufgabe der Teilnehmer ist es, mittels Filzstift oder bunten Klebepunkten zu den auf dem Plakat befindlichen Aussagen Einstufungen vorzunehmen. Die Möglichkeiten gehen beispielsweise von „sehr gut", „sehr interessant", „sehr spannend" über „weder gut, noch schlecht", „weder interessant, noch uninteressant" usw. bis „uninteressant", „langweilig", „schlecht". Natürlich können auch Symbole verwendet werden, z. B. eine Sonne für „sehr gut", eine Wolke für „zufriedenstellend" und eine Regenwolke für „unzufrieden" (siehe Beispiel).

☞ Die vorgenommene Einstufung kann vor einer Pause, am Abend des Veranstaltungstages oder zwischendurch gemacht werden.

Dauer   🕐 20 Minuten

Teilnehmer   Max. 20 Personen

Trainer

➲ Der Leiter bereitet das Plakat vor und erklärt die Aufgabe

➲ Er nimmt Stellung zur Kritik.

Material/ Unterlagen/ Vorbereitung   ✎ Plakat oder Chart, Filzstifte oder Klebepunkte (evtl. farbig)

Auswertung   Die Rückmeldungen nimmt der Trainer zur Kenntnis, ohne sich zu rechtfertigen. Sinnvollerweise zeigt er anschließend Möglichkeiten zur Veränderung auf.

Variationen   Anstelle eines Charts, auf dem eingestuft werden soll, kann auch ein Rückmeldebogen ausgegeben werden, der anonym ausgefüllt wird (siehe Material: Rückmeldebogen)

✎ Beispiel für den Aufbau eines Stimmungsbarometers
zu Methode D 3

Die Symbole stehen für folgende Antworten: „Ich fand ..." usw.				
Zeitpunkt		**9–10.30 h**	**10.45–12.30 h**	**14–17 h**
Ich fand die Zu-sammenarbeit in der Gruppe ...	☀			
	☁			
	🌧			
Ich konnte mich ein-bringen ...	☀			
	☁			
	🌧			
Die Leistung der Gruppe war ...	☀			
	☁			
	🌧			
Die Trainer fand ich...	☀			
	☁			
	🌧			

✎ Rückmeldebogen zur Methode D 3 (Variation)

Rückmeldebogen					
– Kreuzen Sie bitte in den ausgewiesenen Spalten dieses Bogens an, wie zufrieden oder unzufrieden Sie mit der Arbeit in Ihrer Gruppe sind. Beachten Sie bitte die unten stehende Legende. – Im Feld „Kurzbegründung" haben Sie die Möglichkeit, die Gründe stichwortartig dafür anzugeben.					
Mit den Leistungen der Gruppe in folgenden Bereichen bin ich …	Zufriedenheitsgrad - - - + ++				Kurzbegründung
Arbeitsergebnis					
Vorgehensweise					
Einsatz der Gruppenmitglieder					
Gruppenatmosphäre					
Zusammenarbeit					
Moderation					
Legende: - - = sehr unzufrieden - = unzufrieden + = zufrieden ++ = sehr zufrieden					

8.7 Methoden zur Auflockerung

Bei mehrtägigen Veranstaltungen oder nach vielen Stunden Seminararbeit bietet sich eine *Bewegungs- oder Auflockerungsphase* an. Sie ist aus zwei Gründen sinnvoll: Zum einen können Teilnehmer aus einem energiearmen Zustand wieder neue Kräfte sammeln und „aufwachen", zum anderen kann ein gewisser Erregungszustand, etwa in einem konfliktträchtigen Workshop, abgebaut werden. Zu den Methoden der Überwindung des „Suppen-Komas", wie dieser energiearme Zustand humorvoll auch genannt wird, da er häufig nach der Mittagspause auftritt, können auch *Denksportaufgaben* gezählt werden. Nachfolgend sollen die Methoden daher in *aktivierende Spiele* im Sinne von Bewegung und geistiger Herausforderung sowie in *Entspannungs- oder Regulationsübungen* eingeteilt werden. Bis auf die Denkspielereien und einige Entspannungsübungen haben viele der Spiele zur Auflockerung einen Nebeneffekt. Sie bringen nicht nur die Motorik in Schwung, sondern beeinflussen auch die Atmosphäre in der Gruppe positiv, da etliche Spiele auch den Körperkontakt in Form des An- und Zugreifens erfordern.

8.7.1 Methoden zur Aktivierung

Name	Knie-Sitzkreis	E 1

Stichwort	Auflockerung; Bewegung; Berührung
Ziel	Aktivierung und Auflockerung; Spüren körperlicher Nähe.
Typ	Spiel
Ort	Raum, der die Möglichkeit bietet, einen großen Kreis zu bilden.
Mitwirkende	Alle Teilnehmer
Durchführung	☞ Alle Teilnehmer werden gebeten, sich hintereinander im Kreis aufzustellen und an den Schultern des/der Vordermann/frau festzuhalten.
	☞ Dieses Spiel funktioniert am besten, wenn alle Teilnehmer gemeinsam bis drei zählen und sich dann setzen.
	☞ Das Setzen wird solange geprobt, bis alle richtig sitzen.
Dauer	🕐 5–10 Minuten
Teilnehmer	Beliebig
Trainer	➲ Koordiniert die Aufstellung und gibt Hilfestellung
	➲ Fordert die Teilnehmer auf, bis drei zu zählen, sobald er den Eindruck hat, daß die Formation richtig steht.
Material/ Unterlagen/ Vorbereitung	Keines/Keine
Auswertung	Keine
Variationen	Wenn alle erfolgreich sitzen, kann gemeinsam ein Lied angestimmt werden, für dessen Dauer die Teilnehmer sitzenbleiben.

Name	Mein rechter Platz ist leer	E 2

Stichwort	Aktivierung; Auflockerung; Bewegung
Ziel	Aktivierung und Auflockerung
Typ	Spiel
Ort	Bestuhlter Raum
Mitwirkende	Alle Teilnehmer einer Veranstaltung
Durchführung	☞ Alle Teilnehmer werden gebeten, sich nebeneinander in einen Stuhlkreis zu setzen.
	☞ Zwischen zwei Teilnehmern wird ein leerer Stuhl eingefügt.
	☞ Der links von diesem Stuhl Sitzende darf sich nun ein anderes Gruppenmitglied auf diesen leeren Platz wünschen.
	☞ Dies tut er, indem er den Satz spricht:
	„Mein rechter Platz ist leer, ich wünsche mir den/die/ Herrn/Frau ... (Name) her."
	☞ Anschließend ist diejenige Person an der Reihe, sich ein Gruppenmitglied herzuwünschen, die nun rechts von sich ihrerseits einen freien Platz hat.
Dauer	🕐 Nach Lust und Laune
Teilnehmer	Beliebig
Trainer	➲ Beschreibt das Spiel und gibt beim Errichten des Stuhlkreises Hilfestellung.
	➲ Stellt den freien Stuhl in den Kreis.
Material/ Unterlagen/ Vorbereitung	Keines/Keine
Auswertung	Keine
Variationen	**Variante 1:** Bei neuen Gruppen, in denen sich die Teilnehmer noch nicht kennen, kann dieses Spiel zum Kennenlernen eingesetzt werden, da auf diese Weise die Namen der anderen rasch gelernt werden).
	Variante 2: Nicht den Namen rufen, sondern ein äußeres Attribut wie beispielsweise ein Kleidungsstück.
	Variante 3: Der Partner kann in einer bestimmten Gangart oder ein Tier oder Gefühl darstellend herbeigewünscht werden.

Name	Impulse	E 3

Stichwort	Aktivierung; Auflockerung; Berührung; Bewegung
Ziel	Aktivierung und Auflockerung; Spüren körperlicher Nähe
Typ	Spiel
Ort	Nach Belieben; Stühle und Tische zur Seite räumen, so daß ein freier Raum entsteht, durch den sich die Teilnehmer gefahrlos bewegen können.
Mitwirkende	Alle Teilnehmer
Durchführung	☞ Bei Musikuntermalung bewegen sich die Teilnehmer frei, jeder für sich das Tempo bestimmend, durch den Raum.
	☞ Der Trainer führt nun ein paar „Zustände" ein, in die die Teilnehmer geraten können. So kann er folgende „Impulse" geben:
	– Geschwindigkeit (0 = Stillstand; 50 = mittleres Tempo; 100 = Herumrasen).
	– Zusammenfinden zu einem Team (z. B. wird eine 4er-Gruppe durch den Zuruf „Team 4" gebildet)
	☞ Nachdem die Findung zu einem Team ein paar Sekunden gedauert hat, gibt der Leiter den nächsten Impuls.
	☞ Wichtig ist der rasche Wechsel zwischen den einzelnen Zuständen.
Dauer	🕐 Nach Lust und Laune
Teilnehmer	Nur so viele Teilnehmer, wie sich problemlos in einem Raum gefahrlos bewegen können. Evtl. zwei Gruppen bilden lassen, die sich abwechseln.
Trainer	➲ Führt in das Spiel ein und gibt die Kommandos.
Material/ Unterlagen/ Vorbereitung	♫ Kassettenrecorder oder CD-Player ♫ Passende Musik evtl. meditativ
Auswertung	Keine
Variationen	Die Teilnehmer können sich auch entsprechend anderer Kriterien zusammenfinden. Beispielsweise aufgrund von Gemeinsamkeiten wie Farbe der Kleidung, Haarfarbe, Sternzeichen, Alter usw.

Name	Car wash	E 4

Stichwort	Aktivierung; Auflockerung; Berührung; Bewegung
Ziel	Aktivierung und Auflockerung; Spüren körperlicher Nähe
Typ	Spiel
Ort	Nach Belieben
Mitwirkende	Alle Teilnehmer
Durchführung	☞ Die Teilnehmer knien sich in zwei Reihen gegenüber. Jeder rückt in seiner Reihe eng an seinen Partner zur rechten. Alle strecken ihre Hände nach vorne, die bei diesem Spiel die Bürsten einer „Waschanlage" darstellen.
	☞ Der erste aus der Reihe kriecht nun auf allen Vieren durch die „Waschanlage", nennt zuvor aber das „Waschprogramm". Er hat die Auswahl zwischen
	– einfacher Obenwäsche ohne Vorwäsche (1 Durchlauf mit sanfter Massage durch die anderen)
	– einfacher Obenwäsche mit Vorwäsche (2 Durchläufe mit sanfter Massage durch die anderen)
	– Intensivwäsche ohne Vorwäsche (1 Durchlauf mit starker Massage durch die anderen)
	– Intensivwäsche mit Vorwäsche (2 Durchläufe mit starker Massage durch die anderen).
Dauer	🕐 5–10 Minuten pro Teilnehmer
Teilnehmer	Auf jeder Seite der „Waschanlage" mindestens drei Teilnehmer (insgesamt sechs).
Trainer	➲ Koordiniert die Aufstellung und gibt Hilfestellung
Material/ Unterlagen/ Vorbereitung	Keines/Keine
Auswertung	Mögliche Fragen:
	– „Wie haben Sie die Massage durch die anderen empfunden?"
	– „Fühlen Sie sich nun frischer?"
Variationen	Wenig modifizierbar

Name	Zublinzeln	E 5

Stichwort	Aktivierung; Auflockerung; Berührung; Bewegung
Ziel	Aktivierung und Auflockerung; Spüren körperlicher Nähe
Typ	Spiel
Ort	Bestuhlter Raum
Mitwirkende	Alle Teilnehmer
Durchführung	☞ Die Hälfte der Teilnehmer bilden mit Stühlen einen Sitzkreis und nehmen Platz. Hinter jeden Sitzenden stellt sich ein weiterer Teilnehmer. Dies sind die „Blinzler" und „Festhalter". Wenn sie einen freien Platz vor sich haben, blinzeln sie einer Person aus dem Kreis der Sitzenden zu. Diese muß nun blitzschnell auf den freien Stuhl wechseln. Sein dahinter stehender Partner muß versuchen, dies durch Festhalten zu verhindern. Gelingt ihm dies, muß der „Blinzler" sich einen neuen Kandidaten aus dem Sitzkreis suchen.
	☞ Ein Sitzplatz bleibt in der Runde frei. Diesen bestimmt im ersten Durchlauf der Trainer. Der dahinter Stehende darf als erster beginnen zu „blinzeln".
	☞ Wichtig ist, daß die stehenden Teilnehmer die Hände auf dem Rücken haben und erst, wenn sie das Blinzeln wahrgenommen haben, die Hände zum Festhalten nach vorne nehmen dürfen.
	☞ Nach ca. 10 Minuten werden die Rollen gewechselt, und die Teilnehmer aus dem Sitzkreis wechseln nach außen.
Dauer	🕐 20 Minuten
Teilnehmer	Max. 20 Teilnehmer
Trainer	➲ Erklärt die Regeln und stoppt die Zeit ➲ Er gibt auch acht, daß es im Spiel nicht zu aggressiv zugeht.
Material/ Unterlagen/ Vorbereitung	Keines/Keine
Auswertung	Mögliche Fragen:
	– „Auf was kommt es bei dem Spiel besonders an?"
	– „Fühlen Sie sich nach dieser Auflockerung wieder fit zum Weitermachen?"
Variationen	Kaum modifizierbar

8.7.2 Methoden zur Entspannung

Name	Ausschütteln	E 6

Stichwort	Bewegung; Entspannung; Lockern
Ziel	Entspannung und Lockerung der Muskulatur
Typ	Übung
Ort	Raum, in dem eine große Freifläche geschaffen werden kann
Mitwirkende	Alle Teilnehmer
Durchführung	☞ Die Teilnehmer verteilen sich im Raum.
	☞ Im Takt eines schnellen Musikstückes beginnen alle, ihre Muskulatur zu lockern.
	☞ Dazu macht der Leiter die Bewegungen vor:
	„Fangen Sie bitte mit dem Ausschütteln der rechten Hand an ... dazu nun die linke ..., jetzt noch der rechte Arm dazu ... und noch den linken ... Schütteln Sie nun noch Ihre Schultern dazu ... dann noch den rechten Fuß ... dann den linken ... Jetzt noch zusätzlich das Gesäß und die Wirbelsäule und zum Schluß noch den Kopf."
	☞ Nach dieser Anweisung zucken und bewegen sich die Körper der Teilnehmer im Raum. Nach fünf Minuten beendet der Trainer die Übung.
Dauer	🕐 Ca. 5–10 Minuten
Teilnehmer	Unbegrenzt
Trainer	➲ Macht die Bewegungen vor und gibt die Anweisungen ➲ Stoppt die Zeit
Material/ Unterlagen/ Vorbereitung	Keines/Keine
Auswertung	Mögliche Fragen:
	– „Konnten Sie Ihre Muskulatur lockern?" – „Haben Sie die Übung als angenehm empfunden?"
Variationen	Beliebig modifizierbar

110

Name	Rücken klopfen	E 7

Stichwort Entspannung; Lockern

Ziel Aktivierung; Entspannung und Lockerung der Muskulatur; Körperkontakt

Typ Übung

Ort Beliebig

Mitwirkende Alle Teilnehmer

Durchführung ☞ Die Teilnehmer finden sich zu Paaren zusammen.

☞ Ein Partner bückt sich nach vorne und läßt Kopf und Arme hängen.

☞ Mit der flachen Hand beginnt der andere, ihm die Rückenmuskulatur durch leichtes Klopfen und Streichen zu lockern. Nach ca. 5 Minuten wechseln die Partner die Position.

Dauer 🕐 10 Minuten

Teilnehmer Zwei

Trainer Führt in die Übung ein und achtet auf die Zeit.

Material/ Unterlagen/ Vorbereitung Keines/Keine

Auswertung Mögliche Fragen:

– „Konnten Sie sich während der Übung entspannen?"
– „Haben Sie die leichte Massage als angenehm empfunden?"

Variationen Nicht modifizierbar

Name	Tennisball-Massage	E 8

Stichwort	Entspannung; Körperkontakt; Körperwahrnehmung; Lokkerung der Muskulatur
Ziel	Entspannung und Wahrnehmen des eigenen Körpers
Typ	Übung
Ort	Nach Belieben
Mitwirkende	Alle Teilnehmer
Durchführung	☞ Die Teilnehmer bilden Paare. Ein Partner nimmt eine bequeme Haltung im Sitzen, Liegen oder Stehen ein.
	☞ Der andere nimmt die beiden Tennisbälle in die rechte und linke Hand und beginnt damit den Rücken seines Partners zu massieren, indem er die Bälle rechts und links sanft auf- und abwärts bewegt.
	☞ Dabei geht er auf die Wünsche des Partners ein und massiert auch andere Bereiche, die für den anderen angenehm sind. Dazu erhöht oder erniedrigt er den Druck auf die Bälle.
	☞ Nach 10 Minuten werden die Rollen getauscht.
Dauer	🕐 10 Minuten pro Teilnehmer
Teilnehmer	Zwei
Trainer	➲ Erklärt die Übung ➲ Gibt die Bälle aus ➲ Er achtet auf den Zeitrahmen
Material/ Unterlagen/ Vorbereitung	᷁ Tennis- oder Massagebälle
Auswertung	Mögliche Frage: – „Hat Sie die Massage soweit entspannt, daß Sie sich für den weiteren Verlauf der Veranstaltung fit fühlen?"
Variationen	Wenig modifizierbar

8.8 Methoden für die Nacharbeit und Erfolgskontrolle

Am Ende vieler Seminare zeigt sich ein Phänomen, das am besten mit dem Begriff „Trennungsschmerz" umschrieben ist. Es findet sich meist bei Veranstaltungen, die über mehrere Tage stattgefunden haben und bei der ein enger Kontakt der Teilnehmer untereinander möglich war. Diese Endphase einer Veranstaltung kann ähnlich problematisch verlaufen wie der Anfang, bei dem sich die Teilnehmer noch fremd gegenüberstehen. Gefühlsreaktionen mit Blick auf den bevorstehenden Abschied sind möglich und können sehr heftig sein. Damit keine negative Dynamik in der Gruppe aufkommt, sollte unbedingt eine *Nacharbeit* stattfinden. Mit ihr können die negativen Elemente der bevorstehenden Trennung abgefedert werden. Dies ist notwendig, um zu vermeiden, daß beispielsweise das Seminar negativ geredet wird, um sich den „Abschied" zu erleichtern, denn von etwas Negativem kann man sich gewöhnlich leichter trennen.

Ein weiterer wesentlicher Vorgang am Ende einer Veranstaltung ist die *Erfolgskontrolle*. Mit ihr möchte der Leiter, aber auch der Auftraggeber, eine erste Information darüber, wie das Training, Seminar usw. „angekommen" ist. Dafür bieten sich verschiedene Vorgehensweisen an. Sie reichen vom Einzelgespräch über das Gespräch in der Gruppe, wie es bei der Nacharbeit geschieht, bis zu Rückmeldungen über Fragebogen. Das Arbeiten mit Fragebogen oder Seminarberichten ist am verbreitetsten. Hier gibt es allerdings beim methodischen Vorgehen Überschneidungen zur „Situations- und Prozeßanalyse", z. B. beim „Stimmungsbarometer". Die Erfolgskontrolle, ganz am Ende einer Veranstaltung, sollte jedoch in kompakter Form ein Feedback der Teilnehmer ermöglichen und dies möglichst anonym. Zur Nacharbeit und der Erfolgskontrolle werden nachfolgend beispielhaft Vorgehensweisen beschrieben, die sich in der Praxis bewährt haben.

Name	Austausch	F 1

Stichwort
Bilanzierung; Erfolgskontrolle; Nacharbeit

Ziel
Ablösung von der Gruppe erleichtern; Vereinbaren weiterer Treffen; Bilanz ziehen; Erfolg abschätzen

Typ
Diskussion/Kreisgespräch

Ort
Nach Belieben

Mitwirkende
Alle Teilnehmer

Durchführung
☞ Die Teilnehmer werden gebeten, einen Stuhlkreis zu bilden (im Freien ein Kreis am Boden sitzend).

☞ Der Leiter stellt nun offene Fragen und erbittet die Stellungnahmen der Teilnehmer. Fragen können sein:

„Was haben Sie im Training positiv erlebt?"
„Was sollte das nächste Mal geändert werden?"
„Was nehmen Sie aus der Veranstaltung mit?"
„Wie sollen wir weitermachen?"
„Möchten Sie sich in diesem Kreis noch einmal zu einem Nachtreffen zusammenfinden?"
„Möchten sich einzelne unabhängig von unserer Veranstaltung wiedersehen?" usw.

☞ Wichtig ist, daß diese Rückmeldungen freiwillig geschehen. Es besteht also keine „Kommentarpflicht".

☞ Der Trainer kann im Anschluß auch eine Adressenliste herumreichen, die er dann für die Teilnehmer kopiert.

Dauer
🕐 Max. 50 Minuten

Teilnehmer
Max. 20 Personen

Trainer
⟿ Er achtet darauf, daß möglichst alle zum Zug kommen.
⟿ Er rechtfertigt sich nicht bei Kritik.
⟿ Er ermutigt Teilnehmer, die Vorschläge für die „Zeit nach dem Seminar" umzusetzen.
⟿ Er aktiviert „Schüchterne": „Geht es anderen genauso wie Herrn XY?"

Material/ Vorbereitung
Keines/Keine

Auswertung
✓ Der Trainer faßt am Ende des Kreisgespräches die Aussagen zusammen.
✓ Er schreibt evtl. das Resultat der letzten Runde auf das Flipchart.
✓ Er kopiert die Adressenliste oder verspricht, diese den Teilnehmern zuzusenden.

Variationen
Das Gespräch zur Nacharbeit läuft unstrukturiert ab, ohne die Moderation des Trainers, der sich als „einfacher Teilnehmer" äußert und das Kreisgespräch seiner eigenen Dynamik überläßt.

Name	Erfolgskontrolle	F 2

Stichwort	Auswertung; Bilanz ziehen; Erfolgskontrolle
Ziel	Rückmeldung der Teilnehmer zur Veranstaltung
Typ	Einzelarbeit
Ort	Nach Belieben
Mitwirkende	Alle Teilnehmer
Durchführung	☞ Der Trainer teilt am Ende der Veranstaltung den *„Teil-nehmerbericht"* aus und bittet die Teilnehmer, diesen anonym auszufüllen.
	☞ Die Berichte werden anschließend in einen bereitstehenden leeren Karton geworfen oder abseits auf einem Tisch gestapelt, so daß die Anonymität gewahrt bleibt.
Dauer	⏱ 5 Minuten
Teilnehmer	Unbegrenzt
Trainer	➲ Er achtet darauf, daß jeder Teilnehmer einen Bogen erhält.
	➲ Er erklärt das Ausfüllen des Berichts.
	➲ Er informiert über den Ablauf
Material/ Unterlagen/ Vorbereitung	📖 *„Teilnehmerbericht"* (siehe Material!)
	📖 Blatt *„Mein persönlicher Feedback-Bogen"* (siehe Material!)
Auswertung	Siehe Variationen!
Variationen	**Variante 1:** Die Bogen werden anonym ausgefüllt, eingesammelt und am Flipchart vom Trainer im Plenum ausgewertet. So wird allen das Resultat der Befragung rückgekoppelt. Hieraus kann sich durchaus noch eine kurze Diskussion ergeben.

Variante 2: Die Teilnehmer erhalten das Blatt *„Mein persönlicher Feedback-Bogen"* mit der Bitte, sich Gedanken darüber zu machen, was sie aus der Veranstaltung mitnehmen. Gleichzeitig überlegt sich jeder, mit welchem anderen Teilnehmer er einen Kontrakt eingeht, um seine Vorsätze auch umzusetzen. Dies alles geschieht ohne Zutun des Trainers innerhalb der Gruppe.

Variante 3: Die Teilnehmer erhalten das Blatt *„Mein persönlicher Feedback-Bogen"*, füllen ihn aus und geben im Plenum bekannt, welche Impulse sie bekamen, was sie wann und in welcher Situation umsetzen möchten und wer sie dabei „überwachen" soll.

Methoden als unterstützende Verfahrensweisen

📖 Material zur Übung F 2

Teilnehmerbericht

Name: _____   Thema: _____

Datum: _____   Seminarort: _____

Trainer: _____   Teilnehmerkreis: _____

Wurden Ihre Erwartungen ...
☐ weit übertroffen   ☐ erfüllt   ☐ nicht erfüllt ☐ übertroffen   ☐ teilweise erfüllt

Bekamen Sie Anregungen?
☐ sehr viele   ☐ wenig   ☐ keine ☐ viele   ☐ sehr wenig

Welche Erkenntnisse haben Sie im Seminar, Training, Workshop gewonnen?

Welche neuen Kenntnisse/Fertigkeiten sind für Sie besonders wichtig?

Was können Sie von dem Gelernten nicht oder nur bedingt anwenden und wo liegen die Gründe?

Wie beurteilen Sie die Leitung und die Räumlichkeiten?

Wurden Sie von Ihrer Eingangsvoraussetzung eher
☐ unterfordert?   ☐ überfordert?   ☐ gefordert?

Halten Sie diese Veranstaltung für andere Mitarbeiter/Mitarbeitergruppen für empfehlenswert? Wenn ja, für wen bzw. welche Zielgruppe?

📖 Material zur Übung F 2

Mein persönlicher Feedback-Bogen

Die wichtigsten Impulse aus diesem Seminar waren für mich:

. . . .

. . . .

. . . .

. . . .

. . . .

Zuerst werde ich umsetzen:

. . . .

. . . .

Wann und in welcher Situation werde ich das tun?'

. . . .

. . . .

Mein „Vertragspartner" ist: . . . .

Wir sprechen spätestens in … Wochen über unsere Vorsätze.

8.9 Methoden der Problemlösung

Vor einem Problem stehen wir immer dann, wenn wir

1. von einem spezifischen *Ausgangszustand* (Ist-Zustand), der in der Regel gegeben ist und durch bestimmte Bedingungen, Objekte oder Informationsbruchstücke gekennzeichnet ist,

2. einen bestimmten *Ziel- oder Endzustand* (Soll-Zustand) erreichen wollen,

3. für dessen Erreichung *kein direkter Weg* erkennbar ist.
   Dieser „Weg" wird auch als „Transformation" bezeichnet und stellt das Finden einer geeigneten Lösung als geistige Handlung dar. Ist die Lösung nicht durch produktives Denken zu erhalten, sondern lediglich durch die Anwendung bekannter, bereits angewandter oder sogar eingeübter Lösungsmethoden, sprechen wir von der *Bewältigung einer Aufgabe* und nicht von einem *Problem*. Insofern ist es von der Erfahrungen, Lösungsmethoden und Bewältigungsstrategien des einzelnen abhängig, ob ein „Problem" oder eine „Aufgabe" vorliegt und damit beunruhigt oder nicht.

Diese sehr weite Definition des Begriffs erlaubt es, verschiedene Probleme aus den unterschiedlichsten Bereichen wie Schach, Mathematik, Sozialverhalten u. a. m. zu artikulieren. Probleme können jedoch weiter spezifiziert werden, und zwar nach vier Kategorien, die von der Genauigkeit des Ausgangs- bzw. Endzustandes abhängig sind.

Problemkategorie I: Gut beschriebener Ausgangs- und Zielzustand

„Wie kann Mitarbeiter XY seine Abschlüsse von 500 TDM bei den Bausparverträgen im Jahr 1999 auf 700 TDM im Jahr 2000 erhöhen?" Der Ausgangspunkt sowie der gewünschte Endzustand sind klar definiert, allerdings ist nichts über den Weg dorthin ausgesagt.

Problemkategorie II: Gut definierter Ausgangs-, aber unklar definierter Zielzustand

„Wie können wir mit unserer Öffentlichkeitsarbeit noch mehr auf uns aufmerksam machen?" Der Ist-Zustand ist bekannt: die Art und Weise, wie die Öffentlichkeitsarbeit betrieben wird. Jedoch ist nicht eindeutig, was unter „*... noch mehr auf uns aufmerksam machen*" zu verstehen ist.

Problemkategorie III: Undefinierter Ausgangs-, aber gut beschriebener Zielzustand

„Wie können wir für unser Institut 200 TDM mehr Forschungsgelder erhalten?" Der Zielzustand „... 200 TDM mehr Forschungsgelder ..." ist klar, die Ausgangssituation, also welche Geldgeber existieren, welche Voraussetzungen zur Gewährung erfüllt werden müssen und wie die Entscheidungsprozesse ablaufen, ist allerdings völlig unklar.

Problemkategorie IV: Mangelnde Klarheit von Ausgangs- und Zielzustand

„Ich will in meinem Leben erfolgreich sein!" Hier ist der Ausgangspunkt völlig unklar und das Ziel sehr allgemein gehalten.

Zusammengefaßt kann man sagen: Ein Problem ist eine Differenz zwischen Ist- und Sollzustand oder dem, was man hat und dem, was man will. Kennzeichen eines Problems sind die Hindernisse auf dem Weg zum gewünschten Endzustand, die Denken erforderlich machen, um zu einer schrittweisen Transformation des Problems vom Ist- zum Soll-Zustand zu kommen. Ein Problem liegt jedoch erst dann vor, wenn es *subjektiv* einen gewissen *Schwierigkeitsgrad* aufweist, der von Vorerfahrung und Lösungsmöglichkeiten abhängt. Druck zur Lösung entsteht, wenn das Problem beunruhigt oder stört.

8.9.1 Ein Modell zur Problemlösung

8.9.1.1 Zehn Schritte zur Problemlösung

Abbildung 7 zeigt den Problemlösekreislauf, dessen vier Phasen die zehn Schritte der Problemlösung zuzuordnen sind.

Phase I: Wahrnehmung der Differenz zwischen Ist- und Soll-Zustand

1. Schritt: Problem erkennen und benennen. Jeder Problemlöseprozeß beginnt mit der Wahrnehmung des Abweichens des Ist-Zustandes vom gewünschten Ziel-Zustand. Diese Wahrnehmungen sind jedoch nicht selbstverständlich, da sie bei jedem Individuum anders ablaufen. Dies hängt unter anderem mit den unterschiedlichen Wertemustern, Anspruchsniveaus, Aufmerksamkeitsprozessen und Wahrnehmungsfähigkeiten von Menschen zusammen. Im betrieblichen Alltag und im Rahmen der Personalentwicklung lassen sich diese Wahrnehmungsprozesse jedoch durch die Nutzung bestimmter Techniken bewußt steuern.

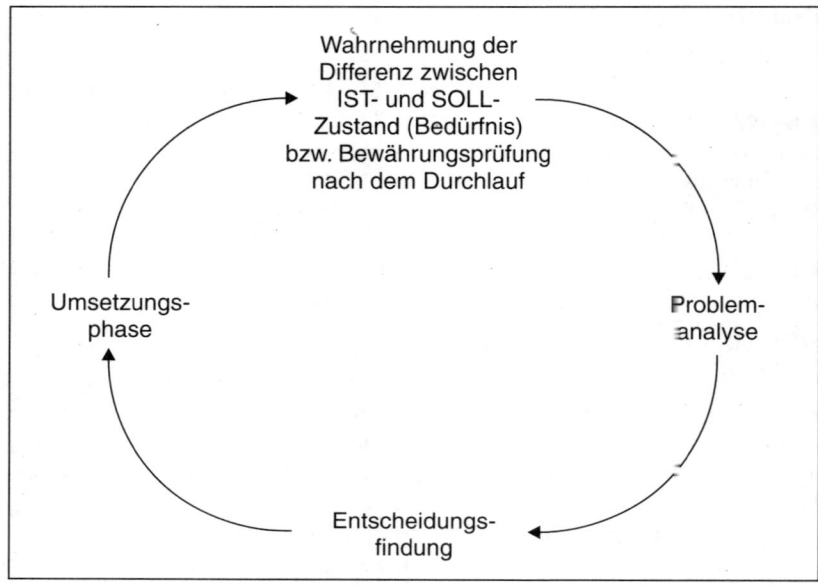

Abb. 7: Modell der Problemlösung

Beispiel:

Das institutionalisierte Mitarbeitergespräch zwischen Vorgesetztem und Mitarbeiter. Es dient dem Mitarbeiter als Standortbestimmung bzgl. seines Leistungsstandes und wird auf der Basis des Anforderungsprofils der Stelle geführt. Das Anforderungsprofil stellt dabei den Zielzustand der Aufgabenerfüllung dar, die Sichtweise der Führungskraft den Ist-Zustand. Abweichungen von Ausgangs- und Ziel-Zustand ergeben das Problem, das gemeinsam von Vorgesetztem und Mitarbeiter gelöst werden muß.

Folgende Techniken sind bei diesem ersten Schritt besonders hilfreich:

– moderierte Diskussion
– Interview
– Datenanalyse
– Fragebogen

Bei diesem Schritt gilt es, daß Problem zu benennen, die Art des Problems festzulegen (s. o.), die Problemmerkmale und die Bedingungen zu beschreiben, unter denen die Abweichung zwischen Ist- und Soll-Zustand auftritt.

Phase II: Analyse der Problemursachen

2. Schritt: Sammeln von möglichen Ursachen. Für diesen Schritt bieten sich folgende Arbeitstechniken an:

- Brainstorming
- Brainwriting
- Methode 635
- Mind-Mapping
- Kartenabfrage
- Kraftfeldanalyse.

Sie können helfen, die wichtigste Frage dieses Schrittes zu klären, nämlich die nach der Ursache für die Abweichungen. Dabei ist es von besonderer Bedeutung, möglichst kreativ alle denkbaren Gründe zu sammeln und relevante Daten zu analysieren.

3. Schritt: Überprüfen der Ursachen auf Plausibilität. Bei diesem Schritt geht es darum, die gesammelten, potentiellen Ursachen auf ihre Bedeutung für das Zustandekommen des Problems zu bewerten und Prioritäten zu bilden. Dies kann beispielsweise mit einer Punktebewertung oder einem Bewertungsbogen geschehen.

Phase III: Entscheidungsfindung

4. Schritt: Wie soll die Lösung aussehen? Hier geht es darum festzulegen, welche Muß-Ziele eine Problemlösung mindestens beinhalten soll und welche Wunsch-Ziele evtl. mit ihr erreicht werden können. Techniken hierbei können sein:

- moderierte Diskussion
- Interview
- Kartenabfrage.

5. Schritt: Entwickeln von Lösungen. Mit dem Einsatz von Kreativtechniken wie

- Brainstorming
- Brainwriting
- Methode 635
- Kartenabfrage
- Kraftfeldanalyse

können bei diesem Schritt Lösungsansätze gesammelt werden. Die Frage, ob es einen Lösungsansatz für das Problem gibt und welche Alternativen dazu existieren, steht hier im Mittelpunkt. Dabei ist es wünschenswert, wenn Teilnehmer bei der Lösungssuche die Grenzen der

Wirklichkeit einmal unbeachtet lassen und auch zunächst abwegige Lösungen fixieren, wie dies etwa im Brainstorming ausdrücklich verlangt wird. Dieses Prinzip anzuwenden ist deshalb besonders wichtig, da die Realität meist mehr Lösungen zuläßt als die Zensur in unseren Köpfen.

Phase IV: Umsetzung

6. Schritt: Lösungsansätze auf ihre Umsetzbarkeit überprüfen. Lösungen für ein Problem müssen sich an der Realität, ihrer Relevanz und Umsetzbarkeit messen lassen. Sie müssen ökonomisch und moralisch vertretbar und in angemessener Zeit verwirklicht werden können. Es muß geklärt werden, ob die gefundenen Lösungen den Muß-Zielen entsprechen und ob etwaige Lösungen zurückgestellt werden müssen, da die notwendigen Voraussetzungen noch nicht erfüllt sind. Lösungen für Verhaltensprobleme einzelner sollten weiter daraufhin geprüft werden, ob sie für die betroffene Person attraktiv sind, ihr Wertschätzung geben und ihre Selbstachtung unangetastet lassen. Sinnvolle Arbeitstechniken bei dieser Etappe der Problemlösung sind:

– Bewertungsbogen
– Interview
– Diskussionen

7. Schritt: Mögliche Störfaktoren bei der Umsetzung isolieren. Bevor ein genauer Plan für die Umsetzung der Lösung erstellt wird, ist über die hinderlichen und förderlichen Faktoren nachzudenken, die eine Realisierung der Lösung behindern bzw. fördern könnten. Bei den Überlegungen hierzu kann

– die Kraftfeldanalyse
– das Mind-Mapping oder
– die Diskussion

sehr hilfreich sein. Mit Hilfe der Kraftfeldanalyse können beispielsweise Kräfte im Handlungsfeld erkannt werden, die die Verwirklichung der Lösung unterstützen und solche, die die Umsetzung behindern oder unmöglich machen. Zentrale Fragen sind bei diesem Schritt:

– Welche Kräfte können die Lösung unterstützen (Personen, Abteilungen, Ressourcen)?
– Welche Bedingungen sind für die Verwirklichung förderlich, welche hinderlich?

- Was kann schiefgehen bei der Umsetzung der Lösung?
- Weshalb kann die Realisierung scheitern?
- Welche vorausschauenden Maßnahmen können durchgeführt werden?
- Welche negativen Folgen hat die Lösung für das Umfeld (Personen, Abteilungen, Gruppen)?

8. Schritt: Handlungsplan entwickeln. In diesem Abschnitt der Problemlösung werden die *Haupt- und Subschritte* eines Aktionsplans formuliert, die zur Zielerreichung führen. U.U. müssen für die Teilschritte wiederum Pläne erstellt werden, um den Erfolg sicherzustellen. *Mittel* zur Realisierung der Pläne sind in der Folge zu entwickeln, und der Zeitrahmen ist zu fixieren *("Bis wann soll die Lösung eingeführt bzw. umgesetzt sein?")*. Verantwortliche *Personen* müssen benannt, der erwartete *Nutzen* abgeschätzt und der *Ort*, an dem die Lösung zunächst umgesetzt werden soll, festgelegt werden. Sinnvollerweise wird über eine Moderation ein Maßnahmenplan erstellt, in dem die notwendigen Daten festgehalten werden.

9. Schritt: Sicherung der Erfolgskontrolle. Zur Sicherung des Erfolges bei der Umsetzung der Lösung muß festgelegt werden, bis wann und wie der Erfolg geprüft wird und ob Korrekturmaßnahmen durchgeführt werden müssen. Dabei können sogenannte „Meilensteine" unterstützen. Sie stellen Teilziele einer Lösung dar und helfen bei der Beantwortung folgender Fragen:

- „Stimmen die erfüllten Maßnahmen, Teilziele usw. mit den geplanten überein?"
- „Wo und wann treten Abweichungen auf und welchen Einfluß haben sie auf die Erreichung des gewünschten Endzustandes?"
- „Warum treten diese Abweichungen auf?"

Mittels Präsentationstechnik und Checklisten kann der Erfolg überprüft werden.

10. Schritt: Bewährungsprüfung. Nach der Umsetzung und Erfolgssicherung wird erneut ein Ist- und Soll-Vergleich durchgeführt. Ist der Ziel-Zustand erreicht, hat sich die Lösung bewährt und kann dem Pool an Lösungsmethoden hinzugefügt werden. Ist der Abgleich zwischen Ausgangs- und End-Zustand negativ ausgefallen, gilt es, den Problemlösezyklus von neuem zu beginnen, bis eine geeignete Lösung gefunden ist. Über die Methode der Präsentationstechnik kann diese Gegenüberstellung auch visuell unterstützt werden.

8.9.2 Problemlösen in Gruppen

Das Lösen eines Problems im Rahmen der Arbeit mit Gruppen sollte nicht unorganisiert geschehen. Die Motivation, ein Problem lösen zu wollen, reicht alleine nicht aus, vielmehr ist die Zusammensetzung der Gruppe und die verwendete Arbeitstechnik entscheidend. Somit sind folgende Fragen zu klären:

- „Wie groß soll die Gruppe sein, und wer soll ihr angehören?"
- „Welche Methoden und Techniken wollen wir bei der Problemlösung verwenden?"
- „Wer übernimmt welche Rolle bei der Gruppenarbeit?"
- „Wie soll der Ablauf der Gruppenarbeit gestaltet sein?"
- „Welche Ziele wollen wir uns setzen?"
- „Wie soll der Zeitrahmen aussehen?"

Speziell bei ungeübten Gruppen ist es wichtig, daß der Trainer oder Moderator eine klare Aufgabenstellung formuliert bzw. – wie im obigen Modell beschrieben – mit den Teilnehmern erarbeitet. Jedes Gruppenmitglied muß zu Beginn der Arbeit wissen, um was es geht und die Aufgabe auch akzeptieren. Je präziser die Aufgabenstellung formuliert ist, desto produktiver und lösungsorientierter können die Teilnehmer arbeiten. Sehr allgemein gehaltene Beschreibungen der Diskrepanz zwischen Ist- und Soll-Zustand lassen die Energie der Gruppe u. U. verpuffen. Dies erhöht die Gefahr des Scheiterns der Gruppe und damit der Frustration der Teilnehmer.

Folgende Überlegungen haben sich als erfolgreich bei der Gruppenbildung zur Problemlösung erwiesen:

Überlegungen zur Gruppenzusammensetzung

- „Wie groß soll die Gruppe sein, damit sie noch effektiv arbeiten kann?"
- „Sind andere, die im Moment nicht zugegen sind, interessiert, an der Gruppe teilzunehmen?"
- „Sollen wir die Großgruppe in Kleingruppen aufteilen, um wirkungsvoller arbeiten zu können?"
- „Soll die Gruppe heterogen sein oder nicht, z. B. Fachleute und Laien, männlich und weiblich?"

Überlegungen zur Kompetenz innerhalb der Gruppe

- „Wer weiß über das Problem am meisten?"
- „Brauchen wir Fachleute in der Gruppe?"
- „Wer interessiert sich besonders für das Problem?"
- „Sind wir für die Problemlösung kompetent?"

Überlegungen zum Zeithorizont

- „Wann soll das Problem gelöst sein?"
- „Bis wann soll die Problemlösung umgesetzt sein?"
- „Wieviel Zeit steht zur Problemlösung zur Verfügung?"

Überlegungen zur Umsetzung

- „Wer soll die Lösung umsetzen?"
- „Wer wird für die Umsetzung gebraucht?"

Überlegungen zur Rollenverteilung in der Gruppe

- „Wer moderiert die Arbeit der Gruppe?"
- „Wer protokolliert die Ergebnisse?"

Überlegungen zur Arbeitsmethodik

- „Welche Methodik soll angewandt werden?"

Auf den nächsten Seiten finden sich bewährte Verfahrensweisen, die bei der Problemlösung eingesetzt werden können.

8.9.3 Brainstorming

Bei dem von *Alex F. Osborne* kreierten *Brainstorming* geht es nicht um Lernen, Allgemein- oder Fachwissen, weder um Beurteilen noch Erinnern. Vielmehr ist es ein Verfahren zur Ideenfindung. Als Werbefachmann versuchte *Osborne,* die Suche nach Einfällen zu systematisieren. Mit folgendem Prinzip wird versucht, Probleme zu lösen oder kreative Ideen zu produzieren:

Um Blockaden zu vermeiden, darf jeder alles sagen, was ihm gerade einfällt. So soll unbewußtes oder nicht beachtetes Wissen aktiviert werden. Alle Aussagen, seien sie noch so belanglos, werden festgehalten. Auch was zunächst als unbrauchbar angesehen wird, ist wert, schriftlich fixiert zu werden. Daher wird positives Denken verlangt, und es darf von niemandem Kritik am Gesagten geübt werden. Um möglichst viele „Geistesblitze" zu erhalten, werden sinnvollerweise heterogene Gruppen gebildet. Dadurch ergeben sich Sichtweisen, die sonst womöglich nie eingenommen worden wären.

Das Denken beim Brainstorming ist somit durch die Produktion vieler, meist origineller und z. T. ganz unterschiedlicher Ideen in einem bestimmten Zeitraum gekennzeichnet.

8.9.3.1 Regeln für die Brainstorming-Sitzung

Als Teilnehmer einer Brainstorming-Sitzung sind folgende Regeln zu beachten und einzuhalten:

Regel 1: Üben Sie keinerlei Kritik!

Diese Regel soll „Ideenkiller" und „Killerphrasen" wie: *„Das hat noch nie funktioniert", „Sie sind ja ein Traumtänzer"* oder *„Ihr Vorschlag ist ja viel zu teuer"* vermeiden helfen. Solche Phrasen lassen den Ideenfluß stocken oder gar versiegen.

Regel 2: Quantität geht vor Qualität

Dieses Prinzip soll nach Möglichkeit viele originelle, aber auch abwegige, sinnlose oder spaßige Beiträge ungehemmt fließen lassen.

Regel 3: Führen Sie Einfälle anderer fort

Das Abändern, Fortführen oder „Weiterspinnen" von geäußerten Ideen ist ausdrücklich erwünscht.

Regel 4: Der Moderator hält sich zurück

Der Moderator der Gruppe beteiligt sich nicht aktiv an der Ideenproduktion, sondern regt lediglich zum Nachdenken an, indem er ermuntert, Relationen umkehren läßt, Eigenschaften in Frage stellt, verfremdet usw.

8.9.3.2 Varianten des Brainstorming-Verfahrens

Die bekannteste Variation des Brainstorming ist die Methode 635. Sie gehört zu den Brainwriting-Verfahren. 6 Teilnehmer suchen dabei 3 Ideen innerhalb von 5 Minuten. Das Verfahren macht sich die schriftliche Ausführung der Einfälle und eine zeitliche Begrenzung zunutze. Letztere soll den Streß erhöhen und dadurch abstraktere Einfälle ermöglichen. Alle Teilnehmer sind in den Ablauf wechselseitig einbezogen und gezwungen, den Gedanken anderer aus der Gruppe aufzugreifen und weiterzuentwickeln. Brainwriting-Verfahren sind wesentlich einfacher und erfolgversprechender einzusetzen als das klassische Brainstorming. Sie bieten sich für Gruppen an, die noch nicht in der Lage sind, ein mündliches Brainstorming durchzuführen, d. h. einzelne können sich noch nicht frei in der Gruppe äußern.

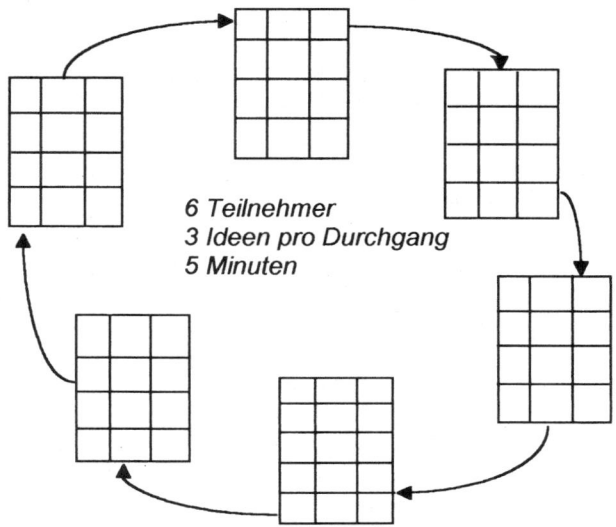

6 Teilnehmer
3 Ideen pro Durchgang
5 Minuten

Abb. 8: Prozeß des Ablaufs der Methode 635

8.9.4 Mind-Mapping

Mind-Mapping ist eine Visualisierungsmethode, um unterschiedliche Ideen, Aufgaben und Probleme strukturiert darzustellen. Mind-Maps sind bildhafte Gedächtnisstützen, die einzeln oder in Gruppen erarbeitet werden können. Wird ein Mind-Map in einer Gruppe erstellt, fördert dies gezielt die Kommunikation untereinander zu einem bestimmten Thema. Unter diesem Aspekt hat das Mind-Mapping viel Ähnlichkeit mit der Kartenabfrage.

Ausgangspunkt der Idee, „Landkarten" von Einfällen, Themen oder Problemen zu erstellen, ist die Tatsache, daß wir Menschen insbesondere Ideen und kreative Gedankengänge nicht immer in allen Verästelungen geistig überblicken können. Dies betrifft vor allem ihre Vernetztheit mit anderen Bereichen oder Lösungen von Problemen bezüglich der Folgewirkungen anvisierter Maßnahmen. Gewöhnlich steht ein Problem oder Thema, wenn wir es schriftlich bearbeiten, am Kopf des Papiers, und wir versuchen, es meist linear abzuarbeiten. Vielleicht erstellen wir eine Art Algorithmus und reihen unsere Ideen aneinander.

Anders beim Mind-Mapping. Hier steht das *Thema* im wahrsten Sinne des Wortes im „Mittelpunkt", und zwar in der Mitte eines Papierbogens, Flipcharts oder einer Tafel. Es wird mit einem Kreis oder einer Wolke versehen. Ausgehend von diesem Kreis verlaufen die Äste oder Linien, die das Thema gliedern und auffächern. Wichtig ist, daß *keine* ausformulierten Sätze notwendig sind, sondern nur Stichworte, die sogenannten *Schlüsselwörter.*

Der Begriff der Schlüsselwörter stammt aus der Gedächtnispsychologie und soll deutlich machen, daß, ähnlich wie bei einem Schauspieler, der im Text steckengeblieben ist, ein Stichwort oder ein Schlüsselwort ausreicht, um den weiteren Text wieder ins Gedächtnis zurückzurufen. Substantive sind die geeignetsten Schlüsselworte, die weitere Assoziationen auslösen. Somit haben die Schlüsselworte zwei Bedeutungen: Sie erleichtern es uns, den Überblick über komplexe Themen oder Probleme mit Hilfe des Mind-Mapping zu behalten, und sie regen uns dazu an, über weitere *Neben- und Unterzweige,* ausgehend von den *Hauptästen,* nachzudenken.

An den Hauptästen der Verzweigungen orientieren sich alle weiteren Ideen und bilden letztendlich wie bei einem Baum weitere Verästelungen. Die Länge der „Äste" hängt von der jeweiligen Themenstellung ab. Jeder Hauptast mit seinen Verzweigungen wird als *Komplex* bezeichnet (vgl. *Kirckhoff,* 1992). Damit sich die diversen Äste voneinander abheben, ist es sinnvoll, farbige Stifte zu verwenden. Für das Thema und die Hauptäste bietet sich die Farbe *Rot* an. Die Verzweigungen erster Ordnung können in *Blau* gefaßt werden. In *Schwarz* werden die Unterzweige gezeichnet. Möchte man auf Komplexe aufmerksam machen, können diese in *Grün* umrandet werden.

Um den Umgang mit diesem Verfahren zu üben, bietet es sich vor dem Einsatz in einer Gruppe an, zunächst einzeln an einfachen Themen zu üben, um die nötige Sicherheit zu erwerben, z. B. die nächste Urlaubsreise mit dem Mind-Mapping zu planen.

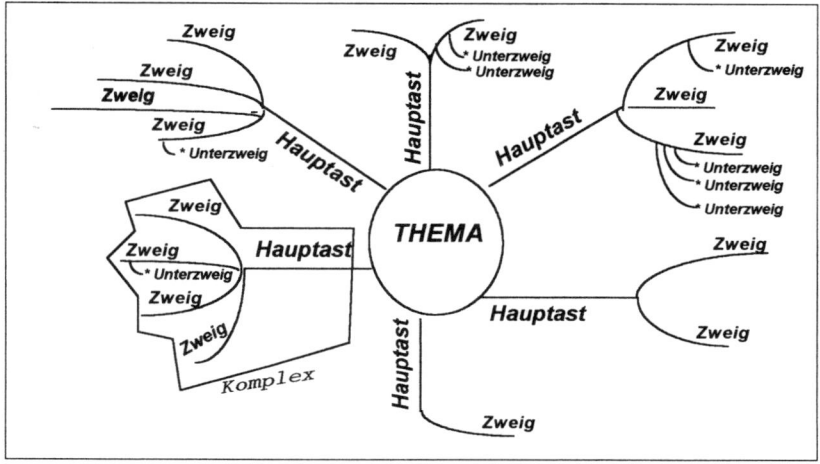

Abb. 9: Graphik zur Verdeutlichung der Arbeitsweise

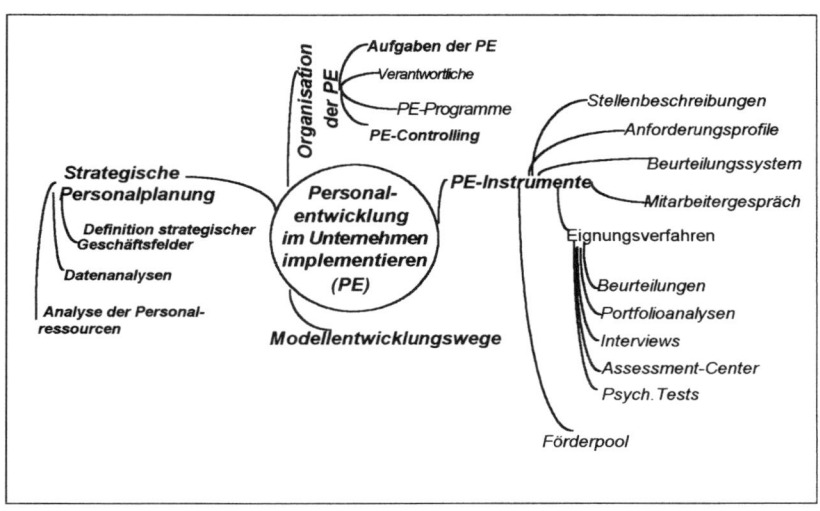

Abb. 10: Unvollständiges Mind-Map am Beispiel des Implementierens von Personalentwicklung (PE) in einem Unternehmen

8.9.5 Die Kraftfeldanalyse

Kraftfeldanalysen werden dazu benutzt, förderliche und hinderliche Kräfte im Handlungsfeld von Personen, Gruppen oder Organisationen zu erkennen. Kräfte können eine unterstützende Wirkung haben, sie können aber auch bei der Realisierung von Maßnahmen, Plänen oder Lösungsstrategien für Probleme behindern.

Das Erstellen von Kraftfeldanalysen dient insbesondere der Vorbereitung auf konkretes Handeln. Kraftfeldanalysen können formalisiert durchgeführt werden, indem „unterstützende Kräfte" den „hindernden Kräften" gegenübergestellt werden. Oder man bildet sie graphisch als „Landkarte des Einflußfeldes" ab. Bei letzterem Vorgehen wird auf ein Blatt Papier oder Flipchart die Person, die Gruppe, die Organisation oder die Maßnahme, die z.B. die Lösung eines Problems darstellen kann, in die Mitte geschrieben. Anschließend werden außen herum die Kräfte, die Einfluß nehmen, also Personen, Gruppen, Strukturen etc. eingetragen.

Eine Kraftfeldanalyse bietet sich immer an, wenn z.B. bei der Problemlösung vor deren Realisierung präventiv gearbeitet werden soll, im Sinne von „Gefahr erkannt, Gefahr gebannt". Unterstützende Einflüsse können verstärkt, hinderliche abgeschwächt oder sogar neutralisiert werden. Bei der persönlichen Verhaltensänderung spielt dieser Aspekt eine besondere Rolle, etwa wenn neue Lebens- oder Berufsziele erarbeitet werden. Sie bietet sich aber auch an, um Machtverhältnisse, Zwänge, Rollenkonflikte oder spezifisches Verhalten von Personen oder Gruppen in ihrer Vernetztheit graphisch darzustellen.

Name	Little-Technik	G 1

Stichwort	Potentielle Probleme; Problemerkennung; Problemvermeidung
Ziel	Potentielle Probleme erkennen, analysieren und vorbeugen
Typ	Einzel- und Gruppenarbeit
Ort	Für Kleingruppenarbeit geeigneter Raum
Mitwirkende	Kleingruppen (möglichst heterogene Zusammensetzung)
Durchführung	☞ Der Trainer verfremdet ein potentielles Problem und provoziert die Teilnehmer durch eine nihilistische Fragestellung, um das Gegenteil des möglichen Problems herauszuarbeiten: Beispiel: *„Was müssen wir tun, um mit unserem neuen Staubsaugermodell keinen Umsatz zu machen?"* ☞ Die Teilnehmer können zunächst in Einzelarbeit ihre Einfälle notieren, die im Anschluß daran gesammelt werden. Oder der Austausch findet auf Zuruf in der Gruppe statt. In beiden Fällen ist ein Protokollant notwendig, der die Ideen auf einem Flipchart, der Tafel oder auf einem Stück Papier notiert. ☞ Erst wenn die Gesamtübersicht der Beiträge steht, wenden sich alle dem eigentlichen Problem zu und erarbeiten aufgrund der Negativbeispiele Lösungen.
Dauer	🕐 Ca. 20 Minuten
Teilnehmer	Drei bis vier Personen pro Gruppe
Trainer	➲ Der Trainer erklärt die Regeln und achtet auf deren Einhaltung ➲ Er oder ein Protokollant halten die Ideen fest.
Material/ Unterlagen/ Vorbereitung	✎ Flipchart mit Filzstiften und/oder Tafel mit Kreide ✎ Evtl. Tonband- bzw. Videokamera und -recorder ✎ Papier und Schreibzeug
Auswertung	✓ Be- und Auswertung wie bei der Methode „Brainstorming"
Variationen	Die Aufnahme der Ideen kann über an der Wand geheftete Charts geschehen, auf die die Teilnehmer schreiben. Oder es werden dem Protokollanten Beiträge zugerufen bzw. Einfälle auf Vordrucke notiert.

131

Name	Brainstorming	G 2

Stichwort   Kreatives Problemlösen, Ideenfindung

Ziel   Sammeln von spontanen Ideen, Einfällen („Geistesblitze") und Meinungen zu einem Thema oder Problem; Fördern von Spontaneität und Kreativität; Strikte Trennung von Ideenfindung und Ideenbewertung

Typ   Einzel- und Gruppenarbeit

Ort   Möglichst störungsfreie Umgebung

Mitwirkende   Teilnehmer an Problemlösegruppen, Seminaren, Trainings, Qualitätsgruppen usw. (möglichst heterogene Zusammensetzung).

Durchführung   ☞ In Einzelarbeit (Solo-Brainstorming) mit anschließender Sammlung auf Flipchart oder Tafel und Moderation in der Großgruppe.

☞ In mehreren moderierten Kleingruppen parallel laufend (Sammeln auf Flipchart oder Tafel), wobei sich jeder mehrfach äußern darf.

☞ Brainstorming kann besonders gut in Verbindung mit der Kartenabfrage durchgeführt werden.

☞ Abbruch, bevor der Fluß von Einfällen versiegt ist.

Wichtigste Regel:

Keine Kritik und keine Bewertung der produzierten Ideen!

Dauer   🕐 Bei Einzelarbeit ca. 10–15 Minuten
🕐 In Gruppen mit Moderation ca. 15–30 Minuten

Teilnehmer   Bei Gruppenarbeit zwischen fünf bis zehn Personen. Unter fünf Personen entsteht kein Synergieeffekt, mehr als zehn behindern sich gegenseitig.

Trainer   ➲ Je nach Vorgehensweise führt der Trainer, Moderator oder ein Teilnehmer in die Thematik ein. Er stellt auch die Aufgabe und nimmt selbst am Brainstorming teil.
➲ Er gibt die Regeln für das Brainstorming bekannt und achtet auf ihre Einhaltung. Ideen kann er in der Großgruppe selbst protokollieren, indem er Einfälle

     – sammelt und visualisiert,
     – die Reihenfolge der Meldungen beachtet,
     – nicht wertet,
     – die Zeitvorgabe beachtet,
     – darauf achtet, daß die Teilnehmer die Äußerungen nicht bewerten.

⮑ Muß der Trainer/Moderator mehrere Kleingruppen betreuen („Umherwandern"), sollte er für die einzelnen Gruppen Protokollanten bestimmen.

Material/
Unterlagen/
Vorbereitung

&⌒ Flipchart mit Filzstiften und/oder Tafel mit Kreide
&⌒ Evtl. Tonband- bzw. Videokamera und -recorder
&⌒ Papier und Schreibzeug

Auswertung

Die gesammelten Einfälle bzw. vagen Ideen werden gemeinsam in der Gruppe (Großgruppe) geordnet und gegliedert bzw. unter einer bestimmten Fragestellung zusammengefaßt. Anschließend findet eine Bewertung hinsichtlich

— des unmittelbaren Nutzens der Ideen,
— Kosten der Lösungsvorschläge,
— Realisierbarkeit,
— erforderlicher Hilfsmittel,
— neu genannter Bereiche, die noch durchdacht werden müssen und
— neuer Möglichkeiten der Lösung für ein Problem sowie
— der positiven und negativen Folge- und Nebenwirkungen

statt.

Wenn die Möglichkeit besteht, die bewerteten Einfälle und „Geistesblitze" von einer weiteren Gruppe bewerten zu lassen, die u. U. ein anderes Thema bearbeitet hat, führt dies zu einer weiteren Qualitätssteigerung.

Danach werden die Lösungen bekanntgegeben.

Variationen

Brainwriting; Methode 635; *Ping-Pong* (zwei Teilnehmer regen sich wechselseitig zur Ideenproduktion an); *stop and go* (Kritik ist abschnittsweise zugelassen)

Name	Methode 635	G 3

Stichwort   Variante des Brainstorming

Ziel   Themenerschließung und Ideenfindung innerhalb kurzer Zeit

Typ   Gruppenarbeit

Ort   Nach Belieben, jedoch störungsfreie Umgebung

Mitwirkende Teilnehmer an Problemlösegruppen, Seminaren, Trainings, Qualitätsgruppen usw. (möglichst heterogene Zusammensetzung)

Durchführung

☞ Die Gruppe findet sich an einem Tisch zusammen, an dem jeder ausreichend Platz zum Schreiben hat. Das Formular „Methode 635" wird ausgehändigt.

☞ Die Fragestellung (Problem, Thema usw.) wird dargestellt.

☞ Jeweils drei Ideen werden von links nach rechts in den Vordruck eingetragen. Hierfür stehen jedem aus der Gruppe fünf Minuten zur Verfügung.

☞ Danach werden die ausgefüllten Papiere an die links sitzende Person weitergereicht (Uhrzeigersinn). Jeder Teilnehmer erhält den Vordruck seines zur Rechten sitzenden Nachbars. Dies geschieht auch, wenn einzelne Teilnehmer noch nicht alle drei Spalten ausgefüllt haben.

☞ Alle sechs lassen nun zunächst die Ideen des Vorgängers unter folgenden Aspekten auf sich wirken:

„Kann ich die Idee fortführen, variieren oder eine ganz neue daraus entwickeln?"

☞ Nach weiteren fünf Minuten wandern die Formulare weiter. Dies wiederholt sich so oft, bis alle Teilnehmer dasselbe Formular einmal bearbeitet haben. So kommen insgesamt 18 Beiträge zusammen.

Dauer   🕐 30 Minuten

Teilnehmer Sechs

Trainer

➲ Er erläutert die Regeln und führt in die Aufgabenstellung ein.

➲ Er kann einen sanften Druck auf die Teilnehmer ausüben, indem er sie auffordert, unbedingt alle drei Spalten auszufüllen.

**Material/
Unterlagen/
Vorbereitung** ✎ Formblatt „Methode 635"

Auswertung   Im Idealfall kommen insgesamt 108 Beiträge zusammen, die wie bei der Methode „Brainstorming" be- und ausgewertet werden.

Variationen   Abwandeln in „Methode 735" indem 7 Personen, 3 Ideen in 5 Minuten entwickeln, was den Ausstoß an Einfällen auf 147 Ideen erhöht; Brainwriting ohne Zeitvorgaben

✎ Arbeitsblatt zur Methode 635 (G 3)

Methode 635	Thema	
Einfall 1	Einfall 2	Einfall 3
Einfall 4	Einfall 5	Einfall 6
Einfall 7	Einfall 8	Einfall 9
Einfall 10	Einfall 11	Einfall 12
Einfall 13	Einfall 14	Einfall 15
Einfall 16	Einfall 17	Einfall 18

Name	Methode 66	G 4

Stichwort   Brainwriting-Methode

Ziel   Problemlösen; Austausch von Meinungen, Argumenten, Erfahrungen

Ort   Nach Belieben, jedoch störungsfreie Umgebung und für Kleingruppenarbeit geeignet

Typ   Gruppenarbeit

Mitwirkende   Teilnehmer an Problemlösegruppen, Seminaren, Trainings, Qualitätsgruppen usw., möglichst heterogene Zusammensetzung

Durchführung

☞ Besteht eine größere Gruppe, wird diese in Sechsergruppen aufgeteilt.

☞ Diese Kleingruppen sammeln anschließend 6 Minuten lang (6 × 6) zu einem Thema oder Problem, das ihnen vorgegeben wird, Ideen und Lösungen.

☞ Im Anschluß tragen die Sprecher der Gruppen die Ergebnisse im Plenum vor und lassen sie von der Großgruppe diskutieren.

☞ Eine neue Runde kann starten, wenn das erste Thema abgeschlossen ist.

Dauer   🕐 Sechs Minuten pro Thema

Teilnehmer   Sechs Personen

Trainer

➲ Er erklärt die Regeln und führt in die Aufgabenstellung ein.

➲ Er gibt bei Problemen Hilfestellung.

Material/ Unterlagen/ Vorbereitung   Keines/Keine

Auswertung   ✓ Wie bei der Methode „Brainstorming"

Variationen   Methode 635; Brainwriting

Name	Mind-Mapping	G 5

Stichwort Problemlösen; Kreativität; Ordnen von Gedanken und Ideen

Ziel Strukturieren von Informationen; Gedankenstrukturierung und -sortierung; bildhafte Darstellung sprachlichen Denkens; Sichtbarmachen kreativer Denkprozesse; Fördern von Kommunikation über ein bestimmtes Thema innerhalb einer Gruppe

Typ Einzel- und Gruppenarbeit

Ort Nach Belieben

Mitwirkende Teilnehmer an Problemlösegruppen, Seminaren, Trainings, Qualitätsgruppen usw., möglichst heterogene Zusammensetzung

Durchführung ☞ Wird das Mind-Mapping in einer Gruppe durchgeführt, schreibt z. B. der Trainer das Thema in die Mitte des Flipcharts, auf eine Folie am Tageslichtprojektor oder an eine Tafel.

☞ Verfertigt der Trainer oder ein Teilnehmer, der als Moderator fungiert, das Mind-Map selbst, bittet er um Zurufe aus der Gruppe zu den Hauptästen und trägt diese zunächst im Uhrzeigersinn ein. Danach werden Hauptast für Hauptast mit Zweigen und diese wiederum mit Unterzweigen versehen. Kommen Zurufe, die Äste zweiter Ordnung betreffen, die erst in der nächsten Runde gesammelt werden, kann der Moderator diese z. B. auf einem separaten Chart notieren und später einfügen.

☞ Wichtig ist, den Platz sorgfältig einzuteilen, um später ein übersichtliches Mind-Map zu erhalten. Sollte die erste Version optisch nicht gelungen sein, kann in einem zweiten Schritt, z. B. in einer Pause, eine „Reinschrift" angefertigt werden.

☞ Eine bessere Übersicht gelingt auch dadurch, daß bestimmte Symbole oder Abkürzungen verwendet werden, deren Bestimmung den Anwendern überlassen wird.

Beispiele:

– Hinweise von besonderer Wichtigkeit können mit einem Ausrufungszeichen versehen werden,
– Verästelungen, die Konflikte bergen, mit einem „Blitz",
– Namen kann man durch Einkreisen hervorheben,
– Termine können ein „T" erhalten usw.

☞ Einige wichtige Regeln:

- Substantive verwenden
- in Blockschrift schreiben
- im Uhrzeigersinn beginnen
- evtl. verschiedene Farben verwenden
- evtl. eigene Symbole benutzen
- Komplexe kennzeichnen

Dauer　🕐 Abhängig vom Thema

Teilnehmer　Bei Gruppenarbeit max. 7 Personen

Trainer
➲ Er führt in die Methode ein und gibt die Regeln bekannt.
➲ Muß er mehrere Kleingruppen betreuen, ist es sinnvoll, wenn er den Kleingruppen seine Unterstützung anbietet und bei Schwierigkeiten hilft, indem er die einzelnen Gruppen visitiert.

**Material/
Unterlagen/
Vorbereitung**
🖉 Flipchart mit farbigen Filzstiften, Tageslichtprojektor mit Folienrolle oder Einzelfolien sowie farbige Folienstifte
🖉 evtl. eine Tafel mit farbigen Kreiden
🖉 Papier und Schreibzeug

Auswertung
Mit dem fertiggestellten Mind-Map können nun die erhobenen Informationen weiterverarbeitet werden. Es können Hypothesen gebildet, Fragen nach dem Zusammenhang verschiedener Phänomene und deren Ursachen gestellt oder die Informationen auf die wichtigsten Punkte reduziert werden. Welcher Weg gewählt wird, hängt von der Intention der Anwender und deren Fragestellungen ab.

Variationen
Wenig Möglichkeiten

Name	Kraftfeldanalyse	G 6

Stichwort Isolation von potentiellen Störfaktoren; Analyse des Handlungsfeldes; Unterstützung bei der Realisierung von Plänen und Problemlösungen

Ziel Darstellung von fördernden und hemmenden Kräften

Typ Teilnehmer an Problemlösegruppen, Seminaren, Trainings, Qualitätsgruppen usw., möglichst heterogene Zusammensetzung

Ort Beliebig

Mitwirkende Einzelpersonen oder Gruppen

Durchführung ☞ Beide, nachfolgend beschriebenen Formen der Kraftfeldanalyse können wie folgt durchgeführt werden:

1. In Einzelarbeit mit anschließender Sammlung der Einflüsse auf Flipchart oder Tafel und Moderation in der Großgruppe
2. In mehreren moderierten Kleingruppen parallel laufend

☞ Inhaltliche Gestaltung:

Arbeit mit Gegenüberstellungen:

Formalisierte Auflistung und Gegenüberstellung von fördernden und hemmenden Kräften im Handlungsfeld (siehe Liste „Kraftfeldanalyse")

Graphische Darstellung des Kraftfeldes:

Die Person, Gruppe, Organisation oder das Problem werden in die Mitte eines Papiers oder Flipcharts geschrieben. Anschließend werden drumherum die Kräfte, die Einfluß nehmen, also Personen, Gruppen, Strukturen etc., eingetragen. Die Beziehungen dieser „Kräfte" zum Mittelpunkt werden hinzugefügt. Dabei gilt, daß die Relationen, die als hindernde Kräfte identifiziert werden, mit roter Farbe und einem Minuszeichen zu versehen sind. Förderliche Beziehungen sind mit grün und einem Pluszeichen zu kennzeichnen. Dort, wo die Gestalter des Kraftfeldes Konflikte sehen, sollen sie einen Blitz mit roter Farbe eintragen. Diese Beziehungen spiegeln den positiven, negativen oder konfliktgeladenen Einfluß von Hierarchien, Machtverhältnissen, persönlichen Beziehungen, Erwartungen, Abhängigkeiten, Rechten oder Wünschen wider.

Dauer 🕐 1. Bei Einzelarbeit ca. 45 Minuten
🕐 2. In Gruppen mit Moderation ca. 60–90 Minuten

139

Teilnehmer	In der Kleingruppe max. 7 Personen
Trainer	➲ Er führt in die Methode ein, gibt die Regeln sowie den Zeitrahmen bekannt und achtet auf die Einhaltung.
	➲ Moderiert der Trainer mehrere Kleingruppen, sollte er diesen seine Unterstützung anbieten. Er bietet sie am besten an, wenn er die Gruppen besucht.
Material/ Unterlagen/ Vorbereitung	ᕟ Flipchart mit farbigen Filzstiften und/oder Tafel mit farbigen Kreiden
	ᕟ Papier und Schreibzeug

Auswertung

✓ 1. Auswertung bei der Gegenüberstellung:

Werden die Auflistungen einzelner im Plenum dargestellt, hilft der Trainer bei der Klärung offener Fragen aus dem Plenum, um ein gemeinsames Verständnis des Dargestellten zu erreichen. Anschließend überlegen die Anwesenden gemeinsam mit Hilfe des Trainers, wie die hindernden Kräfte neutralisiert oder reduziert bzw. die förderlichen Kräfte verstärkt werden können. Dazu verwendet er ein Schema mit den drei Überschriften *„Maßnahmen zur Neutralisierung bzw. Reduktion hinderlicher Kräfte", „Maßnahmen zur Verstärkung förderlicher Kräfte"* und *„Maßnahmen zur Konfliktvermeidung bzw. -bewältigung".* In diesen Maßnahmenplan werden die vorgeschlagenen Aktivitäten der Teilnehmer eingetragen und ggf. die Verantwortlichen dazu benannt.

✓ 2. Auswertung graphischer Darstellungen:

Mit Unterstützung des Trainers werden die Bilder aus den Kleingruppen präsentiert und von den Teilnehmern erläutert. Er hinterfragt Bilddetails und gibt Anregungen, über das Dargestellte nachzudenken, z.B. hinsichtlich der Größenverhältnisse (besonders groß gemaltes Management und sehr klein gezeichnete Mitarbeiter). Die Resultate aus den Präsentationen, Diskussionen und der gemeinsamen Interpretation können nun in ein aus der Situation entwickeltes Kategorienschema übertragen oder in die unter 1. beschriebene Gegenüberstellung transferiert werden. Schließlich werden auch bei dieser Form der Auswertung die Maßnahmen entsprechend der obigen Dreiteilung diskutiert und festgehalten.

Variationen

Bei graphischer Darstellung bieten sich je nach Kreativität der Teilnehmer verschiedene Variationen an.

✎ Aufbau einer Kraftfeldanalyse (G 6)

Kraftfeldanalyse

Kraftquellen	unterstützende Kräfte	hindernde Kräfte
in mir		
in anderen Personen		
in Gruppen		
in der Organisation		
in Beziehungen		
in Machtverhältnissen		
*		
*		
*		
*		

8.10 Methoden zum Thema Kommunikation

8.10.1 Definition von Kommunikation

Kommunikation wird als Prozeß verstanden, bei dem eine Idee aus dem eigenen Kopf hinaus- und in einen anderen hineingetragen wird. Eine andere Definition beschreibt Kommunikation als die wichtigste Form sozialer Interaktion in Gestalt eines Informationsübertragungsprozesses mit den Komponenten: *Kommunikator und Kommunikant* (die einseitig oder wechselseitig einwirken), den *Kommunikationsmitteln* (die als sprachliche oder nichtsprachliche Zeichen auftreten), den *Kommunikationskanälen* (die akustisch, optisch usw. – von *Mensch zu Mensch* oder über sogenannte *Massenmedien* Presse, Funk, Film, Fernsehen wirken) und den *Kommunikationsinhalten* aller Art.

Es ist wichtig, die Botschaften so zu senden, daß sie der Empfänger verstehen, aufnehmen und akzeptieren kann. Denn:

Gesagt bedeutet nicht gehört.
Gehört bedeutet nicht verstanden.
Verstanden bedeutet nicht einverstanden.
Einverstanden bedeutet nicht angewendet.
Angewendet bedeutet noch lange nicht beibehalten.

Darüber hinaus sollte der zweckmäßigste Kanal verwendet werden. Je besser die Beziehung des Empfängers zum Sender und je besser das „Empfangsgerät" auf den Sender eingestellt ist, desto originalgetreuer wird die Botschaft beim Empfänger ankommen. Dies wiederum ist um so mehr gewährleistet, je besser die *Beziehung* des Empfängers zur ankommenden Information ist. Die Rückkoppelung vom Empfänger zum Sender gibt letzterem die Möglichkeit zu prüfen, ob seine Kommunikation erfolgreich war. Die Bedeutung des Feedback erfordert, daß jedes Kommunikationssystem Rückmeldungen sicherstellen muß.

8.10.2 Ziele guter Kommunikation

Kommunikation in Organisationen hat immer eine zweifache Zielsetzung: Sie muß *rational-sachliche* Aspekte verfolgen und *emotional-soziale* Gesichtspunkte berücksichtigen.

Kommunikation darf also nicht nur dazu dienen, ausschließlich aufgabenbezogen zu kommunizieren, um eine gemeinsame Aufgabe zu bewältigen; sie muß auch den Zweck erfüllen, zwischenmenschliche Beziehungen zu entwickeln. Im Rahmen von Personalentwicklung ist es daher besonders wichtig, Teilnehmer mit den Einflußgrößen im Kommunikationsprozeß, also den Aspekten der *Beeinflussung, Befindlichkeit und Beziehung*, bekannt zu machen. Die Verbindung dieser wichtigen Größen wird im Kommunikationsmodell nach *Schulz von Thun* vollzogen, das nachfolgend beschrieben werden soll.

Nach dem Modell von *Schulz von Thun* (1998) hat in der Kommunikation jede Nachricht vier Aspekte:

– der Sachinhalt (Worüber wird informiert?)
– die Selbstoffenbarung (Was gibt der „Sender" von sich kund?)
– der Appell (Wozu soll der „Empfänger" veranlaßt werden?)
– den Beziehungsaspekt (Was hält der „Sender" von der Person des „Empfängers", und wie stehen beide zueinander?).

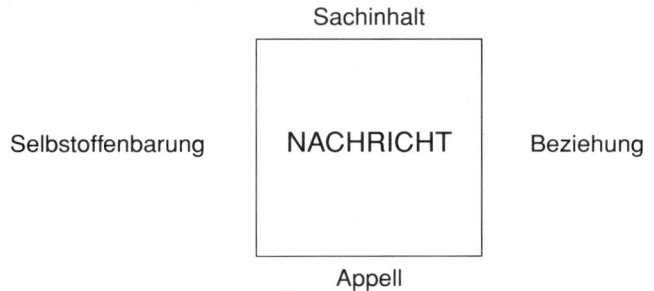

Abb. 11: Das Kommunikationsmodell nach *Schulz von Thun* (1998)

Alle vier Ebenen sind in einer Nachricht immer miteinander verwoben, gleichwohl in unterschiedlicher Gewichtung. So teilt jeder Kommunikator neben den *Sachinformationen* auch etliches über *sich selbst* mit. Er versucht aber auch, auf seinen Gesprächspartner oder Empfänger *Einfluß* auszuüben und drückt die *Art der Beziehung* zu ihm aus. Dies gilt selbstverständlich auch umgekehrt und grundsätzlich für alle Kommunikationsprozesse.

Ein guter Kommunikator oder Sender einer Nachricht muß das Verwobensein der vier Aspekte kennen und einzelne Ebenen bewußt wahrnehmen, um sie für eine fruchtbare Kommunikation nutzbar zu machen. *Mißverständnisse, Verstimmungen und Konflikte* treten meist dann auf, wenn der Sender nur eine der vier Seiten der Kommunikation beherrscht (z.B. Sachinformation ohne Berücksichtigung der Beziehung) oder der Empfänger nur eine Kommunikationsebene auswertet (z.B. die Beziehung).

Die Schwierigkeit der Gesprächsführung liegt darin, daß beide Gesprächspartner die verschiedenen Seiten, die immer gesendet werden, erkennen und aufeinander abstimmen müssen. Dies geschieht i. d. R. dadurch, daß Sender und Empfänger in ihren wechselnden Rollen durch Rückmeldung (Feedback) darlegen, wie die Nachricht bei ihnen angekommen ist.

An folgendem Beispiel aus einem fiktiven Mitarbeitergespräch soll das Modell im Detail verdeutlicht werden:

Beispiel:

Der Vorgesetzte ist Leiter einer Marketingabteilung und trifft mit einem Mitarbeiter zusammen, der sich in sein neues Arbeitsfeld einarbeitet. Führungskraft und Mitarbeiter unterhalten sich über verschiedene Möglichkeiten, Lernsituationen zur Weiterentwicklung des Mitarbeiters bereitzustellen

Mitarbeiter: „Ich würde gerne mehr eigene Erfahrungen im meinem Verantwortungsbereich sammeln."

Führungskraft: „Das kann ich nur befürworten. An was haben Sie denn gedacht?"

Mitarbeiter: „Ich würde gerne für das Marktsegment, für das ich verantwortlich bin, ein neues Produkt kreieren."

Führungskraft: „Das ist aber schwierig!"

Analysieren wir den letzten Satz „Das ist aber schwierig!" dahingehend, welche vier Botschaften er enthält.

1. Sachinformation. Der Vorgesetzte gibt Auskunft darüber, wie er eine solche Aufgabe bewertet, eben *als schwierig.*
2. Selbstoffenbarung. Auf dieser Ebene könnte die Botschaft heißen: „Ich habe da Erfahrung! Stelle dir das nicht so einfach vor!"
3. Appell. Hier kann vom Mitarbeiter gehört werden: „Laß das lieber sein!"
4. Beziehungsebene. Der Mitarbeiter könnte hier heraushören: „Dazu brauchst du meine Hilfe."

8.10.3 Aktives Zuhören

Wir können davon ausgehen, daß der Mensch 100 bis 200 Worte pro Minute spricht. Das Doppelte davon kann er allerdings aufnehmen. Wir verwenden als Zuhörer häufig die ungenutzte Zeit dazu, mit den Gedanken abzuschweifen oder Gegenargumente bzw. Antworten vorzubereiten. Dabei geht dann oft der eigentliche Sinn des Gesagten verloren.

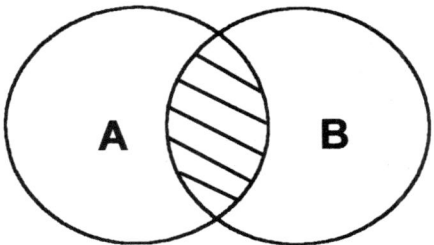

Abb. 12: Schnittmenge der Wirklichkeiten der Gesprächspartner

Sinnvoller ist es, wenn man diese Kapazität dazu nutzt, die vier Aspekte des Kommunikationsmodells wahrzunehmen, also die Sachinformation zu verstehen und zu überprüfen, die *Absicht* (Appell) des Sprechenden herauszufiltern und seine *psychische Situation* (Selbstoffenbarung) in Rechnung zu stellen bzw. die *Beziehungsebene* einzuschätzen.

Der Mensch ist sich normalerweise der Bedeutung des Zuhörens nicht voll bewußt, obwohl er weiß, daß Zuhören mehr ist als nur Hinhören und Aufmerksamsein. Zuhören ist kein passiver Zustand. Durch aktive Beobachtung des Gesprächspartners, z.B. seiner Gestik, Mimik oder Stimmlage kann jede Menge über den Zustand einer Person erfahren werden.

Die vier Bausteine des richtigen Zuhörens:

- die Wahrnehmung
- das Verstehen
- die Bewertung
- die Reaktion.

Wahrnehmen

Je geringer das Interesse, desto geringer die Wahrnehmung. Der Mensch nimmt sehr *selektiv* wahr, d.h. auswählend. Dies ist notwendig, um den vielen Informationen aus der Umwelt zu entgehen. Gesprächspartner filtern das Interessierende heraus und überhören den Rest. Wir hören nur das, was wir hören wollen!

Verstehen

Hierunter fällt das *Auffassen* und das *Begreifen* des Gehörten. Es wurde bereits deutlich, daß das Verstehen einer Sprache z.B. nicht davor schützt, jemanden mißzuverstehen. Die sinnvollste Technik, um

Mißverständnissen vorzubeugen, wäre, wenn der Gesprächspartner, bevor er antwortet, zunächst wiederholt, was er gehört hat (Paraphrasieren). D.h., es wird zunächst geprüft, ob das zusammenpaßt, was die beiden Gesprächspartner meinen. Wichtig ist es daher, die Bedeutung einer Nachricht immer im Rahmen eines *Interpretations- bzw. Definitionsprozesses* miteinander auszuhandeln. Nur dadurch wird eine gemeinsame Wirklichkeit entstehen, die als fruchtbare Basis für ein Gespräch dienen kann.

Bewerten

Die dritte Komponente im Prozeß des Zuhörens ist die Bewertung dessen, was gehört und verstanden wurde. Dabei kommen die *Bezugssysteme* und *Vorurteile* der Gesprächspartner zum Tragen. Deshalb ist es besonders wichtig, rückzukoppeln (Feedback). Durch Feedback kann dargelegt werden, wie eine Äußerung des Gesprächspartners angekommen ist, etwa eine emotionale Aussage. Das Rückkoppeln von Gefühlen wird im Zusammenhang mit dem aktiven Zuhören auch als *Verbalisieren* bezeichnet (Beispiel: „Das hat auf mich gewirkt, wie …").

Reagieren

Häufig wird beim Zuhören schon über die Art der Erwiderung nachgedacht. Dadurch wird oft falsch reagiert, weil angenommen wird, daß die Antwort bekannt sei.

Die beste Art zu reagieren ist 100%ige Aufmerksamkeit. *Nicken, Nachfragen, Blickkontakt* und sich *nicht* von anderen Dingen *ablenken lassen*, sind ermunternde Signale für den Gesprächspartner weiterzumachen. Man muß deshalb mit den Aussagen noch nicht übereinstimmen. Es dokumentiert aber *Wärme, Interesse und Respekt* für die sprechende Person.

Körpersignale

Gefühle können sich im *Gesichtsausdruck, der Mimik, den Körperbewegungen, der Gestik sowie weiteren Signalen*, wie etwa *rote Flecken im Gesicht, Händezittern* o.ä., zeigen. Diesen Umstand beschreibt unsere Sprache mit vielen Beispielen, etwa mit folgenden Begriffen: *Ein saures Gesicht machen … Die Zähne zusammenbeißen … Den Kopf verlieren* usw. Viele Informationen können wir im Gespräch aufgrund dieser Körpersignale erhalten. Darüber hinaus teilt sich natürlich auch der Sender nicht nur über die Sprache, sondern auch mittels des *mimi-*

schen Ausdrucks, seiner Körperhaltung und -bewegung sowie *unbeeinflußbaren Körperreaktionen* mit.

Für einen guten Kommunikator ist das Wissen um nonverbale Signale besonders wichtig. Er kann dadurch einerseits Verhaltenstendenzen beim Gesprächspartner erkennen und dazu beitragen, ihm diese bewußt zu machen (z. B. Gefühle zu unterdrücken). Andererseits sind die nicht-sprachlichen Signale, die der Sender aussendet, dazu geeignet, den Empfänger im Gespräch sich wohler und sicherer fühlen zu lassen. Eine so geartete Atmosphäre führt schließlich dazu, daß der Gesprächspartner sich zunehmend öffnen kann und Vertrauen gewinnt.

Richtig fragen

In Mitarbeitergesprächen geht es beispielsweise häufig um das *Aufgabenfeld* des Mitarbeiters, seine *Bedürfnisse, die Erwartungen des Vorgesetzten* und um *Problemlösungen*. Vorgesetzte versuchen dabei nach Möglichkeit präzise Informationen zu erhalten. Viele psychische Filter, wie z. B. *Wünsche, Ängste, Hoffnungen* usw., können Informationen jedoch verändern. Im Fall der Körpersprache führen Fehlinformationen über die Eindeutigkeit von nicht-sprachlichen Signalen zu unrichtigen Interpretationen. Vorurteile verstärken diese psychologischen Aspekte zusätzlich.

Der beste Weg, um ungefilterte Informationen zu erhalten, führt über eine gute *Fragetechnik*. Grundsätzlich gilt für jedes Gespräch, daß gleichzeitig nicht mehrere Fragen gestellt werden sollten, da sie ausweichende Antworten provozieren.

Feedback geben

In den vorangegangenen Abschnitten wurde deutlich, daß durch ein Interpretieren von Aussagen, Gefühlen oder Körpersignalen Mißverständnisse und Ärger entstehen können. Dem vorzubeugen dient das *Rückkoppeln* oder *Feedback*. Diese Funktion ist besonders wichtig, da sie ein Mittel zu konstruktiver Offenheit darstellt und ein Gespräch für beide Seiten befriedigender gestaltet. Gleichzeitig erfüllt Feedback die Aufgabe, dem Sender und Empfänger zunächst *unbewußte Kommunikationshindernisse* bewußt zu machen. Diese Gesprächsbremsen ergeben sich daraus, daß beide häufig nicht wissen, wie ihr Verhalten auf den anderen wirkt. Damit sind sowohl bewußte als auch unbewußte, also nicht selbst wahrgenommene Handlungen und Verhaltensweisen gemeint. Feedback dient dazu, uns erkennen zu lassen, welche Wirkungen unsere Handlungen und Verhaltensweisen auf andere haben.

8.10.4 Die Beratung – ein Spezialfall der Kommunikation

Gesprächspartner, die um Rat gefragt werden, tendieren leicht dazu, rasche Lösungen anzubieten, ohne die Selbsthilfekräfte des Ratsuchenden zu nutzen. Gleichzeitig neigen sie zu „Kurzschlüssen", indem sie annehmen, das Problem in allen Facetten erkannt zu haben, wodurch i. d. R. nur Scheinlösungen erzielt werden.

Durch den bewußten Einsatz der Technik des Fragens ist es jedoch möglich, den Ratsuchenden selbst zu einer Problemlösung oder Selbstexploration zu führen. Dazu ist es sinnvoll, in drei Phasen vorzugehen:

1. Phase: Bedingungen des Problems erkennen. Gemeinsam mit dem Ratsuchenden werden die wichtigsten Fakten des Problems gesammelt, Motive der Beteiligten ergründet und die Rahmenbedingungen des Problems mit dem Ratsuchenden bewußt reflektiert.

2. Phase: Benennen des Problems. Nach dem Erarbeiten der Bedingungen des Problems wird es gemeinsam benannt. Darin enthalten sind die Gründe, Motive und Ursachen des Problems sowie das zu erreichende Ziel. Das Problem, das gelöst werden muß, wird genau formuliert und der erwünschte Zielzustand definiert.

3. Phase: Lösungssuche, Treffen von Entscheidungen und Maßnahmenplan. Gemeinsam wird nach Lösungen gesucht und bei mehreren Möglichkeiten diejenige herausgesucht, die den Muß- und Wunschzielen entspricht, und dabei werden jene Pläne festgelegt, die zu dem gewünschten Ziel führen. Anschließend wird die getroffene Entscheidung vom Ratsuchenden nochmals daraufhin überprüft, ob er sie emotional und rational akzeptieren kann.

In der Praxis werden i. d. R. die drei Beratungsformen

– Fallberatung
– persönliche Beratung und
– Fachberatung

unterschieden.

In der *Fallberatung* setzt sich der Berater vor allem mit Problemen eines Ratsuchenden auseinander, die in Zusammenhang mit dessen Rolle stehen (z. B. Vorgesetzter).

Bei der *persönlichen Beratung* geht es zuvorderst um persönliche Schwierigkeiten des Ratsuchenden aufgrund seines Verhaltens, seiner

Persönlichkeit oder der Interaktion mit seinem privaten oder beruflichen Umfeld.

In der *fachlichen Beratung* stehen die Sachprobleme des Hilfesuchenden im Vordergrund. Der Berater ist hier „Rat"-geber im besten Sinne des Wortes, indem er konkrete Lösungen vorschlägt und sich weniger um den gemeinsamen Problemlöseprozeß kümmert, der in den beiden anderen Formen zentral ist.

Für alle Formen der Beratung sind grundlegende kommunikative Fertigkeiten notwendig. Insbesondere zwei Bereiche sind wesentlich: Der erste Bereich umfaßt die Zuwendung, das Zuhören, die Echtheit des Beraters, die positive Wertschätzung des Ratsuchenden und das einfühlende Verstehen (Empathie) des Ratgebers sowie das Ermutigen zum Erzählen; der zweite Bereich beinhaltet das richtige Fragen und Hinterfragen. Hierzu gibt es unterschiedliche Gesprächstechniken und Beratungsansätze.

8.10.5 Feedback

Wir werden von unseren Mitmenschen nach der Wirkung unseres Verhaltens beurteilt und nicht danach, wie wir unser Handeln verstanden wissen wollen. Unser Selbstbild beeinflußt unser Handeln sehr stark. Es stellt das Bild dar, das wir von uns selbst haben. Selbst- und Fremdbild beeinflussen sich gegenseitig. So wird das Selbstbild von den Reaktionen der Umwelt auf unser Verhalten stark mitgeprägt. Wie uns andere sehen, hängt also zu einem nicht unbeträchtlichen Teil von der Sicht anderer und dem „Wert", den sie uns zuschreiben, ab. Wie wir bei anderen „ankommen", ist damit von wesentlicher Bedeutung. Aber oft sind wir uns unserer Wirkung auf andere nicht bewußt oder wir können sie einfach nicht einschätzen. Vielleicht weil wir Verhaltensweisen an den Tag legen, die uns nicht bewußt sind. Handlungen und Verhalten die wir zeigen, die uns aber unbewußt sind, werden „blinde Flecken" genannt. Als „blinder Fleck" wird in der Physiologie der Punkt auf der Netzhaut bezeichnet, an dem die gebündelten Nervenzellen der Rezeptoren (Stäbchen und Zäpfchen) als Sehnerv das Auge verlassen. Einfallendes Licht kann, wenn es auf diese Stelle fällt, nicht wahrgenommen werden, obwohl der Gegenstand, von dem das Licht abgestrahlt wird, objektiv vorhanden ist. Subjektiv existiert er für das Individuum nicht. Die Sozialpsychologie benutzt diesen Begriff analog für bestimmte Wahrnehmungsphänomene. Wissen wir um dieses Phänomen oder werden wir von anderen auf unsere „partielle Blindheit" aufmerksam gemacht, können wir bewußt damit umgehen.

Vielleicht sogar den Wunsch äußern, uns auf unser „blindes Verhalten" aufmerksam zu machen.

Test:

Halten Sie sich das linke Auge mit der linken Hand zu. Betrachten Sie mit Ihrem rechten Auge den schwarzen Punkt auf dieser Buchseite, die Sie mit gestrecktem Arm vor sich halten. Führen Sie nun das Buch langsam auf Ihr rechtes Auge zu, ohne die Fixation des Punktes zu vernachlässigen. In ca. 30–40 cm „verschwindet" das Kreuz, obwohl es real noch vorhanden ist.

Abb. 13: Blinder Fleck

Mit Hilfe des sogenannten JOHARI-Fensters, das nach den Autoren *Joe Luft* und *Harry Ingham* benannt ist, können wir menschliches Verhalten in vier Bereiche einteilen. Sie ergeben sich aus der Kombination von „Selbstwahrnehmung" und „Fremdwahrnehmung" (vgl. *Brinkmann*, 1993).

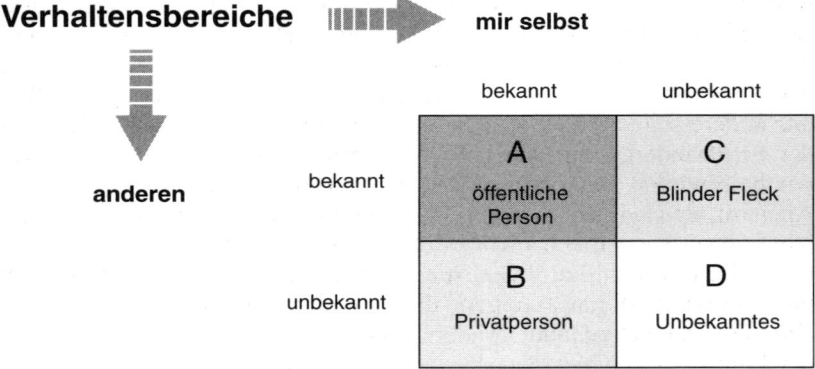

Abb. 14: JOHARI-Fenster

Quadrant A: Dies ist der Bereich der *öffentlichen Aktivität* einer Person. Handlungen und Verhaltensweisen sind sowohl der *handelnden Person* bekannt als auch von *anderen* wahrnehmbar. Fakten und Daten, die eine Person über sich bekannt gibt, gehören gleichfalls dazu.

Quadrant C: Dieser betrifft den Bereich des sogenannten *„blinden Flecks"*, d.h. den Teil des Verhaltens einer Person, der zwar für andere sicht- und erkennbar ist, etwa eine gewisse Arroganz im Verhalten oder eine oberlehrerhafte Art, die dem Betroffenen selbst jedoch nicht bewußt ist.

Quadrant B: Ist der Bereich des *Handelns und Verhaltens,* der einer Person bekannt und bewußt ist. Informationen, die diesem Feld zuzuordnen sind, werden *anderen nicht bekannt* gemacht. Etwa Ideen, Gefühle oder Reaktionsweisen, die nicht oder noch nicht öffentlich werden sollen.

Quadrant D: Hierunter fallen alle Vorgänge und Aktivitäten, die weder der betroffenen Person noch anderen bekannt sind. Dazu zählen z.B. unbewußte Motive für Verhalten, Abgewehrtes und Vorbewußtes.

Überträgt man das JOHARI-Fenster auf das Verhalten einzelner, so beinhaltet eine Rückmeldung zum Verhalten die Chance für jeden, den Bereich des blinden Flecks zu verkleinern und damit zu einer realistischeren Einschätzung der eigenen Wirkung zu gelangen. Je mehr bedeutungsvolle Informationen eine Person durch ein Feedback von anderen erhält, desto größer ist die Chance für Verhaltensänderungen und das Einsehen in *emotionale Auswirkungen,* das das eigene Handeln auf andere hat.

Eine Fremdeinschätzung kommt dann besonders gut an, wenn der Feedback-Geber ...

– Verhalten oder Sachverhalte *beschreibt,* anstatt zu *bewerten.* Dadurch wird Widerstand beim Feedback-Nehmer vermieden;
– auf *konkrete Vorfälle, Aufgaben oder Handlungsweisen* eingegangen wird;
– *konstruktiv* ist, d.h. Hinweise gibt, wie der Kollege, die Kollegin es besser machen kann;
– *Gefühle* nicht indirekt, sondern *direkt* formuliert werden („Ich habe mich über Ihr Verhalten gefreut, weil ...!");
– *Wünsche vorgebracht* werden („Ich wünsche mir, daß wir beide künftig ...!").

Die nachfolgenden Methoden setzen sich mit grundlegenden Fertigkeiten für eine gelingende Kommunikation und Beratung auseinander sowie mit dem Geben und Nehmen von Feedback.

Name	Aktives Zuhören	H 1

Stichwort   Kommunikation; aktives Zuhören; präzises Sprechen

Ziel   Einüben von aktivem Zuhören; Training des präzisen Ausdrucks; Wahrnehmen der Vorgänge beim Kommunikationsprozeß

Typ   Übung

Ort   Störungsfreier Raum

Mitwirkende   Teilnehmer aus Gruppen, Seminaren und Trainings zum Thema Kommunikation, Beratung, Gesprächsführung

Durchführung   ☞ Die Großgruppe wird in Dreiergruppen unterteilt (A, B, C). Teilnehmer A und B werden gebeten, ein Gespräch über ein beliebiges Thema zu führen. Teilnehmer C ist Beobachter und achtet darauf, daß die Regeln eingehalten werden. Folgende Regeln sind von den beiden Gesprächspartner einzuhalten:

A macht eine Aussage, B muß diese zunächst sinngemäß wiederholen, bevor er darauf antwortet. A muß als nächstes der Zusammenfassung zustimmen, z. B. mit „richtig" oder „stimmt", bevor B beginnen darf. Ist A nicht einverstanden, darf B einen zweiten Versuch unternehmen. Lautet die Antwort wieder „stimmt nicht" oder „falsch", muß A seine Aussage wiederholen. Ist A jedoch einverstanden, formuliert B seine Antwort, die nun von A sinngemäß zurückgemeldet werden muß, bevor er antworten darf usw.

Diesen Prozeß beobachtet C, der sich sofort einschaltet, wenn die Regeln verletzt werden, also nicht zusammengefaßt, sondern unmittelbar geantwortet wird. Er sorgt auch dafür, daß der Zeitrahmen für das einzelne Übungsgespräch stimmt.

☞ Damit alle drei Teilnehmer die Übung erleben können, tauscht einer der beiden ersten Gesprächspartner nach 15 Minuten Gesprächsdauer mit dem Beobachter und nimmt seinerseits die Rolle des Regulators ein. Bevor der Wechsel stattfindet, gibt der Beobachter den beiden Gesprächspartnern noch ein kurzes Feedback.

☞ Nachfolgend ein Beispieldialog zum Vorlesen für den Trainer (Thema: Rauchen im Betrieb):

A: „Aus meiner Sicht sollte das Rauchen in der Firma verboten werden, da alle anderen, die nicht rauchen, darunter gesundheitlich leiden."

B: „Sie sind also der Ansicht, daß Nichtraucher unter Rauchern leiden."

152

A: „Richtig."

B: „Ich denke aber, jeder sollte das Recht haben, das zu genießen, was ihm beliebt."

A: „Ihrer Meinung nach sollte jeder die Möglichkeit haben, zu tun und zu lassen, was er will."

B: „Stimmt nicht ganz."

B: (2. Versuch): „Sie meinen nicht alles, sondern Essen, Trinken und Genußmittel."

A: „Stimmt."

A: ......

Dauer	⏱ Ca. 45 Minuten insgesamt
Teilnehmer	Drei bis vier (bei Vierergruppen = zwei Beobachter!)
Trainer	➲ Er führt in den Ablauf ein und erklärt anhand des Beispiels die Vorgehensweise.
	➲ Geht von Gruppe zu Gruppe, beobachtet den Prozeß und gibt evtl. Hilfestellung.
	➲ Gibt darauf acht, daß die Teilnehmer die Aussagen nicht wie „Papageien" wiederholen, sondern versuchen, den dahinterstehenden Sinn zu erfassen und rückzumelden.
	➲ **Wichtig:** Der Trainer sollte unbedingt darauf aufmerksam machen, daß es sich nicht um ein Vorgehen handelt, welches in dieser Form in der Praxis angewandt wird. Vielmehr ist die Übung eine künstliche Situation, die spezielle Erfahrungen zum Thema Kommunikation vermitteln soll. Ziel muß es sein, später die Zusammenfassung in Form eines inneren Dialoges durchzuführen, um so ein besseres Verständnis des Standpunktes des Gesprächspartners zu erzielen.
Material/ Unterlagen/ Vorbereitung	Keines/Keine
Auswertung	Fragen zur Auswertung im Plenum:
	✓ Was ist Ihnen bei der Übung aufgefallen?
	✓ Welches waren die häufigsten Fehler seitens des Sprechenden?
	✓ Welches die Fehler auf der Seite des Zuhörers?
	✓ Was fiel den Agierenden besonders schwer?
	✓ Gab es Auffälligkeiten, die die Beobachter registrieren konnten?
Variationen	Bedingt modifizierbar

Name	Selbsttest zum Aktiven Zuhören	H 2

Stichwort Kommunikation; Zuhören; Selbstreflexion

Ziel Selbständiges Überprüfen der eigenen Zuhörgewohnheiten

Typ Einzelarbeit

Ort Beliebig

Mitwirkende Teilnehmer aus Gruppen, Seminaren und Trainings zum Thema Kommunikation, Beratung, Gesprächsführung

Durchführung Einführung durch den Trainer:

„Sie erhalten nun von mir einen Test zu Ihrem Kommunikationsverhalten mit der Bitte, diesen in Ruhe auszufüllen. Seien Sie bitte ehrlich zu sich selbst, und reflektieren Sie Ihr kommunikatives Verhalten kritisch."

☞ Anschließend bittet der Trainer Freiwillige aus der Gruppe, ihr Profil zu erläutern.

☞ Gemeinsam wird an exemplarischen Beispielen aus dem Teilnehmerkreis überlegt, wie dieses Verhalten positiv verändert werden kann. Dies wird an einem Flipchart festgehalten, um einen Katalog von „Verbesserungsmaßnahmen" festzulegen.

Dauer 🕐 Ca. 40 Minuten

Teilnehmer Beliebig

Trainer ➲ Führt in den Ablauf ein und erklärt die Vorgehensweise

➲ Wertet gemeinsam mit den Teilnehmern aus

Material/ Unterlagen/ Vorbereitung ✎ Test *„Schlechte Angewohnheiten im Gespräch mit anderen"*

✂ Flipchart

✂ Filzstifte

Auswertung ✓ Wie könnte man ein nicht zufriedenstellendes Zuhörverhalten verändern?

✓ Gibt es Situationen oder Personen, bei denen Ihnen das Zuhören besonders schwerfällt?

Variationen Einzelnes Ausfüllen des Tests und anschließende Besprechung in Zweier- oder Vierergruppen mit Erarbeiten eines geeigneten Maßnahmenkataloges zur Veränderung

📖 Test zur Übung H2

Test: Schlechte Angewohnheiten im Gespräch mit anderen

Nehmen Sie sich nun einige Zeit, und denken Sie einmal über Ihr eigenes Kommunikationsverhalten nach. Sie können mit nachfolgendem Test über-prüfen, welche Fehler Sie im Umgang mit anderen machen.

Geben Sie jeder der nachfolgenden Fragen eine Wertung zwischen 0 und 4. Zur Kontrolle können Sie sich von einem Kollegen, Mitarbeiter oder Part-ner einstufen lassen!

Legende: 0 = niemals, 1 = selten, 2 = manchmal, 3 = häufig, 4 = sehr oft

Aussage:	Punktzahl:
Bestreiten Sie Gespräche am liebsten selbst?	. . . .
Zeigen Sie Ungeduld oder Ärger, wenn Ihre Gesprächspartner nicht Ihrer Meinung sind?	. . . .
Tun Sie andere Dinge, z. B. Lesen oder in Unterlagen blättern, wenn andere mit Ihnen sprechen?	. . . .
Drängen Sie anderen Ihre Meinung auf?	. . . .
Sind Sie zeitweilig „ungenießbar"?	. . . .
Zeigen Sie es, wenn Sie den Motiven anderer manchmal nicht trauen?	. . . .
Machen Sie sich über Mitarbeiter hin und wieder lustig?	. . . .
Reagieren Sie gekränkt, wenn man Sie auffordert, etwas zu ändern, was Sie gemacht haben?	. . . .
Werden Sie laut, oder schreien Sie mit anderen, wenn Sie wütend sind?	. . . .
Kritisieren Sie andere in Gegenwart Dritter?	. . . .
Machen Sie sich lustig über Ideen, Freunde oder Kleidung von anderen Menschen?	. . . .
Sind Sie sarkastisch?	. . . .
Streiten Sie, statt Meinungsverschiedenheiten zu debattieren?	. . . .
Reden Sie meistens von sich, von Ihren Erfahrungen, Ideen oder Chancen, die sich Ihnen bieten?	. . . .
Bestehen Sie darauf, für Ihre Kinder zu entscheiden?	. . . .
Schlagen Sie Krach, oder werden Sie mürrisch, wenn jemand konstruktive Kritik äußert?	. . . .
Verhöhnen Sie manchmal andere oder deren Arbeit?	. . . .
Sprechen Sie in Gesellschaft über Ihre familiären Sorgen?	. . . .
Prahlen Sie mit dem, was Sie alles für die Familie tun?	. . . .

Methoden als unterstützende Verfahrensweisen

Befehlen Sie anderen manchmal, etwas zu tun, statt darum
zu bitten? ....

Streiten Sie sich um das Recht, etwas so zu machen, wie Sie
es wollen? ....

Hören Sie ungeduldig in einer Diskussion zu, wenn jemand seine
Meinung äußert? ....

Setzen Sie an den Plänen anderer häufig etwas aus? ....

Versprechen Sie leicht etwas, ohne es hinterher auch halten
zu können? ....

Unterbrechen Sie andere, und wechseln Sie zu einem Gesprächs-
thema über, das Sie interessiert? ....

Zeigen Sie, daß Sie an neuen Ideen hinsichtlich Ihrer Tätigkeit
nicht interessiert sind? ....

Drängen Sie anderen Ihre Sicht der Dinge auf? ....

Welches negative Kommunikationsverhalten zeigt Ihr Testprofil? Je höher
Ihr Gesamtwert, desto ausgeprägter Ihre schlechten Angewohnheiten im
Gespräch!

Name	Bildbeschreibung	H 3

Stichwort Kommunikation; Zuhören; präzises Wahrnehmen; Gedächtnis

Ziel Genaues Zuhören und Wiedergeben; Vergessensphänomene kennenlernen; Filterwirkungen erfahren; Gefahren der Interpretation erkennen

Typ Kommunikationsübung

Ort Beliebig

Mitwirkende Teilnehmer aus Gruppen, Seminaren und Trainings zum Thema Kommunikation, Beratung, Gesprächsführung

Durchführung ☞ Einführung:

„Die nachfolgende Übung dient dem Kennenlernen von Wahrnehmungs- und Gedächtniseffekten. Dazu brauche ich sieben Freiwillige. Einer der Freiwilligen bleibt hier, die anderen sechs gehen nach draußen. Die Aufgabe der im Raum verbleibenden Person wird es sein, sich ein Bild anzusehen und das Wahrgenommene mündlich weiterzugeben. Wer möchte mitmachen?"

☞ Der Trainer schickt nun sechs der sieben Freiwilligen hinaus. Der siebten Person zeigt er für 45 Sekunden eine Abbildung (Arbeitsblatt H3).

☞ Zuvor bekommt er vom Trainer folgende Anweisung: „Sie können jetzt gleich ein Bild für 45 Sekunden sehen. Merken Sie sich bitte präzise, was Sie sehen, denn Sie müssen das Bild dem nächsten Teilnehmer anschließend genau beschreiben."

☞ Nun wird die Videokamera eingeschaltet, um die Informationsweitergabe aufzuzeichnen, und der erste Freiwillige wird von draußen hereingebeten. Er erhält folgende Information:

„Ihnen wird nun ein Bild beschrieben. Passen Sie bitte genau auf, damit Sie diese Beschreibung nachher der nächsten Person, die wir von draußen hereinbitten werden, beschreiben können. Sie dürfen jedoch nicht nachfragen, sondern nur zuhören."

☞ Sobald das Bild fertig beschrieben ist, bedankt sich der Leiter beim ersten Freiwilligen und schickt ihn auf seinen Platz. Sofort bittet er den nächsten herein, und dieselbe Prozedur beginnt von vorne.

☞ Der letzte Kandidat wird schließlich gebeten, das Bild ans Flipchart zu malen oder verbal zu beschreiben,

157

so wie er es nach der Erzählung vor seinem geistigen Auge sieht.

☞ Anschließend werden im Plenum gemeinsam die Abweichungen diskutiert und geklärt, wo die „Informationskette" unterbrochen wurde und weshalb. Hierzu können auch die einzelnen Videosequenzen verwendet werden.

Dauer

🕐 Ca. 30 Minuten

Teilnehmer

Nicht mehr als 10 Personen

Trainer

➲ Der Trainer führt in den Ablauf ein und erklärt die Vorgehensweise.

➲ Er gibt darauf acht, daß die beiden agierenden Teilnehmer die Regeln einhalten.

**Material/
Unterlagen/
Vorbereitung**

📖 Bild zur Beschreibung

Auswertung

Fragen zur Auswertung im Plenum:

✓ War die Aufgabe schwierig?
✓ Worauf kam es an?
✓ Was hat Sie überrascht?
✓ Wurden Fakten verfälscht?
✓ Welche Konsequenzen haben die Erkenntnisse aus dieser Übung für Ihr künftiges Kommunikationsverhalten?

Variationen

Beliebig modifizierbar

📖 Arbeitsblatt zur Übung H 3

Bildbeschreibung

**Die rechte Zeit zum Handeln stets verpassen, nennt ihr, die Dinge sich
entwickeln lassen.**
(Goethe)

Name	Diskussion der Blinden	H 4

Stichwort Wahrnehmung; nichtsprachliche Signale

Ziel Erfahren der Bedeutung von Wahrnehmung nicht-sprachlicher Signale

Typ Übung

Ort Ruhiger, störungsfreier Ort

Mitwirkende Teilnehmer aus Gruppen, Seminaren und Trainings zum Thema Kommunikation, Beratung, Gesprächsführung

Durchführung ☞ Einleitung durch den Trainer:

„Die Wahrnehmung nicht-sprachlicher Signale nimmt eine wichtige Funktion im Kontakt mit dem Gesprächspartner ein, obwohl wir uns dessen i.d.R. nicht bewußt sind. Wir wollen hierzu eine Übung durchführen. Bilden Sie dazu bitte Zweiergruppen."

☞ Der Trainer bittet nun die Teilnehmer, sich einen Partner für eine Diskussion zu einem kontroversen Thema zu suchen (z.B. Rauchen am Arbeitsplatz – ja oder nein; ca. 3- 5 Min). Wenn die Zweiergruppen gebildet sind, gilt folgende Regel: Einer der Diskutanten nimmt die Pro-Position ein, der andere die Kontra-Position. Diskutiert wird 5 Minuten lang mit geschlossenen Augen. Nach 5 Minuten gibt der Trainer die Anweisung, die Augen zu öffnen und die Diskussion mit geöffneten Augen weiterzuführen. Nach weiteren 5 Minuten wird die Diskussion beendet.

☞ Die Teilnehmer bekommen nun die Anweisung, sich über die empfundenen Unterschiede unter den beiden Bedingungen (geschlossene versus offene Augen) zu unterhalten.

☞ Anschließend werden die Ergebnisse der Paare im Plenum diskutiert.

Dauer ⊕ Ca. 25 Min.

Teilnehmer Zwei

Trainer ➲ Führt in die Thematik ein und achtet auf die Regeln und Zeitvorgaben

Material/ Unterlagen/ Vorbereitung ✍ Evtl. Liste mit Themen, um den Prozeß der Themenfindung abzukürzen

160

Auswertung

✓ Was fehlte Ihnen bei der Diskussion mit geschlossenen Augen?
✓ Gab es einen Unterschied in Ihrem Verhalten, nachdem Sie die Augen öffnen durften?
✓ Was mußten Sie unter der Bedingung „geschlossene
Augen" an fehlender Wahrnehmung ausgleichen?
✓ Hat die Wahrnehmung des Partners, in der Variante
mit geöffneten Augen, zu einem besseren Verstehen
des Gegenübers geführt und warum?
✓ Welche Erkenntnisse haben Sie für Ihr Kommunikationsverhalten?

Variationen   Keine

Name	Partner-Feedback	H 5

Stichwort Feedback im Rahmen von Seminaren; personenbezogenes Feedback; geregelte Rückmeldung

Ziel Geben und Nehmen von Feedback

Typ Übung

Ort Ruhiger, störungsfreier Ort

Mitwirkende Teilnehmer an Seminaren zur Persönlichkeitsentwicklung; Teilnehmer an Kommunikationsseminaren

Durchführung ☞ Einleitung durch den Trainer:

„Feedback bezieht sich auf die Rückmeldung von Verhalten sowie die gewonnenen Eindrücke, die wir von anderen Menschen haben. Diese Erfahrungen beeinflussen unser Verhalten anderen Personen gegenüber sehr stark. Daher ist es wichtig, anderen eine Rückmeldung darüber zu geben, wie sie durch ihr Auftreten und ihre Handlungen auf uns wirken. Dasselbe gilt selbstverständlich auch für uns selbst. Nur wenn wir eine Rückmeldung zu unserer Wirkung auf andere bekommen, können wir Änderungen herbeiführen. Im Rahmen der folgenden Übung bitte ich Sie, sich zu Paaren zusammenzufinden und Ihrem Partner ein Feedback zu geben, wie Sie ihn in der Veranstaltung erlebt haben. Melden Sie bitte zwei positive und zwei verbesserungsfähige Punkte zurück. Um Ihnen das Feedback zu erleichtern, können Sie die beiliegenden Formulierungshilfen benutzen. Bevor wir beginnen, möchte ich allerdings noch die Regeln für ein Nehmen und ein Geben von Rückmeldungen besprechen."

☞ Der Trainer teilt die Regeln aus und bespricht sie mit den Teilnehmern.

☞ Anschließend bittet er die Gruppe, sich in zwei Stuhlreihen gegenüberzusetzen und sich einen Partner zu suchen. Es beginnt eine Person aus der linken Reihe damit, sich einen Feedback-Partner zu wählen. Danach kommt jemand aus der rechten Reihe dran usw., bis alle einen Partner haben. Die Partner setzen sich vis-à-vis.

☞ Haben sich die Partner gefunden, kann zunächst eine Besinnungsphase von 5 Minuten eingeschoben werden, in der die Teilnehmer über ihren Partner nachdenken können.

☞ Das Feedback beginnt direkt im Anschluß an diese Phase, indem das erste Paar damit beginnt, sich vor der Gesamtgruppe ihre Rückmeldungen zu geben. Dabei achtet der Trainer darauf, daß jeweils zwei positive und zwei negative Punkte rückgemeldet und die Regeln beachtet werden.

☞ Sind alle Paare mit ihren Rückmeldungen durch, wird die Übung durch den Trainer beendet.

Dauer	🕐 Pro Paar ca. 10 Minuten. Die Gesamtlänge hängt von der Größe der Gruppe ab.
Teilnehmer	max. 12 Teilnehmer durch zwei teilbar
Trainer	➲ Er führt in die Thematik ein, ➲ teilt die Unterlagen aus und ➲ achtet auf die Einhaltung der Regeln und Zeitvorgaben.
Material/ Unterlagen/ Vorbereitung	📖 Feedback-Regeln 📖 Formulierungshilfen
Auswertung	✓ Welche Hinweise habe ich durch die Rückmeldung des Fremdbildes erhalten? ✓ War es schwer, dem Partner eine Rückmeldung zu geben?
Variationen	Die anderen Teilnehmer dürfen das Feedback des Partners ergänzen.

📖 Material zur Übung H 5

Regeln für den Feedback-Nehmer

1. Hören Sie zunächst nur zu.

Um zu verstehen, was Ihr Gesprächspartner Ihnen mitteilen will, müssen Sie zunächst aufmerksam zuhören. Dies bedeutet, sich ganz auf den Feedback-Geber einzustellen und genau hinzuhören, ohne beim Zuhören schon die Gegenargumente vorzubereiten. Nur wenn Sie eine ungeteilte Aufmerksamkeit haben, können Sie auch zwischen den Zeilen wahrnehmen.

2. Rechtfertigen Sie sich nicht, und geben Sie keine Kommentare.

Denken Sie über das Gesagte zunächst im Sinne der „Preußischen Beschwerdeordnung" nach, vielleicht ist an der Rückmeldung doch etwas dran. Jede Beobachtung ist eine wichtige Information. Natürlich werden Sie zunächst einiges „schlucken" müssen, aber denken Sie daran, daß es Ihnen helfen kann, Ihren „blinden Fleck" zu verkleinern. Schließlich und endlich heißt es, „Feedback" entgegenzunehmen und nicht, alles zu akzeptieren.

163

3. Lassen Sie sich Rückmeldungen wenn nötig präzisieren oder mit Beispielen versehen.

Lassen Sie sich Beobachtungen präzisieren und nachvollziehbar beschreiben. Vielleicht hat Ihr Gesprächspartner bzgl. Ihres Verhaltens nur ein diffuses Gefühl, das er nicht klar genug beschreiben kann. Auch ist es möglich, daß der eine oder andere dazu neigt, seine Beobachtungen zu generalisieren.

4. Fragen Sie nach, wenn Sie etwas nicht verstanden haben.

Hinterfragen Sie Sachverhalte, wenn Sie diese nicht nachvollziehen können. Nachfragen und die Bitte um Beispiele sind hilfreich, das Gesagte besser zu verstehen und geben dem Feedback-Geber das Gefühl, daß seine Mitteilung „richtig" angekommen ist.

5. Teilen Sie dem Gesprächspartner Ihre Reaktion mit, wenn Sie betroffen, erstaunt oder sonstwie emotional berührt sind.

Melden Sie zurück, wie das Feedback bei Ihnen angekommen ist, wie Sie es verstanden und sich selbst dabei erlebt haben. Nur wenn der andere, der Ihnen eine Rückmeldung gibt, mitbekommt, wie Sie darauf reagieren, wird er nicht verunsichert sein.

6. Bedanken Sie sich für die Rückmeldungen.

Wenn Sie sich für die Hinweise und Beispiele bedanken, zeigt dies nicht nur, daß Sie die Signale aufgenommen haben; zusätzlich drückt es Ihren Respekt vor der Courage des Gesprächspartners aus.

📖 Material zu Übung H 5

Regeln für den Feedback-Geber

1. Rückmeldungen über Verhalten sollen ausführlich und beschreibend sein, nicht bewertend.

Die Beschreibung von Verhalten und nicht die Bewertung der Person, die das Feedback erhält, steht bei dieser Regel im Vordergrund. Geben Sie dem Feedback-Nehmer die Chance, das rückgemeldete Verhalten durch konkrete Beispiele nachvollziehen zu können. Schildern Sie Ihre Wahrnehmungen und Gefühle, die das Verhalten des Feedback-Nehmers bei Ihnen ausgelöst hat. Verhaltensbeschreibung ist leichter anzunehmen als die Kritik an der Person.

2. Machen Sie bei Ihrer Rückkoppelung deutlich, wenn Sie persönliche Wahrnehmungen, Gefühle oder auch Vermutungen ansprechen.

Senden Sie nach Möglichkeit keine „Du-Botschaften", sondern „Ich-Botschaften". Vermeiden Sie also das „man" oder „wir", denn Sie können nur für sich selbst sprechen, wenn Sie über Wahrnehmungen, Gefühle und Vermutungen reden. Trennen Sie Ihre Beobachtungen deutlich von Ihren Vermutungen. Also: „Ich habe beobachtet, daß ... und vermute ...!".

3. Vermeiden Sie Verallgemeinerungen wie z. B. nie, ständig, immer oder jedesmal.

Verallgemeinerungen wie z. B. „immer" verstärken den Eindruck, daß ein bestimmtes Verhalten, das bisher vielleicht ein- oder zweimal aufgetreten ist, einen Dauerzustand darstellt.

4. Formulieren Sie annehmbar und umkehrbar.

Was Sie dem Gegenüber zurückmelden, sollte dieser auch dem Ton nach Ihnen zurückgeben können, ohne daß Sie sich herabgesetzt, verärgert oder sonst irgendwie persönlich getroffen fühlen. Umkehrbar sind somit Formulierungen, die von beiden Seiten verwendet werden können.

5. Äußern Sie Wünsche zum künftigen Verhalten des Feedback-Nehmers.

Präzisiert wird ein Feedback, indem Sie ganz konkrete Wünsche äußern sowie Tips und Hinweise geben, was der Gesprächspartner künftig anders bzw. was beibehalten soll. Vermeiden Sie es jedoch, einen „Veränderungszwang" auszulösen, schließlich und endlich entscheidet jeder Feedback-Nehmer selbst darüber, ob er sich ändern möchte oder nicht. Achten Sie deshalb sorgsam darauf, daß Ihr Feedback nicht zu stark die Richtung der Änderung vorgibt, um dem Feedback-Nehmer Entscheidungs- und Handlungsspielraum zu lassen. Mit einer Bitte oder einem Wunsch, die entsprechend formuliert sind, wird meist mehr erreicht als durch starres Fordern.

✎ Material zur Übung H 5

Formulierungshilfen für ein Feedback

„Ich mag besonders an Ihnen, daß …"

„Was ich an Ihnen beobachte, ist …"

„Ich schätze an Ihnen …"

„Ich wünsche mir von Ihnen mehr …"

„Es wäre schön, wenn unsere Beziehung …"

„Mich stört manchmal an Ihnen, daß …"

„Heute ist mir an Ihnen aufgefallen …"

„Für uns beide wünsche ich mir, daß wir künftig …"

„Ich würde mich freuen, wenn …"

„Ich finde es schade, daß …"

„Von Ihnen habe ich gelernt …"

Name	Rollen-Feedback	H 6

Stichwort Feedback; Selbsterfahrung

Ziel Personenbezogene Rückmeldung; Zuschreibungen von individuellen Eigenschaften; Rückmeldung von Verhalten; Erlernen des Gebens und Nehmens von Feedback

Typ Übung

Ort Beliebig

Mitwirkende Teilnehmer an Seminaren oder Trainings zur Persönlichkeitsentwicklung bzw. Kommunikation

Durchführung ☞ Einführung durch den Trainer:

„Bei der folgenden Übung geht es darum, mehr über die Wirkung der eigenen Person zu erfahren. Auf vorliegendem Arbeitsblatt finden Sie unterschiedliche Rollenbeschreibungen, die sich auf die verschiedensten sozialen Aspekte der Zusammenarbeit und des Zusammenlebens beziehen. Denken Sie bitte zunächst darüber nach, welche Rolle Ihnen die übrigen Teilnehmer der Gruppe wohl zuschreiben werden, und tragen Sie diese Wahl in die dafür freigelassene Zeile ein (eigene Wahl). Begründen Sie bitte auch Ihre Einschätzung. Ordnen Sie anschließend die anderen Rollen den übrigen Gruppenmitgliedern zu, und begründen Sie jeweils Ihre Entscheidung. Wenn alle fertig sind, wollen wir uns gemeinsam über Ihre Einstufungen unterhalten."

☞ Jeder Teilnehmer erhält das Arbeitsblatt „Rollen-Feedback".

☞ Der Trainer erklärt die Aufgabe und gibt für das Ausfüllen 20 Minuten Zeit.

☞ Anschließend werden die Einstufungen nacheinander ausgetauscht. Dazu beginnt einer der Teilnehmer, indem er seine vermutete Rollenprojektion seitens der Gruppe bekanntgibt. Die anderen bittet er sodann, ihre Rollenprojektionen bzgl. seiner Person darzulegen und zu begründen.

☞ Der Feedback-Nehmer kann Rückfragen stellen und um Präzisierungen bitten.

☞ Sind alle Gruppenmitglieder mit ihren Rollenzuschreibungen durch, fragt der Moderator den Feedback-Nehmer, ob er die getroffenen Rollenzuweisungen akzeptieren kann oder ob er ein anderes Bild von sich hat.

☞ Danach gibt das nächste Gruppenmitglied seine Wahl bekannt und bittet um Feedback. Dieser Prozeß setzt sich fort, bis alle Teilnehmer ihre Rückmeldungen erhalten haben.

Dauer   🕐 Ca. 120 bis 150 Minuten

Teilnehmer   Bis 12 Teilnehmer

Trainer   ➲ Er führt in die Übung ein, nimmt aber selbst nicht daran teil.

Material/
Unterlagen/
Vorbereitung
   ✂ Ausreichend Stühle, um einen Stuhlkreis bilden zu können
   ✂ Namensschilder, um die Zuordnung zu erleichtern
   ✎ Arbeitsblatt *„Rollen-Feedback"*

Auswertung   ✓ Fragen zur Auswertung nach dem Feedback:

– Was war für Sie neu an den Rückmeldungen?
– Gab es mehr Übereinstimmungen bei den Rollenzuweisungen oder eher Differenzen?
– Haben Sie sich so eingeschätzt, wie es das Feedback nahelegt?
– Harmoniert Ihr Selbstbild mit den Fremdbildern der Gruppe?

Variationen   Es ist durchaus möglich, mehr Teilnehmer an dieser Übung teilnehmen zu lassen, jedoch muß ein entsprechender Mehraufwand an Zeit berücksichtigt werden.

✎ Arbeitsmaterial zur Übung H 6

Rollen-Feedback

Die Rollen:

Trainer	einer Sportgruppe
Leiter	eines Arbeitsteams
Platznachbar	auf einem Überseeflug, um ihn/sie im Gespräch besser kennenzulernen
Mitstreiter	bei einer heftigen Diskussion
Geschäftspartner	in einer gemeinsamen Firma
Partner	beim Lösen kniffliger Probleme
Gefährte	auf einer einsamen Insel
Begleiter	bei einer kulturellen Veranstaltung
Mitarbeiter	zur Erledigung einer wichtigen Aufgabe
Ratgeber	bei persönlichen Schwierigkeiten

Eigene Rollenzuweisung

Ich vermute, die Mehrzahl der Gruppenmitglieder wird mir die Rolle . . . zuweisen.

Begründungen   . . . .

167

Rollenzuweisung an die anderen Teilnehmer

Hinweis: Jedem Gruppenmitglied darf nur *eine* Rolle zugewiesen werden. Einzelne Rollen können aber mehrfach an verschiedene Teilnehmer vergeben werden.

Rolle: **Name:**

Trainer ....

Begründung: ....

Leiter ....

Begründung: ....

Platznachbar ....

Begründung: ....

Mitstreiter ....

Begründung: ....

Geschäftspartner ....

Begründung: ....

Partner ....

Begründung: ....

Gefährte ....

Begründung: ....

Begleiter ....

Begründung: ....

Mitarbeiter ....

Begründung: ....

Ratgeber ....

Begründung: ....

Name	Individuelle Ausstrahlung	H 7

Stichwort   Wirkung der Körperhaltung; nonverbales Feedback

Ziel   Geben und Nehmen von Feedback zur Körperhaltung und Ausstrahlung

Typ   Übung

Ort   Störungsfreier Ort mit beweglichem Mobiliar

Mitwirkende   Teilnehmer an Seminaren oder Trainings zur Persönlichkeitsentwicklung bzw. Kommunikation

Durchführung   ☞ Einleitung durch den Trainer:

> „Unstimmigkeiten zwischen unseren Aussagen und unserer Gestik, Mimik oder Körperhaltung versuchen wir oft zu verbergen. Obwohl die Körperhaltung im Gegensatz zu unseren sogenannten „autonomen Reaktionen" wie rot werden oder eine brüchige Stimme bekommen, leichter zu kontrollieren ist, kostet dieses Verbergen unseres wahren psychischen Zustandes meist viel Energie und blockiert uns. Letztendlich bemerkt unser Gesprächspartner die Diskrepanz doch recht schnell. Allein Ihre Körperhaltung kann auf andere wie ein offenes Buch wirken, aus dem problemlos gelesen werden kann. Um Ihnen dies zu verdeutlichen, möchte ich Sie nun bitten, sich einen Partner zu suchen, um eine Übung durchzuführen, die Ihnen eine Rückmeldung über Ihre individuelle Ausstrahlung gibt."

☞ Nachdem sich die Paare gefunden haben, bittet der Trainer die Partner, sich ca. 1,50 m entfernt voneinander gegenüberzustellen. Beide einigen sich darauf, wer A und wer B ist und schließen die Augen.

☞ Anschließend gibt der Trainer eine weitere Anweisung:

> „Nun stellt sich Partner A bitte so hin, wie er dies tut, wenn er bequem stehen will. Geben Sie bitte kurz Bescheid, wenn Sie glauben, diese Stellung gefunden zu haben."

☞ Wenn A nun in dieser Position verharrt, wird er vom Trainer gebeten, B diese Haltung zu beschreiben, damit sie B einnehmen kann. Dazu soll A seinen Körper vom Kopf her durchgehen, d. h. angeben, ob der Kopf geneigt ist oder nach vorne hängt, ob die Schultern locker sind oder eher hochgezogen, ob der Oberkörper gebeugt oder in der Hüfte gedreht ist oder der rechte bzw. der linke Fuß vorne steht usw.

☞ B, der die Augen nach wie vor geschlossen hält, nimmt nun schrittweise die Körperhaltung von A ein,

169

ohne A sehen zu können. Dabei kann er die Haltungen der Arme, Beine usw. ruhig etwas extremer darstellen. Schließlich bleibt er nach dem Ende der Anweisungen so stehen.

☞ A darf nun seine Augen öffnen und die von ihm geschaffene „Skulptur" anschauen. Dazu darf A um B herumgehen und B von allen Seiten betrachten.

☞ Danach fragt der Trainer

- wie diese Haltung auf A wirkt,
- wo sie Verspannungen und Blockaden sehen läßt,
- wem gegenüber diese Haltung angebracht und
- wo sie deplaziert ist.

☞ Danach wird die Übung mit vertauschten Rollen noch einmal durchgeführt.

Dauer	⏱ Ca. 20 Minuten
Teilnehmer	Zwei
Trainer	➲ Er führt in die Übung ein. ➲ Er achtet auf die Einhaltung der Regeln.
Material/ Unterlagen/ Vorbereitung	Keines/Keine
Auswertung	✓ Welche Hinweise habe ich durch die Darstellung meiner Körperhaltung erhalten?
Variationen	Keine

Name	Zuwendung	H 8

Stichwort	Beratung; Aufmerksamkeit; Zuwendung; Kommunikation	
Ziel	Erkennen, was Zuwendung auf der nicht-sprachlichen Ebene bedeutet; erkennen, wie sich Zuwendung in Haltung, Gestik, Mimik, Stimmlage und Betonung zeigt	
Typ	Übung	
Ort	Störungsfreier Raum	
Mitwirkende	Teilnehmer aus Gruppen, Seminaren und Trainings zum Thema Führung, Beratung, Gesprächsführung	

Durchführung   ☞ Einführung durch den Trainer:

„Unsere Haltung, Gestik und Mimik senden nicht-sprachliche Signale an unsere Gesprächspartner aus. Zweck dieser Übung ist es, Ihnen zu zeigen, was Sie am Empfinden unseres Gegenübers ablesen können. So können wir im Gespräch anhand nicht-sprachlicher Reaktionen des Gesprächspartners prüfen, ob wir ihm uneingeschränkt zugewandt sind oder nicht. Zunächst möchte ich Ihnen die Grundelemente physischer Zuwendung verdeutlichen. Sie zeigen sich wie folgt" (zeigt einen Flipchart-Aufschrieb):

- direktes Gegenübersitzen
- eine offen Haltung, also nicht defensiv wirken
- hin und wieder Neigen des Körpers zum Gesprächspartner
- Blickkontakt
- entspannte Körperhaltung

☞ Der Trainer teilt in der Folge die Gruppe in Kleingruppen à vier Personen auf (Teilnehmer A, B, C, D).

☞ A und B werden gebeten, ein fünfminütiges Gespräch über menschliche Kommunikation zu führen und dabei aufeinander einzugehen und ein redliches Bemühen zu zeigen, den anderen verstehen zu wollen.

☞ C und D übernehmen die Rollen der Beobachter und machen sich freie Notizen über das Zuwendungsverhalten der Agierenden.

☞ Der Trainer bittet die Teilnehmer nach fünf Minuten, die Gespräche zu beenden. Die Beobachter geben nun A und B Feedback zu deren Zuwendungsverhalten. Dabei lassen sie sich von den vorgegebenen Kriterien für Zuwendungsverhalten leiten (max. fünf Minuten).

☞ Nach dieser Rückmeldung werden für einen zweiten Durchgang die Rollen vertauscht.

☞ Haben alle vier Teilnehmer die Übung absolviert, initiiert der Trainer einen kurzen Austausch im Plenum.

Dauer   🕒 Ca. 30 Minuten insgesamt

Teilnehmer   Vier

Trainer

➲ Er führt in den Ablauf ein und erklärt die Kriterien für ein zugewandtes Verhalten.

➲ Er ist Beobachter der einzelnen Gruppen, um nötigenfalls Hilfe geben zu können.

➲ Er gibt bei der Auswertung darauf acht, daß die Beobachter nicht interpretieren („A hat sich so und so verhalten, weil er/sie ...").

Beispiele für Beobachtungen:

– „Während des Gesprächs hast du deine Hände zwischen deine Schenkel geklemmt und dich nicht mehr bewegt."

– „Du hast dauernd mit deinen Fingern auf die Stuhllehne geklopft."

– „Wenn du was gesagt hast, hast du B überhaupt nicht angesehen."

Material/ Unterlagen/ Vorbereitung   ꝰ Liste mit Kriterien für zugewandtes Verhalten (Notizen auf Flipchart)

Auswertung

✓ Der Trainer bittet die Teilnehmer zunächst, einige Beobachtungen zu berichten und versucht, Gemeinsamkeiten herauszuarbeiten. Danach läßt er sich beschreiben, wie die Situation als Gesprächsteilnehmer empfunden wurde.

Variationen   Beliebig modifizierbar

172

Name	Nasführen	H 9

Stichwort   Beraterverhalten; Direktives Verhalten in der Beratung

Ziel   Erfahren und Erkennen von Fehlverhaltensweisen in der Beratung

Typ   Übung

Ort   Ausreichend Platz, um im Raum umherlaufen zu können

Mitwirkende   Teilnehmer aus Gruppen, Seminaren und Trainings zum Thema Führung und Beratung

Durchführung   ☞ Mit dieser Übung wird die Wirkung von autoritärem und direktivem Verhalten sicht- und erlebbar, so daß sich ein Transfer auf das Verhältnis zwischen Berater und Ratsuchendem, im Sinne eines zu vermeidenden Beraterverhaltens, ergibt.

☞ Die Teilnehmer werden gebeten, sich einen Partner zu suchen. Beide sollen sich darauf verständigen, wer „A" und wer „B" ist.

☞ Die Teilnehmer erhalten anschließend folgende Anweisung durch den Trainer:

„Person A erhebt nun ihren Zeigefinger und hält ihn B ca. 20 cm vor die Nase. Der Finger von A zieht quasi an einem unsichtbaren Nasenring von B. Dieser hat die Aufgabe, dem Zeigefinger durch den Raum zu folgen und alle Bewegungen mitzumachen, auch wenn es unter Tischen hindurch und über Stühle hinweg geht. Während der Übung dürfen beide nicht sprechen."

☞ Nach 5 Minuten wird die Übung abgebrochen und in den zweiten Teil eingeführt: Dieser besteht aus der gleichen Aufgabe, allerdings mit dem Unterschied, daß A nun aus der Ferne lenkt, d.h. der Zeigefinger wird nun in einem Abstand von ca. 2 m oder auch mehr geführt. B folgt nun wieder den Bewegungen des Fingers, indem er auch den Kopf in die jeweils gezeigte Richtung bewegt. Nach weiteren 5 Minuten endet auch diese „Fernlenkung".

☞ Nach diesen beiden Durchgängen werden die Rollen getauscht und beide Varianten erneut durchgespielt.

☞ Danach findet unter Anleitung des Trainers die Auswertung statt.

Dauer   🕐 Ca. 30 Minuten

Teilnehmer   Zwei

Trainer   ➲ Er führt in die Aufgabe ein und stoppt die Zeit.

➲ Er achtet auf das Gebot, während der Übung zu schweigen.

➲ Er wertet die Übung gemeinsam mit den Teilnehmern im Plenum aus.

Material/ Unterlagen/ Vorbereitung Keines/Keine

Auswertung

✓ Welche Gefühle hatten die Übenden in den verschiedenen Rollen und Bedingungen?

✓ Was ging Ihnen bei der Übung durch den Kopf?

✓ Wie läßt sich die Übung auf das Verhältnis von Berater zu Ratsuchendem übertragen?

Variationen Beliebig modifizierbar

Name	Wertschätzung	H 10

Stichwort Beratung; Wertschätzung; Zuwendung; Kommunikation

Ziel Erkennen von Ursachen mangelnder Wertschätzung eines Gesprächspartners; Veränderung mangelnder positiver Wertschätzung

Typ Einzel- und Gruppenarbeit

Ort Ruhiger Raum

Mitwirkende Teilnehmer aus Gruppen, Seminaren und Trainings zum Thema Führung, Beratung, Gesprächsführung

Durchführung ☞ Einführung durch den Trainer:

„Wenn Sie in der Situation sind, andere Menschen zu beraten, gilt es, für ein Gespräch effektive Haltungen einzunehmen. Eine wichtige ist die positive Wertschätzung. Sie beschreibt die Haltung eines Beraters, die an keine Bedingung gebunden ist. Sie beinhaltet, daß ein Ratgeber, der einen Ratsuchenden berät, in der Lage sein sollte, sein Gegenüber auch dann zu akzeptieren und wertzuschätzen, wenn dieser beispielsweise Meinungen oder Bedürfnisse äußert, die dem Berater mißfallen. Gleiches gilt für Gefühle bzw. Verhaltensweisen, die ihm fremd sind. Wenn uns positive Wertschätzung nicht gelingt, ist es notwendig, darüber nachzudenken, warum dies so ist und wie es geändert werden kann. Vorliegendes Informationsblatt „Positive Wertschätzung" führt Sie in die Merkmale der Haltung etwas ausführlicher ein. Das Arbeitsblatt „Überwindung geringer Wertschätzung" bietet Ihnen eine Grundlage für eine bewußte Reflexion dieser Haltung an. Ich bitte Sie, beide Blätter in den nächsten 20 Minuten zu bearbeiten. Anschließend tauschen Sie sich bitte in Vierergruppen über Ihre Erkenntnisse aus."

☞ Jeder Teilnehmer erhält das Informations- und das Arbeitsblatt zur Bearbeitung.

☞ Nach Ablauf der Zeit finden sich die Teilnehmer in Vierergruppen zum Austausch zusammen.

Dauer ◷ Für die Einzelarbeit ca. 20 Minuten
◷ Für den Austausch in der Gruppe 15 Minuten

Teilnehmer Vier

Trainer ➲ Er führt in den Ablauf ein und erklärt die Haltung der positiven Wertschätzung.
➲ Er gibt die Blätter aus und steckt den Zeitrahmen ab.
➲ Er gibt Fragen für die Auswertung vor.

Material/ Unterlagen/ Vorbereitung	📖 Informationsblatt *„Positive Wertschätzung"* ✎ Arbeitsblatt *„Überwindung geringer Wertschätzung"*
Auswertung	Der Trainer kann die Fragen zur Gruppendiskussion auf das Flipchart schreiben und gut sichtbar für alle im Raum aufhängen oder auch mündlich weitergeben:

✓ Welche Gründe für eine geringe Wertschätzung gibt es?
✓ Handelt es sich bei allen um ähnliche Ursachen?
✓ Gibt es große Unterschiede in den Begründungen?
✓ Versuchen Sie, Gemeinsamkeiten bei den Strategien für eine positivere Wertschätzung herauszufinden.

Variationen Beliebig modifizierbar

📖 Informationsmaterialien zur Aufgabe H 10

Positive Wertschätzung

Positive Wertschätzung beschreibt eine Haltung eines Beraters, die an keine Bedingung gebunden ist. Sie beinhaltet, daß ein Ratgeber, der einen Ratsuchenden berät, in der Lage sein sollte, sein Gegenüber auch dann zu akzeptieren und wertzuschätzen, wenn dieses beispielsweise Meinungen oder Bedürfnisse äußert, die ihm mißfallen. Gleiches gilt für Gefühle bzw. Verhaltensweisen, die ihm fremd sind. Dies ist sicher nicht immer leicht, vor allem, wenn der Berater „echt" sein will.

Auf einen Nenner gebracht bedeutet *positive Wertschätzung* eines ratsuchenden Gesprächspartners, ihn als einmalige und wertvolle Person zu respektieren.

Wertschätzung eines Ratsuchenden sollte von diesem auch wahrgenommen werden können. Durch *gezielte und ehrliche gefühlsmäßige Anteilnahme* an Schwierigkeiten, Problemen oder Ängsten des Ratsuchenden wird diese Wertschätzung authentisch rückgekoppelt.

Beispiel:

Ratsuchender: „Seitdem ich im Assessment-Center so schlecht abgeschnitten habe, ist mit meinem Selbstwertgefühl nicht mehr viel los!"
Ratgeber: „Um so etwas zuzugeben, dazu gehört viel Mut. Respekt Herr Müller."

Sympathie, die vom Ratsuchenden wahrgenommen wird, erzeugt schneller das Gefühl, wertgeschätzt zu werden. Was aber, wenn ein Gesprächspartner von einem Berater als weniger sympathisch empfunden wird? Meist nehmen wir bei Personen, die wir als unsympathisch empfinden, deren Schwächen und Unzulänglichkeiten wahr. Ein verstärktes Nachdenken über

176

diese Wahrnehmungen und der Hinweis, daß sich in der Beratungssituation diese Wertschätzung entwickeln kann, sind der erste Schritt, um die Einstellung des Ratgebers zu verändern.

✎ Arbeitsblatt zur Übung H 10

Überwindung geringer Wertschätzung

Häufig denken wir mehr über die *Defizite* unserer Gesprächspartner nach als über ihre Stärken. Versuchen Sie einmal darüber nachzudenken,

- welche Ursachen dafür verantwortlich sind, daß Sie bestimmten Gesprächspartnern nur wenig Wertschätzung entgegenbringen können und
- welche positiven Elemente der Person Ihre Wertschätzung ihr gegenüber verbessern könnte.

Versuchen Sie anschließend in einem imaginären Rollenspiel, Ihrem Gesprächspartner seine *Schwächen und Stärken* vorzuhalten. Wechseln Sie anschließend die Perspektive und nehmen Sie die Rolle Ihres Gesprächspartners ein. Was wird er Ihnen entgegnen? Wie würden Sie darauf antworten?

Tauschen Sie sich bitte anschließend in Vierergruppen über Ihre Erkenntnisse aus dieser Aufgabe aus. Hierzu wird Ihnen der Trainer einige Leitfragen geben.

Für diese Aufgabe haben Sie 20 Minuten Zeit.

Name	Echtheit	H 11

Stichwort	Beratung; Authentizität; Kommunikation
Ziel	Reflexion von mangelnder Echtheit
Typ	Einzel- und Gruppenarbeit
Ort	Ruhiger Raum
Mitwirkende;	Teilnehmer aus Gruppen, Seminaren und Trainings zum Thema Führung, Beratung, Gesprächsführung
Durchführung	☞ Einführung durch den Trainer:

„Von grundlegender Bedeutung für ein erfolgreiches Beratungsgespräch ist es, echt zu sein, dem Ratsuchenden mit Offenheit zu begegnen, damit das Gegenüber Vertrauen fassen und über sich und sein Anliegen berichten kann. Die wichtigsten Punkte zur Echtheit sind in dem Ihnen vorliegenden Informationsblatt „Echtheit" kurz zusammengefaßt. Ihre Aufgabe ist es nun, sich mit Hilfe des Arbeitsblattes „Situationen aus dem Alltag" Gedanken über Situationen zu machen, in denen Sie nicht echt sein können. Ich bitte Sie, beide Blätter in den nächsten 20 Minuten zu bearbeiten. Anschließend tauschen Sie sich bitte in Vierergruppen über Ihre Erkenntnisse aus."

☞ Jeder Teilnehmer erhält das Informations- und das Arbeitsblatt zur Bearbeitung.

☞ Nach Ablauf der Zeit finden sich die Teilnehmer in Vierergruppen zum Austausch zusammen.

Dauer	🕐 Für die Einzelarbeit ca. 20 Minuten
	🕐 Für den Austausch in der Gruppe 15 Minuten
Teilnehmer	Vier
Trainer	➲ Der Trainer führt in den Ablauf ein und erklärt kurz das Konzept der Echtheit
	➲ Er gibt die Blätter aus und steckt den Zeitrahmen ab.
	➲ Er gibt Fragen für die Auswertung vor.
Material/ Unterlagen/ Vorbereitung	📖 Informationsblatt *„Echtheit"*
	✎ Arbeitsblatt *„Situationen aus dem Alltag"*
Auswertung	✓ Der Trainer kann die Aufträge für die Gruppendiskussion auf das Flipchart schreiben und gut sichtbar für alle im Raum aufhängen oder auch mündlich weitergeben.

– „Diskutieren Sie in der Gruppe, welche Auswirkungen das Aussprechen von Gefühlen in einer Beratungssituation hat."

- „In welchen Situationen ist es Ihrer Meinung nach angemessen, Gefühle zu zeigen?"
- „Diskutieren Sie, wann es Ihnen schwerfällt, echt zu sein und wann nicht."

Variationen   Beliebig modifizierbar

📖 Informationsmaterialien zur Aufgabe H 11

Echtheit

Unter Echtheit wird das Bestreben des Beraters verstanden, im Beratungsgespräch dem Ratsuchenden *ehrlich und offen, ohne manipulativen Hintergedanken*, gegenüberzutreten. Es wird nicht gefordert, daß der Ratgeber nun alles sagt, was er denkt und fühlt, aber wenn er sich äußert, sollte es seine Meinungen und seine Gefühle widerspiegeln. Mit Echtheit ist eine hilfreiche und keine destruktive Ehrlichkeit gemeint, die nicht Offenheit um jeden Preis möchte.

Beispiel:

Berater: „Es tut mir leid, daß ich Ihnen hier nicht weiterhelfen kann, aber dies ist ein juristisches Problem, da bin ich leider überfragt!"

✎ Arbeitsblatt zur Aufgabe H 11

Situationen aus dem beruflichen Alltag

Denken Sie bitte an drei Situationen aus Ihrem beruflichen Alltag, in denen Sie anderen gegenüber nicht echt sein können, d. h. in denen nicht immer Ihre wahren Gedanken mit Ihren Gefühlen übereinstimmen:

Situation 1: . . . .

Situation 2: . . . .

Situation 3: . . . .

Überlegen Sie sich nun weitere drei Situationen, in denen es Ihnen leichtfällt, echt, also Sie selbst zu sein:

Situation 1: . . . .

Situation 2: . . . .

Situation 3: . . . .

Suchen Sie sich nun drei weitere Teilnehmer, und tauschen Sie sich anhand der vorgegebenen Leitfragen über Ihre Ergebnisse aus.

179

Name	Empathie	H 12

Stichwort   Beratung; einfühlendes Verstehen; Kommunikation

Ziel   Über das schriftliche Spiegeln wird das einfühlende Spiegeln geübt

Typ   Einzelarbeit

Ort   Ruhiger Raum

Mitwirkende   Teilnehmer an Trainings zum Thema Führung, Beratung bzw. Gesprächsführung

Durchführung   ☞ Einführung durch den Trainer:

„Damit Beratungsgespräche hilfreich sind, sollte der Berater einfühlsam oder empathisch reagieren und Gefühlszustände des Gegenübers zurückmelden. D. h. emotionale Erlebnisinhalte des Gesprächspartners werden sprachlich geäußert (verbalisiert). Dieses Rückmelden von Gefühlen des Ratsuchenden wird auch als „spiegeln" bezeichnet. Wer einfühlend spiegelt, ist wie ein Resonanzkörper für den Ratsuchenden. Dadurch fühlt sich der Gesprächspartner umfassend verstanden. Im Informationsblatt „Empathie" wird ihnen die Bedeutung des einfühlsamen Verstehens noch einmal verdeutlicht. Das Arbeitsblatt „Schriftliches Spiegeln" bietet Ihnen die Möglichkeit, zehn verschiedene Aussagen hinsichtlich des emotionalen Gehalts, verborgener Wünsche und Bewertungen zu spiegeln. Ich bitte Sie, beide Blätter in den nächsten 30 Minuten zu bearbeiten. Anschließend tauschen Sie sich bitte in Vierergruppen über Ihre Erkenntnisse aus."

☞ Jeder Teilnehmer erhält das Informations- und das Arbeitsblatt zur Bearbeitung.

☞ Nach Ablauf der Zeit finden sich die Teilnehmer in Vierergruppen zum Austausch zusammen.

Dauer   🕐 Für die Einzelarbeit 30 Minuten; den Austausch in der Gruppe 20 Minuten

Teilnehmer   Vier

Trainer   ➲ Er führt in den Ablauf ein und erklärt die Haltung des einfühlenden Verstehens und Verbalisierens.

➲ Er gibt die Blätter aus, steckt den Zeitrahmen ab und gibt die Fragen für die Auswertung vor.

Material/ Unterlagen/ Vorbereitung   📖 Informationsblatt *„Einfühlendes Verstehen"*
✎ Arbeitsblatt *„Schriftliches Spiegeln"*

180

Auswertung Der Trainer kann die Fragen zur Gruppendiskussion auf das Flipchart schreiben und gut sichtbar für alle im Raum aufhängen oder auch mündlich weitergeben:

– „Welche Gründe für eine geringe Wertschätzung gibt es?"
– „Handelt es sich bei allen um ähnliche Ursachen?"
– „Versuchen Sie, Gemeinsamkeiten bei den Strategien für eine positivere Wertschätzung herauszufinden."

Variationen Wenig modifizierbar

▣ Informationsblatt zu Aufgabe H 12

Einfühlendes Verstehen (Empathie)

Einfühlendes Verstehen bedeutet, daß der Ratgeber im Gespräch,

– versucht die Situation des Ratsuchenden genau zu verstehen und dessen Sichtweise nachzuvollziehen;
– dem Ratsuchenden dieses einfühlende Verstehen auch zeigt.

Dies setzt jedoch voraus, daß sich der Berater der Subjektivität von Wahrnehmung bewußt ist. Unterschiedliche Perspektiven sind etwas Normales. Unser Nervensystem bestimmt, wie wir unsere Umwelt wahrnehmen und interpretieren. Problemwahrnehmung und -formulierung sind daher immer *subjektiv,* und ein Streit um „die Wahrheit" macht keinen Sinn.

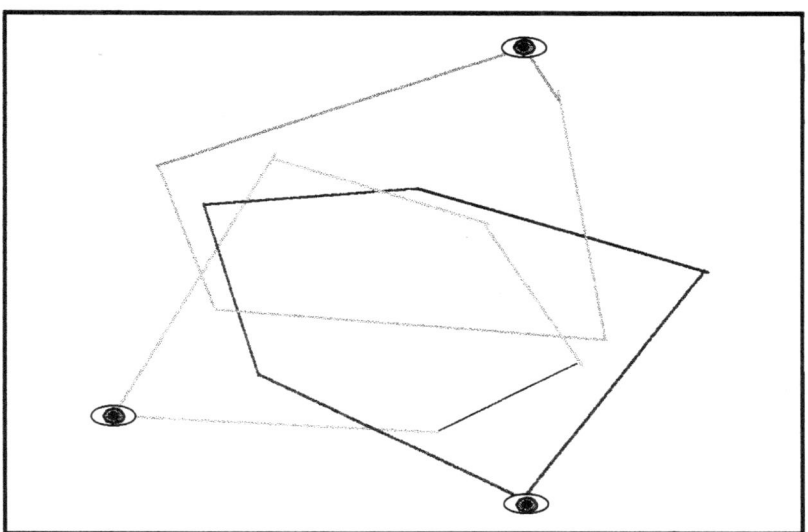

Verschiedene Abgrenzungsmöglichkeiten „desselben" Objektes

Jeder Ratsuchende steuert sein Verhalten und seine Handlungen auf der *Basis seiner individuellen Wahrnehmungen, Erwartungen und Intentionen*. Eine Übereinstimmung mit denen des Beraters muß dabei nicht gegeben sein. Jeder Ratgeber wird bestimmte Sachverhalte aus seiner Perspektive anders sehen als der Ratsuchende. Wichtig ist für ihn als Berater, deutlich zu machen, daß trotz einer gegebenen, unterschiedlichen Sichtweise das Bemühen vorhanden ist, diese Perspektiven zu verstehen, ohne sie für gut oder richtig anzusehen. Der Berater tut gut daran, dem Ratsuchenden nicht seine Vorstellungen aufzudrücken, vielmehr soll die Beratung der Hilfe zur Selbsthilfe des Ratsuchenden dienen.

Einfühlendes Verstehen verlangt von einer beratenden Person, zeitweise die „Brille" des Ratsuchenden aufzusetzen. Dieses „Umschalten" auf eine andere Sichtweise eines Problems oder Sachverhalts ermöglicht es dem Berater auch, *Gefühle* des Gegenübers, etwa die Furcht vor einer bestimmten Situation, wahrzunehmen. Berater sollten daher Gefühle, die sie beim Gesprächspartner wahrnehmen, ansprechen. Meist zeigen sie sich in *nichtsprachlichen Signalen* (Mimik und Gestik). Ob das Verhalten des Ratsuchenden durch den Berater richtig interpretiert wurde, kann dieser an Äußerungen des Hilfesuchenden erkennen (z. B. „Genau, so ist es!" oder „Stimmt, so sehe ich das!").

Ein erster Schritt zum einfühlenden Verstehen besteht darin, dem Ratsuchenden zu verdeutlichen, daß man ein redliches Bemühen um Verstehen zeigt.

Beispiele:

Berater: „Können Sie mir das genauer schildern! Ich möchte Sie gerne richtig verstehen."
Berater: „Ich habe den Eindruck, daß Sie das ärgerlich macht."

Um richtiges Verstehen bemüht zu sein, bedeutet auch, eigene Motive und Bedürfnisse, etwa selbst gehört und verstanden zu werden, bewußt zu reflektieren. Nur die Bewußtmachung ermöglicht eine Kontrolle im Gespräch.

✎ Arbeitsblatt zur Aufgabe H 12

Schriftliches Spiegeln

Versuchen Sie bitte, sich in die nachfolgenden zehn Aussagen verschiedener Personen hineinzuversetzen und zu verstehen, was in diesen Menschen vor sich geht. Machen Sie sich bitte zu jeder Aussage Notizen entsprechend der folgenden Fragen:

⇨ Was würden Sie spontan antworten?
⇨ Wie verbalisieren Sie den Wunsch, der in der Aussage steckt (Wünsche)?
⇨ Wie verbalisieren Sie das Gefühl Ihres Gesprächspartners (Gefühle)?
⇨ Wie verbalisieren Sie die Werte, die in der Aussage verborgen sind (Bewertung)?

Tauschen Sie sich im Anschluß an die Einzelarbeit mit drei weiteren Teilnehmern über Ihre Antworten aus.

1. Ich weiß nicht, ob ich den Schuldendienst bewältige!
2. Der Betriebsrat setzt sich ja doch nicht für uns ein.
3. Verkäufer sind doch alle gleich.
4. Der Vorgesetzte meines Freundes ist eine richtige Führungskraft.
5. Den dauernden Ärger in meiner Abteilung halte ich nicht länger aus.
6. Die Kunden verstehen mich einfach nicht.
7. Bei der Teamsitzung bin ich ordentlich ins Fettnäpfchen getreten.
8. Kein Wochenende hat man seine Ruhe.
9. Ich hoffe nur, daß das mit meiner Prüfung klappt.
10. Bei der Betriebsfeier kann ich richtig aus mir herausgehen, aber sonst?

Name	Beraten will gelernt sein	H 13

Stichwort Beraterverhalten; Fragen stellen; Problemlösen

Ziel Anwenden der Fragetechnik in der Beratung; Vermeiden von Ratschlägen

Typ Übung

Ort Nach Belieben

Mitwirkende Teilnehmer aus Gruppen, Seminaren und Trainings zum Thema Führung, Beratung, Gesprächsführung

Durchführung

☞ Der Trainer führt in das Thema ein, indem er über die Hintergründe zur Übung informiert und die drei Phasen der Beratung erklärt (siehe einführende Gedanken zum Thema „Beratung"!).

☞ Anschließend bittet er die Teilnehmer, Dreiergruppen zu bilden. A ist Berater, B Ratsuchender und C Beobachter. Letzterer achtet darauf, daß die Regeln eingehalten werden. Er gibt im Anschluß an die Beratung dem Ratgeber auch eine Rückmeldung. Dazu orientiert er sich an seinen Notizen im *Beobachtungsbogen.*

☞ Die Teilnehmer bekommen die Aufgabe, mit einem realen Problem, das A (Ratsuchender) betrifft, zu arbeiten. Der Ratgeber (B) darf während des Beratungsgesprächs nur in Frageform kommunizieren, um so den Ratsuchenden zu einer eigenen Lösung für sein Problem zu führen.

☞ Der Berater hat dabei die drei Phasen der Beratung, wie sie eingangs zu diesem Kapitel beschrieben sind, zu beachten. Idealerweise formuliert Rollenspieler B seine Fragen in jeder Phase so, daß der Ratsuchende sein Problem neu formulieren muß. Dadurch bearbeitet er die Problemstellung zwangsläufig tiefer und u. U. aus einer anderen Perspektive.

Wichtig: Es dürfen keine Fragen gestellt werden, die unterschwellig schon eine Lösung anbieten. Hierauf muß der Beobachter achten. Beispiel: *„Haben Sie schon einmal an die Möglichkeit gedacht ...?"*

☞ Im Plenum wird danach eine gemeinsame Auswertung vorgenommen.

Dauer

🕐 Für die Auswahl eines realen Problems ca. 10 Min.
🕐 Durchführung ca. 25 Min.
🕐 Rückmeldung durch den Beobachter ca. 10 Min.

Teilnehmer Drei bis vier (zwei Beobachter bei einer Vierergruppe!)

Trainer	➲ Er gibt die Regeln bekannt und achtet auf ihre Einhaltung.
	➲ Er stoppt die Zeit.
	➲ Er geht von Gruppe zu Gruppe, beobachtet den Prozeß und gibt evtl. Hilfestellung.
Material/ Unterlagen/ Vorbereitung	Beobachtungsbogen für Beobachter
Auswertung	Fragen durch den Trainer:
	✓ Was fiel dem Ratgeber am schwersten?
	✓ Wie hat sich der Ratsuchende in der Situation gefühlt?
	✓ Welche Fehler wurden von den Beobachtern am häufigsten bemerkt? usw.
Variationen	Rollenspiel mit vorgegebenen Rollen, z.B. „Nachfolgeregelung".
	Hier müssen für das Rollenstudium ca. 10 Minuten eingeplant werden.

📖 Materialien für Übung H 13 (Variante)

Rollenspiel „Nachfolgeregelung"

Unterlagen für den Rollenspieler

Sie sind in diesem Rollenspiel der Ratsuchende und erhoffen sich von der Beratung eine Hilfestellung. Da der Berater aus Ihrer Sicht „Fachmann" ist, erwarten Sie entsprechende Ratschläge von ihm. Bitte lernen Sie die Rolle gut, um möglichst authentisch einen Handwerksunternehmer spielen zu können. Hierzu haben Sie 10 Minuten Zeit.

Rolle des Handwerksunternehmers

Sie sind der Handwerksunternehmer Kummer, 55 Jahre alt. Sie haben vor 20 Jahren den Stukkateurbetrieb Ihres Vaters übernommen und daraus einen mittelständischen Baubetrieb mit verschiedenen Gewerken (Maler, Zimmerer, Fliesenleger usw.) für eine ganzheitliche Baubetreuung gemacht. Sie beschäftigen in Ihrem Betrieb sechs kaufmännische und 40 gewerbliche Mitarbeiter, davon fünf Meister. Bauherren, die von Ihnen betreut werden, sind vor allem anspruchsvolle Privatkunden. Ihr Betrieb expandiert auf gesunde Art, so daß Sie mittlerweile in den neuen Bundesländern eine Niederlassung aufmachen konnten (Sachsen).

Seit geraumer Zeit beschäftigt Sie der Gedanke, sich aus der verantwortlichen Leitung des Betriebes zurückzuziehen und das Unternehmen Ihrem Sohn zu übergeben. Dieser ist 30 Jahre alt, verheiratet und hat zwei Kinder im Alter von vier und sieben Jahren. Er hat den Stukkateurberuf gelernt und seinen Meister darin gemacht. Sie haben Ihn seinerzeit bewußt in einer anderen Firma lernen lassen, um einem Vater-Sohn-Konflikt im Betrieb aus dem Wege zu gehen. In seiner Gesellenzeit wurde er zum Lehrlingswart der Innung berufen und nach seiner Ausbildung zum Meister an die überbetriebliche Ausbildungsstätte des Landesinnungsverbandes verpflichtet. Diesen Werdegang Ihres Sohnes hatten Sie bisher als Indiz dafür gesehen, daß Ihr Sohn die Firma übernehmen wird.

Vor ein paar Wochen hatten Sie anläßlich einer Familienfeier das Gespräch mit Ihrem Sohn gesucht und ihn auf die Nachfolge angesprochen. Ihr Sohn lehnte Ihr Angebot dankend ab und verwies darauf, daß er sich in seiner derzeitigen Position wohlfühle und Zeit für seine Familie haben möchte.

Sie sind nun über Ihren Sohn maßlos enttäuscht und zeigen dies auch. Zudem ärgern Sie sich, weil Sie das Thema „Nachfolge" jahrelang vor sich hergeschoben haben. Zum Teil auch aus Angst, eines Tages nicht mehr gebraucht zu werden und in „ein Loch" zu fallen.

Da Sie möchten, daß es mit Ihrem Betrieb weitergeht, haben Sie sich vertrauensvoll an die Handwerkskammer mit der Bitte um eine Beratung gewandt.

Sie haben für das Beratungsgespräch insgesamt 30 Minuten Zeit!

186

Rolle des Beraters

Bitte führen Sie entsprechend der Vorgaben eine Beratung durch. Beachten Sie die Phasen eines Beratungsgesprächs, und versuchen Sie, vor allem mit Fragen zu einer Problemlösung zu kommen. Geben Sie keine Ratschläge und Lösungen vor, sondern stellen Sie die Problemlösefähigkeiten des Ratsuchenden in den Mittelpunkt.

Zur Vorbereitung haben Sie 10 Minuten Zeit.

Sie sind als Berater der Handwerkskammer über einen Anruf mit dem Unternehmer Kummer in Kontakt gekommen. Heute sitzen Sie ihm das erste Mal gegenüber und möchten mit ihm über das Thema „Nachfolgeregelung" sprechen.

Verhalten Sie sich bitte so, wie es ein ideales Beratungsgespräch verlangt.

Sie haben für das Beratungsgespräch insgesamt 30 Minuten Zeit!

✎ Materialien für Übung H 13 (Variante)

Beobachtungsbogen

Hielt der Ratgeber die Phasen während der Beratung ein?

Hat der Berater die wichtigsten Fakten zum Problem erfragt?

Wurden durch den Berater Hintergründe zum Problem erhoben?

Zeigte sich der Berater ungeduldig?

Sprach der Berater Vermutungen aus?

Bewertete der Berater die Aussagen des Ratsuchenden positiv oder negativ?

Moralisierte der Ratgeber?

War der Berater aufmerksam?

Präsentierte der Ratgeber dem Ratsuchenden fertige Lösungen?

Wurden ungefragt Ratschläge erteilt?

Hörte der Berater aktiv zu?

Gab der Ratgeber die Aussagen des Ratsuchenden in eigenen Worten wieder?

8.11 Methoden zum Neuro-Linguistischen Programmieren (NLP)

8.11.1 Was ist NLP?

Die Naturwissenschaftler *John Grinder* und *Richard Bandler* begannen zusammen mit dem Philosophen *Gregory Bateson* in den siebziger Jahren, das Verhalten erfolgreicher Therapeuten zu analysieren, u. a. die Vorgehensweise von *Fritz Perls*, dem Begründer der Gestalttherapie, *Milton Erickson*, dem bekannten Hypnotherapeuten, und *Virginia Satir,* die die systemische Familientherapie begründete. Ihre Analyse, die auch als Master-Modelling bezeichnet wird, erbrachte Gemeinsamkeiten, die sie zu einem neuen, offenen System verdichteten. Vor allem in Verkaufstrainings wird das Verfahren des Master-Modellings angewandt, indem man Spitzenverkäufer beobachtet, um herauszufinden, was der gemeinsame Nenner ihres Erfolges ist. Dieses neue System trägt den Namen *„Neuro-Linguistische Programmierung"* oder kurz *„NLP".*

N steht für **Neuro** und hat mit unserem Nervensystem zu tun, also mit unseren Sinnen Sehen, Hören, Fühlen, Riechen und Schmecken sowie mit dem Erinnern und unseren Phantasien. Damit sind all unsere sinnlichen Erfahrungen gemeint, die wir mit unserem Körper machen, egal in welcher Form.

L bezieht sich auf den Begriff **Linguistisch** und betrifft den Aspekt der Sprache, der sowohl sprachliche als auch nichtsprachliche Anteile einschließt, etwa Gestik, Mimik, Augen, Symbole und Schrift, somit alles, was Informationen übermittelt. Damit ergibt sich ein Zugang zu unseren inneren Erfahrungs- und Erlebniswelten.

P ergibt sich aus dem Wort **Programmieren** und umfaßt den gesamten Lernprozeß aufgrund sinnvoller, aufeinander aufbauender Erfahrungen. Lernen bezieht sich dabei auf neue Wege, hilfreiche und lebensfördernde Entwicklungen in Gang zu setzen sowie weitere Wahlmöglichkeiten bei der Lebensgestaltung zu haben.

8.11.2 Zentrale Begriffe und Techniken

Rapport

Hierunter wird der „gute Kontakt" zwischen Gesprächspartnern verstanden, sowohl auf intellektueller als auch emotionaler Ebene. Ein wichtiger Aspekt ist dabei die Wahrnehmung.

Ein guter Rapport setzt die Kenntnis der Unterschiede in der menschlichen Wahrnehmung voraus, da jeder Mensch Informationen filtert bzw. bestimmte Sinnessysteme bevorzugt. So können Menschen Wahrnehmungen auf unterschiedlichen Repräsentationssystemen abbilden. Es werden im NLP daher folgende Typen unterschieden:

- der visuelle Typ
- der auditive Typ und
- der kinästhetische Typ.

Der **visuelle oder „Augen"-Typ** spricht auffällig oft in Bildern. So finden sich bei den „seh-dominanten" Menschen häufig Äußerungen wie: „Ich stelle mir vor ...", „Ich sehe nicht ein, daß ...", „Ich habe klare Vorstellungen von ...", usw.
Der beste Kontakt zu diesen Menschen wird durch die Verwendung von Bildern erreicht („Können Sie die Schwierigkeiten sehen, die wir mit unserem Projekt derzeit haben?").

Der **auditive oder „Ohren"-Typ** verwendet häufig Sätze wie „Ich höre wohl nicht recht", „Das klingt ja gerade so, als ...", „Sie sagt immer, daß ..." oder „Bei mir klingelts." Hier bietet sich für einen guten Rapport die Verwendung von „hörbezogenen" Worten, Redewendungen und Ausdrücken an.

Der **kinästhetische oder „Gefühl"-Typ** benutzt in seinem Ausdrucksstil Sätze, die „gefühls-dominant" sind. Beispielsweise: „Da kommt ein rauhes Klima auf uns zu", „Hier herrscht eine frostige Atmosphäre", „Ich fühle mich großartig", „Das macht mir Bauchschmerzen." Zugang findet sich zu diesem Typ am besten, indem man gefühlsbetonte Sätze bildet, etwa „Wie fühlen Sie sich in der neuen Position?" Das *Riechen* und *Schmecken* wird von einigen Autoren separat behandelt. In dieser Darstellung wird die sogenannte „olfaktorisch/gustatorische Ebene" (riechen und schmecken) dem kinästhetischen Typ zugeordnet.

Welchen Typ man vor sich hat, verraten nicht nur Sprache, sondern auch die Augen. Bei hirnorganisch normal organisierten Rechtshändern geben die Augenbewegungen darüber Auskunft, welche Wahrnehmungsebene als Repräsentationssystem benutzt wird. Sie lassen Rückschlüsse auf Denk- und Fühlprozesse des Gesprächspartners zu.

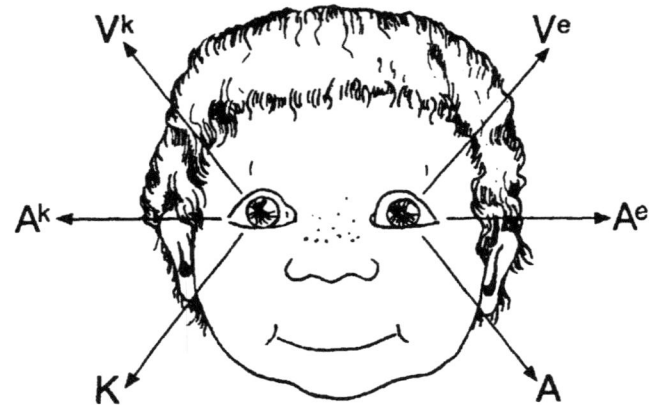

V^k visuelle konstruierte Vorstellungen V^e visuelle erinnerte (eidetische) Vorstellungen

($\,$„Augen defokussiert und unbewegt" ist ebenfalls ein
Hinweis für visuellen Zugang)

A^k auditive konstruierte Klänge/ A^e auditive erinnerte Klänge/Geräusche
Geräusche oder Worte oder Worte
K kinästhetische Empfindungen A auditive Klänge/Geräusche oder Worte
(zusätzlichen Geruch und Geschmack)

Abb. 15: Visuelle Zugangshinweise zu Augenstellungen für einen
„normal organisierten" Rechtshänder aus der Sicht eines
Beobachters. (Quelle: *Bandler u. Grinder*, 1981, S. 43)

Um festzustellen, in welchem Repräsentationssystem sich ein Gesprächspartner befindet, können Testfragen gestellt werden. Beispiele
hierzu:

„Was für eine Farbe hatte Ihr erstes Auto?"
„Wie sieht das Wohnzimmer Ihrer Großmutter aus?"
„Welches Hemd hatten Sie gestern an?"
„Wie würden Sie mit grünen Haaren aussehen?"

Bei solchen Fragen bewegen sich die Augen i.d.R. kurz nach oben
rechts (Ve = visuelle erinnerte Vorstellung), wenn real Erlebtes erinnert wird, oder nach oben links, wenn etwas nicht Existierendes konstruiert wird (Vk = visuell konstruierte Vorstellung).

Allgemeine Fragen wie beispielsweise: „Wie stellen Sie sich Ihre Zukunft vor?", werden meist über unterschiedliche Repräsentationska-
näle angesprochen.

Bewegen sich die Augen waagerecht nach rechts (Ae = auditiv erinnerte Klänge, z. B. Geräusche oder Worte), können dies Antworten der Augen auf Fragen sein wie:

„Wie hört es sich an, wenn Ihr Pfeifkessel pfeift?"
„Was sagte Ihr Chef gestern zuletzt zu Ihnen?"
„Wie hört sich Ihr Lieblingsschlager an?"

Werden hingegen Klänge und Geräusche konstruiert („Komponieren Sie ein kurzes Liedchen"), so werden sich die Augen waagerecht nach links (Ak = auditiv konstruierte Klänge/Geräusche oder Worte) bewegen.

Werden Gefühle, Empfindungen angesprochen etwa mit der Frage „Wie fühlt sich Seide an?" oder „Wie fühlt es sich an, an einem heißen Tag in kühles Wasser zu springen?", bewegen sich die Augen nach links unten, da hier kinästhetische Empfindungen angesprochen werden (K = kinästhetische Empfindungen).

Einen inneren Dialog kann man erkennen, wenn sich die Augen nach rechts unten bewegen (A = auditive Klänge/Geräusche oder Worte). Diese Reaktion erfolgt auf Fragen wie: „Was haben Sie sich selbst gesagt, als Sie sich bei Ihrem letzten Fehler erwischt haben?"

Wird in der Kommunikation und vor allem beim Herstellen eines guten Rapports auf die geschilderten Ausdrücke und Reaktionen geachtet, wissen wir viel genauer, welche Vorstellungen der Gesprächspartner hat, also ob er einen inneren Dialog führt, etwas empfindet oder erinnert.

Pacing

Im NLP bedeutet dies, daß sich eine Person durch ein Angleichen der Körperhaltung, Stimmlage, Wortwahl usw. an den Gesprächspartner „anpaßt" und versucht, „neben im herzugehen", was die eigentliche Übersetzung des Begriffs *Pacing* bedeutet. Damit läuft Pacing auf den Ebenen von Wortwahl bzw. Sprachstil und Körpersprache ab. Hierzu gehören genauso der Tonfall, unter den Lautstärke, Sprachgeschwindigkeit, Sprechrhythmus, Pausen oder Sprachmelodie subsumiert werden.

Leading

Leading wird immer im Kontext mit Pacing verwendet und bedeutet soviel wie führen. Nachdem man seinen Gesprächspartner ein Stück Weges begleitet und Signale gespiegelt hat, wird nun ein Schritt vorausgegangen. Dadurch nimmt man den anderen mit und führt ihn in einen gewünschten Zustand hinein. Dies setzt nicht nur Beweglichkeit im Denken und Handeln voraus, sondern auch Einfühlungsvermögen, Wertschätzung des anderen und die Beachtung ethischer Prinzipien.

Ankern

Hierunter wird das Verankern eines Aspektes verstanden, den wir in einem anderen Menschen „auslösen" möchten. Hierzu stehen sprachliche und körpersprachliche Mittel zur Verfügung. Häufig handelt es sich um Gefühle, die verankert werden. Dies funktioniert wie beim klassischen Konditionieren. Ist erst einmal ein Anker gesetzt, kann der konditionierte Aspekt regelmäßig ausgelöst werden. Diesen Mechanismus macht man sich bei der Behandlung von verschiedenen Formen der Angst zunutze, etwa bei der Flugangst. Dadurch, daß eine ängstliche Person lernt, sich bewußt zu entspannen, z. B. mit Autogenem Training, kann sie an die Stelle der Angst, die durch das Sitzen in einem Flugzeug ausgelöst wird, einen neuen Reiz setzen: den der Entspannung. Im NLP werden körpersprachliche Signale meist mit bestimmten Inhalten verbunden, ohne daß dies dem Gesprächspartner bewußt wird, beispielsweise positive und negative Punkte eines Produktes, das verkauft werden soll. So könnte der Präsentator bei einer Produktvorstellung positive Aspekte immer mit einer Bewegung der rechten Hand begleiten, negative mit der linken. Am Ende seines Vortrages führt der Referent schließlich beide Hände zusammen und löst so die symbolischen Gegensätze, die in den Köpfen der Zuhörer vorhanden waren, auf.

Ressource

Dieser NLP-Begriff meint die im Menschen liegenden Stärken, Neigungen, Fähigkeiten, Begabungen usw. Ressourcen können blockiert oder nicht optimal genutzt sein. Menschen müssen daher befähigt werden, wieder Zugang zu ihnen zu finden, um Schwierigkeiten zu bewältigen und ihre Ressourcen voll zu nutzen. Unter dem Stichwort „Ressourcen" bietet NLP eine Fülle von Anregungen zur Selbsthilfe. Beispiele hierzu:

Sich klare Ziele setzen. Ein klares Ziel setze ich, wenn ich konkret sage, was, wann, mit wem und wie ich etwas will.

Enttäuschungen in neue Ziele verwandeln. Bin ich von Enttäuschung betroffen, habe *ich mich getäuscht* und nicht andere. Es gilt, das Ziel neu, oder wenn vorher nicht geschehen, klar zu definieren.

Hindernisse, Umwege oder Mißerfolge müssen in Herausforderungen und Lernchancen umformuliert werden.

Seinen höchsten Wert im Auge behalten und leben. Voraussetzung für einen positiven inneren Gefühlszustand ist, Kontakt zu unseren höchsten Werten (Liebe, Harmonie, Vertrauen, Respekt ...) zu haben. Häufig verlieren sich die Verbindungen oder werden blockiert, so daß wir unsere Überzeugungen und Werte nicht leben können und an Offenheit und Flexibilität verlieren. Daher gilt es, seine Beziehungen und Kontakte über den inneren Zustand zu beeinflussen. Mittels Tanz, Malen, Meditieren, Musikgenuß oder Natur kommen Menschen in einen guten inneren Zustand. Schwierige Situationen, gepaart mit einem schlechten inneren Zustand, lassen sich daher durch Veränderung der Körperhaltung, Bewegung, Ortswechsel, Pausen, die Rückbesinnung auf Situationen des Wohlbefindens und des Erfolges verändern oder unterbrechen.

Reframing

Bestimmte Dinge, die einer Person Probleme bereiten, werden bei dieser Technik in einen neuen Rahmen (frame) gesetzt, also umgedeutet. Denn, ob ein halb gefülltes Glas *halb voll* oder *halb leer* ist, hängt von meiner Einstellung ab. Das Umdeuten des Kontextes ist die wichtigste Fähigkeit, die vor allem darin besteht, den verborgenen Nutzen einer Störung zu erkennen. So kann eine bestimmte Schwäche auch eine Stärke sein.

Moment of Excellence

Eine besondere Situation, in der die eigenen Stärken, Neigungen, Fähigkeiten, Begabungen, also die Ressourcen, voll bewußt und verfügbar werden und in der sich ein Mensch in einer hervorragenden Verfassung befindet, wird im *NLP „Moment of Excellence"* genannt. Salopp ausgedrückt ist jemand in diesem Zustand „gut drauf".

Wichtig ist, sich diesen Zustand zunutze zu machen und zu erkennen, wie dieser exzellente Zustand auch im Alltag zugänglich gemacht werden kann. Hierzu bietet sich das Ankern an. Im Kontext mit dem Ankern wird in der Regel als erste Übung das Ankern des „Moment of Excellence" bei einer anderen Person geübt. Im Zusammenhang mit dem Selbstmanagement kann dieser Zustand später von der betreffenden Person, die es gelernt hat, diese „kraftvolle Situation" zu konditionieren, mittels Anker auch selbst herbeigeführt werden.

Name	Kontakt aufnehmen	I 1

Stichwort   Rapport herstellen; Körpersprache spiegeln

Ziel   Herstellen von gutem Rapport

Typ   NLP-Übung

Ort   Nach Belieben, jedoch störungsfreie Umgebung

Mitwirkende   Teilnehmer von Gruppen zum Thema NLP oder Kommunikation

Durchführung   ☞ Der Trainer läßt Dreiergruppen bilden. Er bittet jeweils eine Person (A) aus den Gruppen, den Raum zu verlassen. Sie soll sich während ihres Aufenthaltes außerhalb des Raumes eine erlebte Geschichte zurechtlegen, die sie den anderen beiden in ein paar Minuten erzählen kann. Die anderen werden dazu allerdings keine Fragen stellen, sondern nur zuhören. Die Geschichte sollte nicht länger als 5 Minuten dauern.

☞ Nachdem alle, die die Rolle A bei dieser Übung einnehmen, den Raum verlassen haben, erhalten die verbleibenden Gruppenmitglieder (B und C) folgende Anweisung:

„Einigen Sie sich bitte darauf, wer Rolle B und wer Rolle C übernimmt. Während des Gespräches mit A hat Person B die Aufgabe, die Körperhaltung von A zu spiegeln, allerdings möglichst unauffällig, und den Rapport aufzunehmen. Dazu soll sie den Blickkontakt suchen und aufrechterhalten sowie den Atemrhythmus und die Bewegungen imitieren. Durch ein sparsames aber deutliches Nicken, auch an unwichtigen Stellen, macht B seine Aufmerksamkeit deutlich.
C verhält sich dagegen total konträr, d.h. er nimmt immer eine andere Körperhaltung als A ein, meidet den Blickkontakt und macht Bewegungen, die nicht konform mit denen von A sind. Er unterbricht also den Rapport."

☞ Anschließend werden die Teilnehmer, die die Rolle A übernommen haben, hereingeholt. Sie erzählen nun in der Kleingruppe ihre Geschichte.

☞ Die Auswertung im Plenum sollte so gestaltet sein, daß alle A's zunächst berichten, wie sie die Übung erlebt, was sie gefühlt und gemacht haben. Erst danach werden sie über die Rollenanweisung für B und C informiert, d.h. wer von beiden gespiegelt und wer sich gegenläufig verhalten hat. Dann können sie bestimmen, wer ihrer Meinung nach in ihrer Gruppe was getan hat.

☞ In der nächsten Runde werden die C's befragt, wie sie sich dabei fühlten, als sie den Rapport bewußt unterbrechen sollten.

☞ Die letzte Phase der Auswertung bildet die Befragung der B's, die nun ihrerseits berichten sollen, wie sie sich beim Spiegeln der Körperhaltung und der Bewegungen gefühlt haben.

Dauer   🕐 Je nach Größe des Plenum ca. 60 Minuten

Teilnehmer   Nicht mehr als 15 Personen

Trainer   ➲ Führt in die Übung ein
➲ Beobachtet die Paare und greift evtl. unterstützend ein
➲ Wertet im Plenum aus

Material/ Unterlagen/ Vorbereitung   Keines/Keine

Auswertung   s. o.

Variationen   Bedingt modifizierbar

Name	Sprache spiegeln	I 2

Stichwort Rapport; Sprachebenen

Ziel Herstellen von gutem Rapport

Typ NLP-Übung

Ort Nach Belieben, jedoch störungsfreie Umgebung

Mitwirkende Teilnehmer von Gruppen zum Thema NLP oder Kommunikation

Durchführung ☞ Aus der Großgruppe heraus bilden sich Paare, die sich einen gemütlichen Platz im Raum oder außerhalb davon suchen, an dem sie in Ruhe ein Gespräch führen können.

☞ Einführung durch den Trainer:
„Aufgabe ist, sich über ein angenehmes Erlebnis zu unterhalten, z. B. über den letzten Urlaub. Dabei soll herausgefunden werden, welche Sprachebene der andere benutzt. Verwendet der Gesprächspartner vor allem auditive Begriffe, benutzen auch Sie entsprechende Worte. Wechselt der Partner auf eine andere Ebene, z. B. die visuelle, stellen Sie sich bitte darauf ein."

☞ Austausch im Plenum über die Übung

Dauer 🕐 15 Minuten

Teilnehmer Zwei

Trainer ➲ Führt in die Übung ein
➲ Erläutert kurz die Sprachebenen
➲ Beobachtet die Paare und greift evtl. unterstützend ein

**Material/
Unterlagen/
Vorbereitung** Informationsmaterial zu den Sprachebenen

Auswertung ✓ Welchen Einfluß hatte das Eingehen auf die jeweilige Sprachebene beim Partner auf den Austausch?
✓ War es schwer herauszuhören, auf welcher Sprachebene sich der Partner bewegt?
✓ Welche Probleme bereitete die Antwort auf der jeweils analysierten Sprachebene?

Variationen Bedingt modifizierbar

📖 Informationsmaterial zur Übung I 2

Beispiele für drei verschiedene Sprachebenen unterschiedlicher Repräsentationssysteme

Der visuell-dominante Typ: Er bevorzugt Ausdrücke wie: Ich blicke da nicht durch. Das ist ganz klar. Das ist offensichtlich. Das ist ganz klar ersichtlich. Das kann ich mir vorstellen. Ist das einsichtig?

Weitere spezifische Wörter: Ablauf, angesichts, Anschauung, Ausblick, aussehen, beobachten, bezeichnen, sich ein Bild machen, alle Farben, blicken, demonstrieren, erscheinen, es scheint, farbig, Gedankenblitz, gucken, hell, hereinschauen, hervorragend, Hinweis, Horizont, illustrieren, klar, Klarheit, kurzsichtig, lesen, leuchten, offensichtlich, Perspektive, rot sehen, Rückblick, schauen, sehen, Sicht, skizzenhaft, starren, Überblick, überprüfen, übersehen, verschwommen, Vorstellung, zeigen, Gesamtbild, klares Bild, klare Linie, verschiedene Perspektiven, wie Schuppen von den Augen fallen, Licht werfen auf, den Blick werfen auf, Einblick nehmen, Einblick geben, den Durchblick haben, ausmalen, einleuchten, wahrnehmen, gewahr werden, besehen, mustern, durchschauen, fixieren, beäugen, durchsehen, checken, erkennen, das sieht gut aus, klar, finster, trübe, zwielichtig.

Der auditiv-dominante Typ: Er bevorzugt Ausdrücke wie: Das hört sich gut an, was Sie da sagen. Das ist stimmig. Davon habe ich nie gehört. Keine Frage! Das höre ich gern. Da wird viel Geschrei gemacht um nichts.

Weitere spezifische Wörter: Ankündigen, anders ausgedrückt, ausplaudern, ausrufen, aussprechen, artikulieren, behaupten, berufen sein, bekanntmachen, Bericht, brüllen, diskutieren, einstimmen, erklären, fragen, Gesang, Gewäsch, Geschwätz, Gerücht, hörbar, hören, Interview, Klatsch, klingen, kommunizieren, Lästermaul, lauthals, laut, leise, Lärm, mit Pauken und Trompeten, murmeln, Plauderei, plaudern, proklamieren, Ruhe, rufen, sagen, schwatzen, schweigen, schreien, sprechen, Sprechweise, die Stimme erheben, Ton, tönen, verkünden, Klang, Akkord, Knall auf Fall, Explosion, Gehör schenken, zustimmen, gutheißen, einstimmen, übereinstimmen, bejahen, verneinen, klingt überzeugend, mir brummt der Schädel, nicht zu überhören, hellhörig, schwerhörig, deutlich, angenehm klingend, einvernehmlich, vielsagend.

Der kinästethisch-dominante Typ: Er bevorzugt Ausdrücke wie: Da läuft es mir kalt den Rücken runter. Das geht mir unter die Haut. Dafür habe ich ein Gespür. Das ist nicht weltbewegend. Da bekomme ich Herzklopfen. Ich lege lieber alle Karten auf den Tisch. Dort pulsiert das Leben.

Weitere spezifische Wörter: Angreifen, aktiv, anstrengen, begreifen, behandeln, beherrschen, bedrückt sein, berührt sein, bitter, das stinkt mir, duftig, Druck, Eindruck machen, empfinden, entgleisen, erfassen, fassen, festhalten, finden, fischig, folgen, fühlbar, fühlen, gefallen, gehen, Geschmack, glatt, glauben, im Griff haben, handhaben, Hand in Hand, halten, kalt, komfortabel, kontrollieren, kühl, mild, muffig, mögen, packen, packend, rauh, riechen, sauer, scharf, schal, schmecken, schneiden, schwer, stoßen, spürbar, süß, Tiefe, tragen, vergleichen, warm.

197

Name	Spiegeln und führen	I 3

Stichwort	Pacing; Leading; Körpersprache spiegeln
Ziel	Üben von Pacing und Leading
Typ	NLP-Übung
Ort	Störungsfreie Umgebung
Mitwirkende	Teilnehmer von Gruppen zu NLP oder Kommunikation
Durchführung	☞ Es werden aus der Großgruppe heraus Dreiergruppen gebildet. Eine Person übernimmt die Rolle des A, der andere die Rolle B. Teilnehmer C beobachtet das Paar. Alle A's werden zunächst gebeten, den Raum zu verlassen. Nach der Instruktion durch den Trainer werden sie wieder hereingeholt.
	☞ A hat die Aufgabe, möglichst authentisch ein beliebiges, erfreuliches Erlebnis zu schildern, das bei ihm positive Gefühle ausgelöst hat. B soll während des Berichts die Körperhaltung, Stimmlage, Mimik, Gestik usw. von A spiegeln. Nach der positiven Erlebnisschilderung von A, erbittet B eine weitere Geschichte, jedoch mit negativer Erlebensqualität. Auch diese soll möglichst echt beschrieben werden.
	☞ B begleitet A wiederum durch sein Pacen in Gestik, Mimik und Körperhaltung. Hat er dies eine Zeitlang getan, soll er vorsichtig die Körperhaltung einnehmen, die A bei der Schilderung seines positiven Erlebnisses eingenommen hatte. Beobachter C soll vor allem die Phase vom Pacing (begleiten) zum Leading (führen) genau beobachten, um zu prüfen, ob A im körpersprachlichen Ausdruck B folgt und dadurch zu einem besseren Gefühlserlebnis kommt.
	☞ Im Plenum erhalten bei der Auswertung zunächst die A's die Möglichkeit zu berichten, wie sie sich in der Übung gefühlt haben und welche Unterschiede sie in den einzelnen Phasen empfunden haben. Anschließend berichten die Beobachter, wie erfolgreich die B's beim Versuch waren, A zu einem positiveren Gefühlszustand zu führen. Schließlich berichten noch alle B's, wie es ihnen in der Übung ergangen ist und was ihnen leicht bzw. schwer gefallen war.
Dauer	🕐 Je nach Größe des Plenums ca. 60 Minuten
Teilnehmer	Nicht mehr als 15 Personen
Trainer	➲ Führt in die Übung ein, beobachtet die Paare, greift evtl. unterstützend ein und wertet im Plenum aus.
Material/ Vorbereitung	Keines/Keine
Variationen	Nicht modifizierbar

Name	Moment of Excellence	I 4

Stichwort Ankern; Moment of Excellence; kinästhetisches Ankern

Ziel Mobilisieren von Erfahrungen beim Partner, um gesetzte Ziele erreichen zu können; Einüben des Ankerns

Typ NLP-Übung

Ort Störungsfreie Umgebung

Mitwirkende Teilnehmer von Gruppen zum Thema NLP oder Kommunikation

Durchführung ☞ Der Trainer bittet die Teilnehmer, sich zu Paaren zusammenzufinden. Er instruiert sie über das Ziel der Übung, das Setzen eines kinästhetischen Ankers.

☞ Haben sich die Paare gefunden, sollen die Partner festlegen, wer ankert (A) und wer sich ankern läßt (B). Alle B's verlassen zunächst den Raum.

☞ Dann gibt der Leiter folgende Anweisungen:

„Um einen kinästhetischen Anker zu setzen, ist es zunächst einmal wichtig, die Stelle des Körpers, an der geankert werden soll, daraufhin zu überprüfen, ob sie neutral ist, d. h. nicht mit Gefühlen positiver oder negativer Art verknüpft ist. Berühren Sie daher zunächst eine Stelle des Körpers Ihres Partners (B), z. B. Oberschenkel, Hand oder Arm, und lassen Sie sich von ihm berichten, welche Empfindungen er dabei hat. Stellen sich weder gute noch schlechte Gefühle ein, kann diese Stelle zum Ankern verwendet werden. Ist sie bereits mit Gefühlen verbunden, seien sie positiver oder negativer Art, suchen Sie bitte eine neue Stelle.

Lassen Sie dann Ihren Partner sich an drei Situationen in seinem Leben erinnern, in welchen er im Vollbesitz seiner Kräfte und Fähigkeiten war, sich also hervorragend fühlte.

Veranlassen Sie dann Ihren Partner, die Situation auszuwählen, die ihm am besten gefällt. Anhand der ausgeteilten Fragen gehen Sie bitte in Gegenwartsform die Anweisungen durch, um das Erlebnis wieder zu vergegenwärtigen („Wie ist Deine Körperhaltung in dieser Situation?").

Wenn der Partner dann im schönsten Moment der vorgestellten Situation angekommen ist und Sie die Physiologie beobachten können, z. B. eine bestimmte Körperhaltung, gilt es, den Anker zu setzen. Ist es eine starke physiologische Reaktion, so berühren Sie Ihren Übungspartner etwas stärker als bei einer schwachen Reaktion. Bitte beobachten Sie bei Ihrem Vorgehen die Augenbewegungen ihres Gegenübers, um zu prüfen, ob die Vorstellung nun wirklich präsent ist!

Danach bitten Sie A, aus seiner Vorstellungswelt wieder in die Realität zurückzukommen („Kommen Sie/ Du wieder hierher zurück!")

Anschließend führen Sie ein neutrales Gespräch mit Ihrem Partner und versuchen, ihn unauffällig an der Stelle zu berühren, die Sie zuvor geankert haben, um so den Moment of Excellence hervorzurufen."

☞ Nach der Einführung bittet der Trainer die außen wartenden Teilnehmer, die die Rolle des A übernehmen, herein und läßt die Übung beginnen.

☞ Die Auswertung findet im Plenum statt, wenn alle Teilnehmer die Übung beendet haben.

Dauer 🕐 Ca. 60 Minuten

Teilnehmer Nicht mehr als 20 Personen

Trainer ➲ Führt in die Übung ein
➲ Beobachtet die Paare und greift evtl. unterstützend ein
➲ Wertet im Plenum aus

Material/ Unterlagen/ Vorbereitung ✎ Arbeitsblatt „Moment of Excellence"

Auswertung ✓ Wie war das mit der Berührung der Körperstelle, gab es zunächst Probleme, oder hat Ihr Partner gleich eine neutrale Stelle gefunden?
✓ Ist es Ihnen schwer gefallen, sich an eine positive Situation zu erinnern und sich wieder hineinzuversetzen, als würde sie gerade passieren?
✓ Konnte der Moment of Excellence im Anschluß an das neutrale Gespräch aktiviert werden?
✓ Wenn die Übung nicht funktioniert hat, was denken Sie, ist Ursache dafür?

Variationen Dreiergruppen mit einem Beobachter

✎ Material zur Übung I 4

Moment of Excellence

Die vorgestellte Situation vergegenwärtigen (in Gegenwartsform sprechen!)

– Gehe/n Sie/Du nun in die ausgewählte Situation hinein und versuche/n Sie/Du, sie nochmals intensiv mit allen Sinnen zu durchleben.
– Welche Körperhaltung nehmen Sie/nimmst Du dabei ein?
– Was sehen Sie/siehst Du in diesem Moment in dieser Haltung?
– Was gibt es für Klänge, Geräusche, Stimmen, Worte, die Sie/Du hören kannst, während Sie/Du dies alles siehst?
– Nehmen Sie/nimmst Du einen bestimmten Geruch wahr, oder schmecken Sie/schmeckst Du etwas bestimmtes dabei?
– Welche Gefühle stellen sich bei Ihnen/Dir in diesem Moment ein?

Ankern des Moment of Excellence

– Bitte vergegenwärtigen Sie sich/Du Dir noch einmal den entscheidenden Moment dieser Situation. Suchen Sie sich/suche Dir den schönsten Augenblick heraus, auch wenn er kurz ist. Verlängern Sie/verlängere ihn einfach und genießen Sie/genieße ihn ausgiebig.

Unterbrechen der Situation

– „Kommen Sie/komm bitte wieder in die Realität zurück".

Name	Refraiming	I 5

Stichwort	Sprachliches Refraiming
Ziel	Sicherheit im Umformulieren selbstkritischer Äußerungen von Gesprächspartnern
Typ	NLP-Übung
Ort	Störungsfreie Umgebung
Mitwirkende	Teilnehmer von Gruppen zum Thema NLP oder Kommunikation
Durchführung	☞ Der Leiter läßt Vierergruppen bilden und gibt folgende Anweisung:
	„In der nun folgenden Übung wollen wir das sprachliche Refraiming üben. Dazu erhalten Sie eine Liste von selbstkritischen Äußerungen eines fiktiven Gesprächspartners. Jeweils einer von Ihnen liest die Aussage, und der rechts von ihm Sitzende bringt sie in einen neuen Kontext.
	Beispiel:
	A sagt: „Die Familie Schulz fährt dieses Jahr zum zweiten Mal gemeinsam in Urlaub."
	B antwortet: „Sie würden auch gerne mehr Zeit für Ihre Familie haben, um öfter mit Ihren Kindern zusammenzusein?"
	Wenn Sie diesen neuen Rahmen benutzen, deuten Sie Neid in einen Wunsch um.
	Nun kommt die Person dran, die gerade geantwortet hat, indem sie ihrerseits dem rechts sitzenden Nachbarn eine Äußerung vorliest und dieser mit einer Umdeutung antwortet usw. Dies geht so lange, bis alle Äußerungen abgearbeitet sind.
	☞ Die Übung ist beendet, wenn alle Gruppen fertig sind.
	☞ Anschließend wertet der Trainer die Übung gemeinsam mit den Teilnehmern im Plenum aus.
Dauer	🕐 Ca. 30 Minuten
Teilnehmer	Nicht mehr als 20 Personen
Trainer	➔ Führt in die Übung ein
	➔ Beobachtet die Paare und greift evtl. unterstützend ein
	➔ Wertet im Plenum aus
Material/ Unterlagen/ Vorbereitung	✎ Liste mit selbstkritischen Äußerungen

Auswertung   ✓ Fiel Ihnen das Umdeuten schwer?
                 ✓ Wie haben Sie die Übung erlebt und empfunden?

Variationen   Beliebig modifizierbar

✎ Material zur Übung I 5

Liste selbstkritischer Äußerungen

Ich bin ein furchtbar **nachtragender Mensch**.

Das hat mich unheimlich **neidisch** gemacht.

Das war mir dann doch sehr **peinlich**.

Ich habe mich bis auf die Knochen **blamiert**.

Wenn ich in Hektik gerate, bin ich oft **unverschämt**.

Danach konnte ich nur noch **gehässig** reagieren.

Mir wird nachgesagt, daß ich ein **eitler Mensch** bin.

Ich weiß, daß ich auf andere **arrogant** wirke.

Wenn andere denken, sie können etwas besser als ich, fange ich an, mit ihnen zu **konkurrieren**.

Mir ist klar, daß ich **zwei linke Hände** habe.

Ich bin unheimlich **ehrgeizig**.

Natürlich klang das **herablassend**, was ich damals gesagt habe.

Ich bin nicht **mutig**.

In solchen Situationen kommt furchtbare **Panik** in mir auf.

Bitte versuchen Sie, in Ihrer Gruppe noch weitere selbstkritische Äußerungen zu finden, die sie in einen neuen Kontext setzen können!

8.12 Methoden für die Teamentwicklung

8.12.1 Die Bedeutung von Teams in Organisationen

Die Erfahrung sowie viele Studien zeigen, daß gut funktionierende Teams die Heimat von Leistungsträgern sind. Nach und nach werden daher in der Wirtschaft die auf Einzelleistungen abgestimmten Managementstrukturen durch leistungsfähige Teamorganisationen ersetzt. Eine Teamorganisation ist jedoch durch ganz andere Anforderungen an die Mitarbeiter gekennzeichnet, als dies in Unternehmen mit Hierarchien der Fall ist. Teamorganisationen verlangen von den in ihnen arbeitenden Mitarbeitern verstärkt

– die Übernahme von mehr Verantwortung,
– den verantwortlichen Umgang mit Entscheidungsspielräumen,
– die positive Bewältigung von Konflikten innerhalb und mit anderen Teams ohne Hilfe von außen,
– ein ausgeprägtes Kommunikationsverhalten,
– Beweglichkeit im Geist und im Teamhandeln, um auf die sich wandelnden Märkte adäquat reagieren zu können,
– Vermeidung von Zielkonflikten zwischen persönlichen Zielen und Teamzielen.

Hierzu muß sich Teamgeist entwickeln, der die gemeinsamen Aufgaben und Ziele über eine weit verbreitete „Einzelkämpfer-Mentalität" stellt. Gleichwohl braucht ein gut funktionierendes Team die Höchstleistungen einzelner, die ihren besonderen Fähigkeiten entsprechen. Jedoch müssen diese im Sinne der Verantwortlichkeit für und in Abstimmung mit dem Team erbracht werden. Konsensbildung ist somit eine wesentliche Voraussetzung. Es gilt also, die besonderen Fähigkeiten der Individuen mit einem konstruktiven Teamgeist zu verbinden.

Fünf Faktoren sind wesentlich für ein Team, wenn es erfolgreich sein will. Erfolgreiche Teams sind in der Lage, persönliche Stärken einzelner zu einer ausgeprägten Leistungsfähigkeit zu verbinden, die über die Addition dieser Einzelfähigkeiten hinausgeht. Sie schaffen es auch, daß Teammitglieder ihre persönlichen Ziele in den Dienst des Teamziels stellen und sich stark mit diesem identifizieren. Die vorhandene Dynamik in einem erfolgreichen Team führt schließlich dazu, daß sich die Mitglieder gegenseitig zu Leistung und Einsatz motivieren. Persönliche Beziehungen und die Organisation der Arbeit sowie die Rollen, die die Teammitglieder bekleiden, sind in erfolgreichen Teams geklärt. Diese für jedes Team typische Struktur wirkt sich positiv auf die Offenheit und damit auch auf die Prävention und Bewältigung von Konflikten aus. Dadurch ist ein positives, vertrauensvolles Klima geschaffen, das die Teammitglieder mit dem Erfolg oder Mißerfolg des Teams emotional mitschwingen läßt.

8.12.2 Warum Teamentwicklung?

Gruppen und Teams entwickeln sich in bestimmten Phasen. Entwicklungsphasen eines Teams sind somit beobacht-, diagnostizier- und veränderbar. Teams können sich verändern und als Kollektive lernen, wie dies bei Individuen der Fall ist. Diese Analogie ist z.B. durch die Beobachtung von Teams im Sport belegbar, die unterschiedliche Stadien der Teamfähigkeit besitzen. Je nach Geschick des Trainers entwickeln sie diese oder auch nicht.

Der Vorgang, ein bestehendes Team bewußt und gezielt weiterzuentwickeln und damit teamfähiger zu machen, wird *Teamentwicklung* genannt. Diese unterscheidet sich vom Prozeß der *Teambildung* dadurch, daß bei der Teamentwicklung bereits bestehende Teams Lernprozesse durchmachen, während bei der Bildung von Teams sich zunächst unbekannte Menschen näherkommen, um ein Team zu werden. Der Entwicklungsbegriff scheint auch deshalb sinnvoll, weil darin zum Ausdruck kommt, daß das Team Lernphasen durchlaufen muß, um das kollektive Verhalten zu optimieren.

Anlaß zur Teamentwicklung ist meist ein bestimmter *Leidensdruck*. Etwa wenn Konflikte oder Informations- und Kommunikationsprobleme vorliegen. Teamentwicklung kann aber auch seitens der Führungskräfte oder durch Teammitglieder selbst angestoßen werden, weil ein Änderungsbedarf gesehen wird. Aber auch Veränderungen der Organisationsstruktur, die neue Anforderungen an Teams mit sich bringen, münden sinnvollerweise in eine Teamentwicklung. Insofern kann hier ein spezielles Problem, die Optimierung der Zusammenarbeit im Team oder mit anderen Teams, im Mittelpunkt stehen.

8.12.3 Möglichkeiten des Teamtrainings

Teambildungsprozesse (Start-up-meetings)

Kommt es in Organisationen zu Umgestaltungsprozessen und werden in diesem Zusammenhang neue Teams gebildet, sind begleitende Maßnahmen notwendig, um die Teambildung möglichst positiv zu gestalten. Neue Teams müssen auf ihre Aufgaben vorbereitet werden und möglichst schnell eine Identität aufbauen. Es müssen Erwartungen und Ziele der Teammitglieder sowie des Unternehmens abgeklärt, individuelle Bedürfnisse berücksichtigt sowie Rechte und Pflichten deutlich gemacht werden. Schließlich müssen Beziehungen im Team aufgebaut und der Umgang mit der neuen Situation gelernt werden. Teamverantwortliche und Teammitglieder müssen ihren Blick für den *Beziehungsaspekt* sowie das Verständnis für die ablaufenden Entwicklungsstufen eines Teams und die damit verbundenen Chancen und Risiken schärfen. Unter dem Gesichtspunkt der *Leistungsentwicklung* sind Ziele, Prioritäten und die Organisation der Aufgabenbewältigung sowie Regeln der Zusammenarbeit zu erarbeiten. Genauso wichtig ist die Entwicklung von Verhaltensnormen für den Umgang mit Konflikten und Problemen.

Teamentwicklung einzelner Teams

Bei dieser Form der Teamentwicklung werden einzelne Teams aus der Organisation herausgelöst und trainiert. Das Ziel ist eine Verbesserung und Optimierung der Zusammenarbeit. Die vermittelten Inhalte und Erkenntnisse ermöglichen eine Verbesserung der Zusammenarbeit und fördern das Entstehen des „Wir-Gefühls" innerhalb des Teams. Der Fakt, daß speziell die Teammitglieder, die im beruflichen Alltag zusammenarbeiten auch gemeinsam trainieren, wirkt sich sehr positiv auf den Transfer in die Teampraxis aus.

Teamentwicklung quer durch eine Organisation (Inter-group-building)

Ziel dieser Form ist es, den Teamgedanken in die gesamte Organisation zu tragen und die Zusammenarbeit über die Teams, Abteilungen und Bereiche hinaus zu verbessern. Alle Trainingsteilnehmer sollen lernen, „über den Tellerrand zu blicken" und „Abteilungsegoismen" abzulegen. Am Ende eines solchen Trainings steht die Erkenntnis, daß alle Mitarbeiter des Unternehmens ein Team bilden und „am gleichen Ende eines Stranges ziehen". Spannungen zwischen verschiedenen Bereichen können angesprochen und Lösungsmöglichkeiten erarbeitet werden. Über die vermittelten Inhalte und Erkenntnisse soll natürlich auch in den einzelnen Teams eine Verbesserung der Zusammenarbeit erreicht werden.

Damit ergibt sich für die Teamentwicklung der Dreierschritt von *Diagnose, Definition des gewünschten Soll-Zustandes und Aufbau der Zukunft bzw. der Bearbeitung anstehender Probleme* . Bei der Diagnose geht es um die Frage: *„Wo stehen wir derzeit in bezug auf …*

- unsere Beziehungen untereinander,
- unsere Leistungen im Team,
- unser Arbeitsverhalten im Team,
- die Organisation unseres Teams,
- die Verantwortung im Team,
- unser Verhältnis zu anderen Teams usw.?"

Die *Definition des gewünschten Soll-Zustandes* (Vision der Zukunft) fokussiert auf die Frage: *„Wie soll unser Team heute, in einem Monat, einem halben Jahr oder Jahr mit Blick auf ... aussehen?"* Der *Aufbau der Zukunft bzw. die Bearbeitung anstehender Probleme* wird über Problemlösetechniken, individuelle und kollektive Lernerfahrungen sowie gruppendynamische Übungen erarbeitet. Das Planen von konkreten Maßnahmen, mit denen die Visionen zum Leben erweckt werden, schließt das Vorgehen in der Teamentwicklung ab.

Analog zum Modell der Problemlösung ist es auch im Rahmen von Teamentwicklungsprozessen fundamental, deren Erfolge zu bewerten, d. h. *Maßnahmen der Erfolgskontrolle* von Beginn an einzuplanen. Sie werden am besten durch halbtägige *Folgetreffen der Teams* (Follow-up-meetings) verwirklicht. Dort kann über den Erreichungsgrad bzw. den Wert der Vereinbarungen gesprochen sowie über das „Warum" des Scheiterns von Einzelmaßnahmen nachgedacht werden. Diese Aktivität sollte allerdings in einem ausreichenden Abstand von der Entwicklungsmaßnahme stattfinden, z. B. nach vier Monaten, damit sich neue Verhaltensweisen der Teammitglieder etablieren und die vereinbarten Maßnahmen, erarbeiteten Grundsätze usw. greifen können.

Als Faustregeln für alle Teamtrainings können gelten:

- Die Teilnahme sollte freiwillig sein.
- Es muß ausreichend Zeit für die Teamentwicklung eingeplant werden, damit auch Meinungen geäußert und Konflikte bereinigt werden können.
- Der Dreierschritt von *Diagnose, Definition des gewünschten Soll-Zustandes und Aufbau der Zukunft bzw. der Bearbeitung anstehender Probleme* muß konsequent aufeinanderfolgen.
- Es muß Druck auf einzelne vermieden werden.
- Es sollte eine Atmosphäre des Vertrauens herrschen, in der sich Teams auch entwickeln können. Dies ist dann der Fall, wenn alle Teilnehmer offen sind und in einem „geschützten Raum" über ihre Bedürfnisse, Ängste und Konflikte sprechen können, ohne verletzt oder kritisiert zu werden. Bei diesem Punkt stehen die Moderatoren, Trainer bzw. Seminarleiter in der Verantwortung.

8.12.4 Outdoor-Training

Der Begriff *Outdoor-Training* wird für alle Aktivitäten der Team- und Personalentwicklung verwendet, die *nicht* in geschlossenen Räumen, sondern außerhalb in der freien Natur stattfinden. Outdoor-Training hat sehr viel mit körperlicher Bewegung zu tun. Trainingsmedium ist die Natur und damit das für die meisten „Ungewohnte", was dadurch auch neue Lernchancen beinhaltet (Beispiel: Mountain-Bike-Tour).

Der Ansatz des Outdoor-Trainings ist das ganzheitliche Lernen mit vielen erlebnis- und erfahrungsreichen Elementen, um individuelle Änderungen auf Teamebene zu initiieren. Häufig werden bewußt Grenzüberschreitungen durch die Outdoor-Trainer in die Trainingsmaßnahmen eingebaut, um beim einzelnen oder dem gesamten Team nützliche Ressourcen zu aktivieren und Selbstbewußtsein aufzubauen.

Das Lernumfeld ist im Outdoor-Training eine Art Metapher für die reale Arbeitssituation, da der ganzheitliche Lernprozeß den einzelnen, das Team und die Aufgabe mit einbezieht. In einer Aufgabe Mut unter Beweis zu stellen, hat damit Symbolwert für die berufliche Tätigkeit, in der es darum gehen kann, „mutige Entscheidungen" zu treffen. Oder der Bau eines Blockhauses aus Baumstämmen ist symbolisch gesehen nichts anderes als das tägliche Koordinieren der Fähigkeiten einzelner Personen im Team. Dabei sind die klassischen Zielsetzungen des Outdoor-Trainings die gleichen wie in der Teamentwicklung, also die bessere Integration des einzelnen, das Finden von Regeln für die Zusammenarbeit und die Entwicklung eines adäquaten „Wir-Gefühls".

Klar ist aber auch, daß das „Oudoor-Training" nicht ganz ohne „Indoor-Aspekte" auskommt. Jeder Trainer, der Outdoor-Elemente in sein Trainingspaket einbaut, wird diese um eine gute Theorie ergänzen müssen, da sie den entsprechenden Hintergrund für die erlebten Effekte und Erfahrungen der Teilnehmer bergen. Dennoch sollte jeder Verantwortliche für Teamtrainings Methoden und Übungen kennen, die außerhalb von Seminarräumen durchgeführt werden können.

Die auf den folgenden Seiten beschriebenen Übungen und Spiele zur Teamentwicklung stellen eine Auswahl von in der Praxis erfolgreich eingesetzten Methoden dar. Selbstverständlich sind alle Vorgehensweisen, die an anderer Stelle des Buches unter anderen Oberbegriffen beschrieben sind, je nach Frage- und Problemstellung, auch in Teamtrainings einsetzbar. Liegen Probleme innerhalb eines Teams bzw. zwischen Teams vor, folgen Entwicklungsmaßnahmen in der unter dem Stichwort „Problemlösung" dargestellten Systematik.

Name	Teambildungs-Workshop	J 1

Stichwort Aufbau neuer Teams

Ziel Klären der Rollen in einem neuen Team; Aufbau von Beziehungen; Klären von Arbeitsabläufen

Typ Workshop

Ort Nach Möglichkeit außerhalb des Unternehmens, z. B. in einem Hotel, um Störungen fernzuhalten und eine entspannte Atmosphäre zu schaffen

Mitwirkende Personen, die künftig ein Team bilden sollen

Durchführung ☞ Im ersten Schritt initiiert der Trainer oder Moderator ein Kennenlernspiel. Unter bestimmten Umständen ist in Teams, deren Mitglieder sich das erste Mal begegnen, die Kennenlernphase mit weiteren gruppendynamischen Übungen auszudehnen. Dies ist jedoch vom Leiter der Veranstaltung zu entscheiden.

☞ Anschließend bittet er die Anwesenden des so entstandenen Teams, einen großen Stuhlkreis zu bilden. In die Mitte dieses Kreises setzt sich eine „Zentralperson", d. h. jemand, der künftig für das Team verantwortlich ist bzw. den Auftrag für die Teambildung durch die Unternehmensleitung erhalten hat. Diese Person hat nun folgende Aufgabe:

1. Sie informiert über die Notwendigkeit und die Bedingungen für die Bildung des neuen Teams (z. B. wegen neuer Teamorganisation, Aufgaben, Pflichten, Verantwortlichkeiten etc.).

2. a) ist die Zentralperson auch verantwortlich für das Team, beschreibt sie ihre Aufgaben und Vorstellungen von dieser Position.

   b) Soll das Team selbstregulativ, also ohne einen hierarchisch höherstehenden Manager arbeiten, schildert sie die Vorstellungen und Erwartungen der Unternehmensleitung an ein „selbstregulativ arbeitendes Team".

   zu a) Die im Kreis Sitzenden legen anschließend ihre Einfälle und Vorstellungen zu den Aufgaben des Teamverantwortlichen dar.

   zu b) Die im Kreis Sitzenden geben ihre Meinungen, Vorstellungen und Ideen zum Thema „Arbeiten im selbstregulativen Team" kund.

3. Rollenerwartungen müssen geklärt werden.

   a) Die Zentralperson stellt dar, was sie von den künftigen Teammitgliedern an Unterstützung, Zuarbeiten, Hilfestellung usw. benötigt, um die Position wirkungsvoll ausfüllen zu können.

b) Die Zentralperson beschreibt genau, was von seiten der Unternehmensleitung von den Teammitgliedern erwartet wird und wie die Zusammenarbeit konkret aussehen soll.

zu a) Das Team artikuliert den Grad an notwendiger Unterstützung, Hilfestellung, Information usw. gegenüber der für sie verantwortlichen Person.

zu b) Das Team artikuliert den Grad an notwendiger Unterstützung, Hilfestellung, Information usw., den sie von seiten der Geschäftsleitung erwartet, damit es selbstregulativ arbeiten kann.

☞ Häufig ist es sinnvoll, wenn die eingeforderten Stellungnahmen der neuen Teammitglieder von diesen in Ruhe erarbeitet werden können. Hierzu kann der Moderator zunächst mittels der Arbeitstechniken „Methode 635" oder „Methode 66" Ideen sammeln lassen, die anschließend im Kreis diskutiert werden.

☞ Nach der Auswertung können erlebnisaktivierende und gruppendynamische Übungen durchgeführt werden, die es den einzelnen und dem Team ermöglichen, Lernprozesse durchzumachen, die die Arbeit des Teams künftig positiv beeinflussen. Dabei sind Übungen zu bevorzugen, die große Nähe zur künftigen Aufgabe des Teams und den Anforderungen an die Teammitglieder verlangen. Somit werden für den zweiten Teil des Teambildungsprozesses verschiedene Einzelübungen zu einem Programmpaket verschnürt.

☞ Den Abschluß der gesamten Veranstaltung sollte eine Verabredung bilden, die festlegt, wie die erfolgreiche Umsetzung der Ausarbeitungen, Regeln und Verpflichtungen sinnvoll überprüft werden kann und wann sich das Team zu einer gemeinsamen Bewertung der Praxis treffen wird.

Dauer   🕐 Zwei Tage

Teilnehmer   Alle Teilnehmer des Teams

Trainer   ➲ Er moderiert den Austausch von Ideen und Gedanken während der Übung

➲ Er ist dafür verantwortlich, daß die erarbeiteten Aussagen gut sichtbar, z.B. auf Flipchart, gesammelt werden.

Material/ Unterlagen/ Vorbereitung	📖 Evtl. Schaubilder der neuen Organisation bzw. der Einbindung des neuen Teams in die bestehende Struktur
	📖 Stellen-, Aufgaben- und Anforderungsbeschreibungen
	✎ Namensschilder
	✎ Flipchart mit Filzstiften und/oder Tafel mit Kreide
	✎ Papier und Schreibzeug
	✎ Materialien für zusätzliche Übungen
Auswertung	✓ Der Moderator moderiert die sich jeweils nach den Aufgabenstellungen ergebende Diskussion
	✓ Er hilft bei der Rollenklärung und führt das Team zu konkreten Absprachen, die schriftlich fixiert werden, z. B. *„Wie wir künftig im Team miteinander kommunizieren und umgehen wollen!"*, *„Unsere Regeln für die Zusammenarbeit mit dem Teamleiter"* usw. Er schreibt diese auf Charts und läßt alle Anwesenden unterschreiben.
Variationen	„Aquarium" mit Zentralperson

Name	**Teamdiagnose**	**J 2**

Stichwort	Teamdiagnose; Teambefragung; Teamentwicklung
Ziel	Diagnose des Beziehungs-, Leistungs-, Führungs- und Kooperationsaspektes
Typ	Einzel- und Gruppenarbeit
Ort	Beliebig
Mitwirkende	Alle Mitglieder eines Teams
Durchführung	☞ Der Trainer führt wie folgt in die Arbeit ein:

„Nachfolgend finden Sie einen Fragebogen mit 96 Aussagen. Bitte lesen Sie mit Blick auf Ihre derzeitige Teamsituation die Aussagen genau durch und kreuzen Sie die zutreffenden Aussagen im Auswerteraster an. Aussagen, die für Sie nicht relevant sind, lassen Sie bitte frei. Eine Teamdiagnose ist allerdings mit diesem Fragebogen nur dann sinnvoll, wenn Sie offen und ehrlich antworten. Dazu sollten wir zunächst klären, ob der Bogen anonym oder offen ausgewertet werden soll."

☞ Der Trainer klärt nun ab, wie die Auswertung vorgenommen wird. Geschieht sie anonym, dürfen die Teammitglieder ihren Fragebogen nicht mit ihrem richtigen Namen versehen, sondern mit einem Codewort. Je nachdem, was vereinbart wurde, kann nach der Einzelauswertung die Gesamtauswertung vonstatten gehen. Dazu sammelt der Trainer die anonymisierten Bogen ein oder läßt sich bei offener Rückmeldung die Punktzahlen zu den einzelnen Bereichen nennen. Diese schreibt er auf ein vorbereitetes Papier. Anschließend bildet er Mittelwerte und legt die Rangplätze fest. Die drei Bereiche mit den höchsten Punktzahlen sind die wichtigsten Problembereiche und sollten die Ausgangsbasis für eine Teamentwicklung bilden.

☞ Die Teammitglieder haben schließlich noch die Möglichkeit, die mittlere Punktzahl und Rangstufe des Teams in ihr Auswerteschema zu übertragen. Dadurch ergeben sich weitere Anknüpfungspunkte für das Training, weil dadurch abweichende Sichtweisen in die Diskussion eingebracht werden können.

Dauer	🕐 Fragebogen mit Auswertung ca. 60 Minuten
Teilnehmer	Je nach Teamgröße
Trainer	➲ Er führt in die Aufgabe ein.
	➲ Er klärt den Auswertemodus (anonym/offen), wertet die Ergebnisse am Flipchart/der Tafel aus, interpretiert die Resultate und leitet die Diskussion.

Material/ Unterlagen/ Vorbereitung	✎ Fragebogen und Auswerteraster ✐ Flipchart mit Filzstiften und/oder Tafel mit Kreide ✐ Papier und Schreibzeug
Auswertung	s. o.
Variationen	s. o.

✎ Material zur Übung J 2

Fragebogen zur Teamdiagnose

Lesen Sie bitte nacheinander die folgenden Aussagen und kreuzen Sie bitte die jeweils zutreffenden im Auswerteraster am Ende des Fragebogens an. Aussagen, die für Sie nicht relevant sind, lassen Sie im Raster einfach frei.

Die Anweisung für die Endauswertung finden Sie am Ende des Bogens.

Fangen Sie jetzt bitte an!

1. Der Vorgesetzte bzw. Teamleiter zeigt sich den Sorgen und Nöten der Mitarbeiter gegenüber unsensibel.
2. Obwohl man ihnen helfen will, können sich einige Kollegen und Kolleginnen nicht auf das Anforderungsniveau des Teams einstellen.
3. Mit Problemen müssen wir alle alleine zurechtkommen.
4. Im Team gibt es Cliquen und Intrigen.
5. Von dem, was wir bisher geleistet haben, kann nichts als hervorragend bezeichnet werden.
6. Die Ziele des Teams sind mit denen der Organisation nicht identisch.
7. An Beschlüsse, die wir gefaßt haben, halten wir uns selten bzw. setzen nur Teile davon um.
8. Wir könnten im Team viel besser miteinander auskommen, wenn wir uns „menschlicher" verhalten würden.
9. Über Fragen der Abgrenzung von Arbeitsbereichen, über Arbeitsmethoden oder Verbesserungsvorschläge sprechen wir so gut wie nie.
10. Mitglieder, die eingefahrene Verhaltensweisen des Teams als auch ungeschriebene Normen und Rituale kritisieren, werden schnell zurechtgewiesen.
11. Neue Ideen werden nur von wenigen geäußert.
12. Leute aus anderen Bereichen oder Abteilungen lernen wir so gut wie nicht kennen.
13. Unser Vorgesetzter bzw. Teamleiter führt nicht situationsangepaßt.
14. Manche neuen Teammitglieder haben oft nicht die richtige Qualifikation für ihre Tätigkeit.
15. Niemand setzt sich dafür ein, das Team erfolgreich zu machen.
16. Menschlich kommen wir uns im Team nicht näher.

213

17. Häufig schaffen wir es nicht, eine Arbeit zu einem erfolgreichen Abschluß zu bringen.
18. Im Team gibt es ein hohes Kreativitätspotential und eine Menge Sachkenntnis. Leider weiß unsere Organisation sie nicht zu nutzen.
19. Wir haben zwar Teambesprechungen, machen uns aber keine Gedanken über ihren Sinn und Zweck.
20. Das Leistungspotential des Teams wird nicht genutzt, und die Arbeitsweise der Gesamtgruppe ist unflexibel.
21. Bei mehr konstruktiver Kritik wären unsere Leistungen wesentlich besser.
22. Wenn sich jemand in unserem Team nicht sicher ist, wird er meist übergangen.
23. Unser Team ist phantasielos.
24. Unser Ansehen bei anderen Mitarbeitergruppen, Bereichen oder Abteilungen ist gering.
25. Unser Vorgesetzter bzw. Teamleiter trifft wichtige Entscheidungen, die uns betreffen, ohne diese mit uns zu besprechen.
26. Die Teammitglieder benötigen neue Kenntnisse und Methoden, um ihre Aufgaben richtig bewältigen zu können.
27. Die Arbeit im Team wirkt sich nicht motivierend auf mich aus.
28. In der Regel werden Unstimmigkeiten zwischen Kollegen im Team nicht ausreichend gelöst.
29. Es wird nie gefragt, ob sich die Anstrengungen des Teams für die Gesamtorganisation gelohnt haben.
30. Wir haben bisher kein Verfahren gefunden, mit dem wir unsere Ziele und Strategien festlegen.
31. Bei Teamsitzungen bleiben viele der Probleme ungeklärt, mit denen wir uns beschäftigen sollten.
32. Dem Team fehlt es an administrativem und verwaltungstechnischem Rückhalt.
33. Uns fehlt die Fähigkeit zu konstruktiver Selbstkritik.
34. Die Gesamtgruppe versucht nicht, ihre Teammitglieder zu motivieren.
35. Vorschläge, die von außerhalb des Teams kommen, haben keine Chance auf Verwirklichung.
36. Würde die Zusammenarbeit mit anderen Gruppen besser funktionieren, könnte sich unser Leistungsniveau erhöhen.
37. Bei mehr Engagement und Initiative der einzelnen Kollegen und Kolleginnen wären die Teamentscheidungen besser.
38. Kollegen und Kolleginnen aus anderen Bereichen halten uns für überfordert.
39. Etliche Teammitglieder haben Probleme, sich mit ihrer Arbeitskraft voll einzusetzen.
40. Wir versuchen zu oft, zu einem Konsens zu kommen.
41. Viel Kraft des Teams verpufft durch wirkungslose Methoden.
42. Die Aufgaben unseres Teams sind innerhalb der Gesamtorganisation nicht klar festgelegt.
43. Strategien, die das Team zur Problemlösung einsetzt, werden nicht überprüft.
44. Die Kommunikation zwischen den Teammitgliedern ist verbesserungsbedürftig.

45. Das Team lernt nicht aus seinen Fehlern.
46. Der Großteil der Teammitglieder sind ausschließlich Fachleute auf ihrem Gebiet.
47. Kreative Ideen werden nicht in konkrete Handlungen umgesetzt.
48. Bei besserer Zusammenarbeit mit anderen Teams hätten einige schwerwiegende Fehler vermieden werden können.
49. Unser Teamleiter bzw. Vorgesetzter erhält so gut wie keine Rückmeldung darüber, wie er und seine Arbeit vom Team eingeschätzt werden.
50. Insgesamt ist der Stand der fachlichen Fähigkeiten und Fertigkeiten als zu niedrig anzusehen.
51. Ich bin nicht bereit, Dinge die zu Lasten des Teams gehen, auf meine Kappe zu nehmen.
52. Konflikten geht das Team aus dem Wege.
53. Den Teammitgliedern fehlen Motivationsanreize, damit sie ihre Leistung voll einbringen.
54. Unserer Arbeit im Team fehlen klare Richtlinien.
55. Auf Teambesprechungen bereiten wir uns so gut wie nicht vor und gehen meist ohne besondere Planungen vor.
56. Unser Zeitmanagement ist nicht optimal, so daß wir uns oft verzetteln.
57. Konstruktive Kritik wird im Team negativ bewertet.
58. Die Teammitglieder werden nicht ermutigt, sich außerhalb der Gruppe fortzubilden.
59. Unserem Team wird nachgesagt, daß es keine Ahnung hat.
60. Die Beziehungspflege zu anderen Teams kommt zu kurz.
61. Vorgesetzter und Mitarbeiter teilen sich nur selten ihre gegenseitige Erwartungen und Wünsche mit.
62. Das in unserem Team vorhandene Know-how bzw. Spezialwissen paßt nicht zu unseren Aufgaben.
63. Besondere Gefühle der Solidarität zum Team verspüre ich nicht.
64. Es wäre sinnvoll, wenn wir von Zeit zu Zeit über bestehende Unstimmigkeiten und Konflikte sprechen würden und so Spannungen minderten.
65. Wir akzeptieren in der praktischen Arbeit auch niedrige Leistungsstandards.
66. Wenn sich das Team auflöste, würde dies im Unternehmen nicht registriert werden.
67. In unseren Teambesprechungen findet sich kein methodisches Vorgehen.
68. Regelmäßige Gespräche über Ziele oder Prioritäten einzelner Teammitglieder finden nicht statt.
69. Unser Team lernt nicht aus gemachten Fehlern.
70. Das Wissen auf dem neuesten Stand zu halten, ist in unserem Team wenig ausgeprägt.
71. Die Teammitglieder bringen nicht den Mut auf, neue Ideen zu äußern.
72. Das Team geht zu wenig auf die Bedürfnisse seiner Mitglieder ein.
73. Der Teamleiter bzw. Vorgesetzte akzeptiert es nicht, daß Teammitglieder Führungsaufgaben übernehmen.
74. Einzelne Teammitglieder werden mit den laufenden Anforderungen ihrer Arbeit nicht mehr fertig.
75. Das Team ist nicht ernsthaft an der Zielerreichung interessiert.
76. Teammitglieder halten sich in Diskussionen mit ihrer wahren Meinung zurück.

77. Seine Ziele erreicht das Team, wenn man es objektiv betrachtet, selten.
78. Anderen Bereichen fehlt das korrekte Verständnis für unsere Arbeit.
79. In gemeinsamen Sitzungen hört keiner dem anderen richtig zu.
80. Über ihre Funktionen im Team herrscht bei den Mitarbeitern Unklarheit.
81. Teammitglieder halten sich häufig mit Kritik zurück, um laufende Aktivitäten wie Projekte, Aktionen usw. nicht zu gefährden.
82. Viele Fähigkeiten und Kenntnisse einzelner Teammitglieder werden nicht genutzt.
83. Neue Ideen werden vom Team kaum produziert.
84. Innerhalb der Gesamtorganisation hat unser Team keine positiven Beziehungen zu anderen Teams.
85. Einige Mitarbeiter sind sich über die Beziehung zum Vorgesetzten nicht im klaren.
86. Durch Personalentwicklungsmaßnahmen könnten die Mitarbeiter ihre fachlichen Qualifikationen verbessern.
87. Der Großteil der Mitglieder hält die Ziele des Teams für wenig erstrebenswert.
88. Die Kollegen und Kolleginnen aus dem Team verhalten sich nicht wirklich frei und offen zueinander.
89. Die Ziele des Teams sind nicht klar.
90. Welchen Stellenwert die Arbeit des Teams in der Gesamtorganisation hat, ist den Teammitgliedern nicht bewußt.
91. Bei Teambesprechungen erzielen wir selten Fortschritte.
92. Die Ziele der einzelnen Teammitglieder sind zu verschieden.
93. Teammitglieder, die kritisiert wurden, haben oft das Gefühl, das Gesicht zu verlieren.
94. Neue Mitarbeiter sind zu Beginn ihrer Tätigkeit sich selbst überlassen, wenn sie ihren Platz im Team suchen.
95. Unser Team begleitet der Ruf, von der Realität wenig Ahnung zu haben.
96. Unser Team hat häufig Konflikte mit anderen Teams aus der Organisation.

Auswertung

Numerierung der Aussagen	Eigene Aussagen	Rangstufe	Mittlere Punktzahl des Teams	Rangstufe des Teams	Erfragter Bereich
1 13 25 37 49 61 73 85 = A					Unfähige Teamleitung
2 14 26 38 50 62 74 86 = B					Mangelnde Befähigungen der Teammitglieder
3 15 27 39 51 63 75 87 = C					Unzureichender Einsatz der Teammitglieder
4 16 28 40 52 64 76 88 = D					Desolates Teamklima
5 17 29 41 53 65 77 89 = E					Geringe Leistungsstandards
6 18 30 42 54 66 78 90 = F					Ungeklärte Funktion des Teams in der Organisation
7 19 31 43 55 67 79 91 = G					Unwirksame Arbeitsmethoden
8 20 32 44 56 68 80 92 = H					Unzureichende Organisation
9 21 33 45 57 69 81 93 = I					Demotivierende Kritik
10 22 34 46 58 70 82 94 = J					Das Team behindert individuelle Weiterentwicklungen
11 23 35 47 59 71 83 95 = K					Fehlende Kreativität
12 24 36 48 60 72 84 96 = L					Schlechte Beziehungen zu anderen Teams

Endauswertung: Wenn Sie alle Aussagen bewertet haben, zählen Sie bitte Zeile für Zeile die angekreuzten Felder zusammen. Für jedes Feld erhalten Sie einen Punkt. Tragen Sie die Gesamtpunktzahl hinter den Buchstaben ein. Bilden Sie anschließend eine Rangreihe.

Name	Blinder Fleck	J 3

Stichwort   Wirkung auf andere; Feedback; Verhaltensänderung

Ziel   Durch die Gegenüberstellung von Fremd- und Selbsteinschätzung sollen sogenannte „blinde Flecken" im Verhalten der Teammitglieder bewußt gemacht und damit einer Änderung zugeführt werden.

Typ   Übung

Ort   Nach Möglichkeit außerhalb des Unternehmens, z. B. in einem Hotel, um Störungen fern zu halten und eine entspannte Atmosphäre zu schaffen

Mitwirkende   Alle Mitglieder eines Teams

Durchführung

☞ Im ersten Schritt gibt der Leiter zum Thema „Blinder Fleck" und „Feedback" einige Informationen. Er weist darauf hin, daß wir uns meist über andere Menschen und deren Verhalten Gedanken machen und weniger über uns selbst, daher ist die Selbstreflexion sehr wichtig.

☞ Als nächstes teilt er das Blatt *„Selbsteinschätzung"* aus und geht die einzelnen Begriffe durch, um ein gemeinsames Verständnis für die Eigenschaften zu erarbeiten. Wichtig ist, daß er zunächst nichts von der späteren Fremdeinschätzung erwähnt, um die Selbsteinschätzung nicht zu beeinflussen und der Fokus beim Einstufen auf das Agieren im Team gelegt wird.

☞ Anschließend bittet er alle, sich selbst auf der Skala von −3 bis +3 einzustufen. 0 steht für eine mittlere Ausprägung oder weil man selbst bei dieser Eigenschaft zu keiner Einschätzung kommt.

☞ Nachdem alle mit ihrer Einstufung fertig sind, werden die Teilnehmer gebeten, die einzelnen Punkte oder Kreuze, die gemacht wurden, miteinander zu verbinden. Dadurch ergibt sich eine Art „Kurve".

☞ Der Leiter wendet sich nun an einzelne Teilnehmer und fragt sie, wen sie aus dem Team besonders gut kennen und ob diese Person auch eine gute Einschätzung von ihnen liefern könnte. Auf diese Weise bildet er Pärchen, die sich nun mittels des Bogens *„Fremdeinschätzung"* gegenseitig einschätzen. Dabei wird wie bei der Selbsteinschätzung vorgegangen.

☞ Sind alle mit ihrer Arbeit durch, tauschen sie die Bogen aus und beginnen mit der Auswertung. D. h., sie vergleichen Selbst- und Fremdeinschätzung und markieren die Abweichungen, die zwei oder mehr Einstufungsgrade auseinander liegen. Eine Abweichung von einem Punkt oder Grad wird noch als „Meßfehler" toleriert.

☞ Nach diesem Durchgang sollen alle jeweils *drei* Abweichungen besonders kennzeichnen, von denen die einzelnen Teammitglieder wissen wollen, wie diese Einstufungen zustande gekommen sind. Reihum geben sich nun die Paare nacheinander gegenseitig Rückmeldung über diese Differenzen (positiv oder negativ) zwischen Selbst- und Fremdbild. Dabei gelten die Regeln

– Verhalten oder Sachverhalte *beschreiben,* nicht *bewerten,*
– auf *konkrete Vorfälle, Aufgaben oder Handlungsweisen* eingehen,
– *Gefühle* direkt formulieren.

☞ Wichtig ist, daß nach jeder Rückmeldung zu einer Abweichung der Feedback-Geber Gelegenheit findet, sein Urteil zu begründen. Der Leiter kann jeweils beim Gesamtteam nachfragen, ob andere KollegInnen die Sicht des Rückmeldenden ergänzen wollen.

☞ Die Übung ist beendet, wenn alle Teilnehmer ihre Rückmeldung erhalten haben.

Dauer
🕐 **Achtung:** Ist die Gruppe zu groß, kann die Rückmeldung zu viel Zeit beanspruchen und die Teilnehmer ermüden. Dann sollte in zwei Phasen vorgegangen werden, z. B. den ersten Teil am Nachmittag und den zweiten am nächsten Tag. Das Feedback kann aber auch auf nur zwei relevante Abweichungen beschränkt werden.

Teilnehmer Je nach Teamgröße

Trainer
⮑ Er führt in die Übung ein und moderiert sie.
⮑ Er achtet darauf, daß die Feedback-Regeln eingehalten werden.

Material/ Unterlagen/ Vorbereitung
✎ Bogen zur Selbst- und Fremdeinschätzung
✐ Flipchart mit Filzstiften und/oder Tafel mit Kreide
✐ Papier und Schreibzeug

Auswertung s. o.

Variationen Siehe unter „Dauer"

✎ **Material zur Übung J 3**

Selbsteinschätzung nach Persönlichkeitskriterien

	schwach				stark		
	−3	−2	−1	0	+1	+2	+3
ehrgeizig							
selbstbewußt							
handlungsorientiert							
entschlossen							
temperamentvoll							
anpassungsfähig							
selbstbeherrscht							
zuverlässig							
aufgeschlossen							
schlagfertig							
schöpferisch							
zielstrebig							
fähig, andere zu begeistern							
verantwortungsbewußt							
sachlich-nüchtern							
psychisch belastbar							
geltungsbedürftig							
sensibel gegenüber anderen							
kontaktfreudig							
tolerant gegenüber anderen							
einfühlsam							
ausgeglichen							
entgegenkommend							
optimistisch							
sympathisch							
ungeduldig							
veränderungsbereit							
hilfsbereit							
fähig, andere zu beeinflussen							
dominant							
teamfähig							
kann Kritik annehmen							
selbstsicher							

✎ Material zur Übung J 3

Fremdeinschätzung nach Persönlichkeitskriterien

	schwach				stark		
	−3	−2	−1	0	+1	+2	+3
ehrgeizig							
selbstbewußt							
handlungsorientiert							
entschlossen							
temperamentvoll							
anpassungsfähig							
selbstbeherrscht							
zuverlässig							
aufgeschlossen							
schlagfertig							
schöpferisch							
zielstrebig							
fähig, andere zu begeistern							
verantwortungsbewußt							
sachlich-nüchtern							
psychisch belastbar							
geltungsbedürftig							
sensibel gegenüber anderen							
kontaktfreudig							
tolerant gegenüber anderen							
einfühlsam							
ausgeglichen							
entgegenkommend							
optimistisch							
sympathisch							
ungeduldig							
veränderungsbereit							
hilfsbereit							
fähig, andere zu beeinflussen							
dominant							
teamfähig							
kann Kritik annehmen							
selbstsicher							

Name	Hochhaus	J 4

Stichwort   Team versus Arbeitsgruppe

Ziel   Vermittlung des Unterschiedes zwischen Arbeit in einem Team und der einer Arbeitsgruppe

Ort   Ausreichend große Räumlichkeit mit beweglichem Mobiliar

Mitwirkende
- Mitglieder des Teams in zwei Kleingruppen
- Zwei Beobachter

Durchführung

☞ Die Großgruppe wird willkürlich in zwei Kleingruppen geteilt, z. B. durch abzählen.

☞ Jede Gruppe arbeitet an einem Tisch, der viel Platz und Bewegungsfreiheit bietet.

☞ Zwei Beobachter werden bestimmt, die bei der Aufgabe nicht helfen dürfen, sondern nur beobachten. Sie beobachten nicht strukturiert, sondern notieren sich die Dinge, die ihnen bei der Aufgabenbewältigung der beiden Kleingruppen auffallen bzw. wichtig erscheinen.

☞ Die beiden Gruppen erhalten anschließend zwei große Packungen mit Plastikbausteinen (z. B. Fisher-Technik, Konstruktionssteine von Lego o. ä.), mit denen sich ein stabiler Turm bauen läßt. Beide Gruppen haben identisches Material in Anzahl, Form und Aussehen.

☞ Der Trainer teilt nun die Arbeitsanweisungen aus, die genau eingehalten werden müssen („Krafthaus GmbH" und „Hausmann, Maier & Söhne GmbH & Co KG").

☞ Durch die Anweisung wird Wettbewerb induziert, den der Trainer vor Ablauf der Zeit noch ein wenig verstärkt, indem er auf die noch verbleibenden Minuten hinweist („Sie haben jetzt noch acht, fünf usw. Minuten Zeit").

☞ Ist die Zeit abgelaufen, verteilt der Trainer den *„Bewertungsbogen"* und läßt ihn ausfüllen.

☞ Danach bewertet eine „Jury" die „Hochhäuser" der beiden Gruppen (z. B. im Seminarhotel zwei bis drei Mitarbeiter vom Service).

☞ Anschließend findet die Auswertung der Übung statt, bei der gemeinsam der Unterschied zwischen der Arbeit in einem Team mit viel Handlungs- und Entscheidungsspielraum und einer klassischen Arbeitsgruppe herausgearbeitet wird, in der die Rollen und Befugnisse festgelegt sind.

Dauer   🕐 30 Minuten

Teilnehmer   Je nach Teamgröße

Trainer

➲ Er führt in die Übung ein und überwacht die Zeitvorgabe.
➲ Er stellt die Arbeitsmaterialien zur Verfügung
➲ Er stellt die „Jury" zusammen.

**Material/
Unterlagen/
Vorbereitung**

✎ Arbeitsmaterialien (s. o.)
✎ Arbeitsanweisungen für die Teams
✎ Bewertungsbogen
🖉 Flipchart mit Filzstiften und/oder Tafel mit Kreide
🖉 Papier und Schreibzeug

Auswertung

✓ Bereiten Sie eine Gegenüberstellung auf Flipchart mit der Überschrift *„Gruppen versus Teams"* vor.
✓ Bilden Sie darunter zwei Spalten: links mit der Unterüberschrift *„Gruppen"* und rechts mit *„Teams"*.
✓ Arbeiten Sie nun die von den Teilnehmern erlebten Unterschiede heraus.
✓ Stellen Sie die Verbindung zum Führungsverhalten von Vorgesetzten her, und erstellen Sie eine weitere Gegenüberstellung mit der Überschrift *„Unterschiede zwischen gruppenorientierten und teamorientierten Führungskräften"*. Bilden Sie wieder zwei Spalten: links *„gruppenorientiert"*, rechts *„teamorientiert"*.

Variationen   Nicht modifizierbar

✎ Material zur Übung J 4

Krafthaus GmbH

Sie arbeiten in einer jungen, aufgeschlossenen Mannschaft, welche vor zwei Jahren durch eine Gruppe engagierter und leistungsorientierter Architekten und Ingenieure partnerschaftlich ins Leben gerufen wurde. Die Partner hatten sich vor zwei Jahren entschlossen, nicht mehr in einem formal strukturierten, kreativitätshemmenden Großunternehmen zu arbeiten.

Es gibt keinen Betriebsrat oder Tendenzen, einen solchen zu gründen.

Designer, Architekten, Ingenieure und Bauausführende arbeiten hierarchiefrei zusammen. Jeder nutzt individuelle Fähigkeiten und Fertigkeiten während der gemeinsamen Erstellung des Hochhausprojektes.

Niemand hat Weisungsbefugnis über einen anderen Mitarbeiter. Untereinander gibt es einen freien Austausch der Ideen; die Vorschläge jedes Mitarbeiters werden gleichwertig in die Überlegungen mit einbezogen.

Es gibt keine Vorgesetzten.

Es gibt keine Regelungen und Vorschriften, außer jenen auf dieser Seite.

Sie verfügen über ein Lager an Baumaterialien und Hilfsmitteln. Alle Mitarbeiter haben zu jeder Zeit der Hochhauskonstruktion Zugriff auf dieses Lager.

Die Konstruktion und der Bau von Hochhäusern ist das Spezialgebiet Ihres Teams. Jedes Teammitglied arbeitet in dem individuell gewünschten Umfang an dem Projekt.

Auftrag

Ihr Unternehmen soll das größte und attraktivste Hochhaus in der vorgegebenen Zeit bauen. Dabei stehen Sie in direktem Wettbewerb mit einem anderen Unternehmen, welches Sie zielbezogen übertreffen wollen.

Jenes Team, dessen Design diesen Wettbewerb erfolgreich für sich entscheidet, wird mit einem Vertrag über ein 500 Mio.-DM-Projekt belohnt.

Bitte halten Sie sich an die obigen Hinweise.

Viel Erfolg!

Hausmann, Maier & Söhne GmbH & Co. KG

Sie arbeiten in einem Unternehmen, welches sich seit 120 Jahren am Markt behauptet und bereits mehrmals expandiert hat. Seit mehr als 35 Jahren ist man auf die Konstruktion und den Bau von Hochhäusern spezialisiert. Ihr Haus genießt regional und überregional einen guten Ruf. Intern ist Ihr Unternehmen straff organisiert.

Die bauausführenden Arbeiter und Vorarbeiter sind Mitglieder der entsprechenden Gewerkschaft. Im Hause gibt es auch aktuell einen sehr starken Betriebsrat.

Der Manager „Konstruktion" überblickt das gesamte Projekt, jedoch steuert er aktiv nur die Konstruktionspläne bei und hält sich aus operativen Fragen heraus. Die Gruppe sollte folglich die Rolle des „Chefs" mit einem Freiwilligen besetzen.

Der Koordinator „Bauausführung" leitet die gesamte Gruppe der Ausführenden. Er ist als einziger befugt, Arbeitsmaterialien und Hilfsmittel aus dem Lager zu organisieren. Allerdings kann er ein Mitglied der Mannschaft offiziell zu seinem Stellvertreter ernennen. Sollte sich niemand freiwillig für diese Aufgabe melden, ernennt er jemanden.

Der Koordinator „Materiallager" ist direkt dem Manager „Konstruktion" unterstellt und berichtet ausschließlich diesem. Der Koordinator „Materiallager" kontrolliert engmaschig und genau die Vergabe von Arbeitsmaterialien. Material händigt er nur dem Koordinator „Bauausführung" oder dessen Stellvertreter aus.

Sie verfügen über eine größere Anzahl Mitarbeiter, die der Koordinator „Bauausführung" direkt führt. Die Mitarbeiter sind alle sehr engagiert, sie empfangen ihre Arbeitsanweisungen ausschließlich vom Koordinator „Bauausführung". Nur er bestimmt den Einsatz der Arbeitsmaterialien.

Auftrag

Ihr Unternehmen soll das größte und attraktivste Hochhaus in der vorgegebenen Zeit bauen. Dabei stehen Sie in direktem Wettbewerb mit einem anderen Unternehmen, welches Sie zielbezogen übertreffen wollen.

Jenes Team, dessen Design diesen Wettbewerb erfolgreich für sich entscheidet, wird mit einem Vertrag für ein 500 Mio.-DM-Projekt belohnt.

Bitte halten Sie sich an die obigen Hinweise.

Viel Erfolg!

✎ Übung Hochhausbau J 4

Bewertungsbogen

Ihr Unternehmen: _____

1. Sie hatten den Auftrag, das höchste und attraktivste Hochhaus zu bauen. Hatten Sie Erfolg?

   ja ☐   nein ☐

2. Gab es eindeutige und klare Arbeitsaufträge und Arbeitsanweisungen für Sie?

   ja ☐   nein ☐

3. Kamen Arbeitsanweisungen von einem direkten Vorgesetzten?

   ja ☐   nein ☐

4. Hatten Sie Spaß bei der Arbeit?

   ja ☐   nein ☐

5. Fanden Sie die Tätigkeit persönlich herausfordernd?

   ja ☐   nein ☐

6. Haben alle Mitglieder Ihres Teams eigene Aufgaben mit 100% Engagement ausgeführt?

   ja ☐   nein ☐

7. Fühlen Sie Befriedigung über das erreichte gemeinsame Arbeitsergebnis?

   ja ☐   nein ☐

8. Konnten Sie selbständig und kreativ Entscheidungen treffen?

   ja ☐   nein ☐

9. Ging der Bau des Hochhauses zügig und ohne Zwischenfälle voran?

   ja ☐   nein ☐

10. Gab es Zeitpunkte, zu denen Sie sich in der Übung frustriert fühlten?

    ja ☐   nein ☐

11. Würde Ihrer Meinung nach ein Unternehmen, welches so wie Ihr Team organisiert ist, erfolgreich am Markt sein?

    ja ☐   nein ☐

12. Möchten Sie in einem Unternehmen arbeiten, welches wie Ihr Team organisiert ist?

    ja ☐   nein ☐

Name	Bürokommunikation	J 5

Stichwort Kooperation; Teamarbeit, Verteilungskonflikt; Konfliktbewältigung; Entscheidung; Wettbewerb

Ziel Erfahren, daß die Problemlösung innerhalb einer Gruppe oder eines Teams nur möglich ist, wenn alle sich aufeinander zu bewegen und ihr Partialinteresse zurücknehmen; Verdeutlichung des Wettbewerbs als Faktor der Konfliktauslösung; Überprüfung von Bewältigungsstrategien bei Verteilungskonflikten; Rückmeldung von Entscheidungs- und Kooperationsverhalten einzelner.

Typ Rollenspiel

Ort Beliebig

Mitwirkende ○ Kleingruppe
○ Beobachter

Durchführung ☞ Der Trainer informiert das Plenum über die Zielsetzung des folgenden Rollenspiels, für das Spieler und Beobachter gebraucht werden.

☞ Danach informiert er die Rollenspieler und Beobachter über ihre Aufgaben und gibt die Rollenanweisungen und Beobachtungsbogen aus. Während die Spieler ihre Rollen studieren, führt der Trainer die Beobachter in ihre Aufgabe ein.

☞ Durchführung des Rollenspiels: Bitte an die Spieler, die Namen des Rollenspiels zu verwenden, sich das Namensschild anzustecken und selbständig zu beginnen.

☞ Nach Beendigung des Rollenspiels werden gemeinsam der Gruppenprozeß, die Entscheidungsfindung und der Umgang mit diesem Verteilungskonflikt ausgewertet.

Dauer 🕐 ca. 50 Minuten

Teilnehmer Sechs Rollenspieler

Trainer ➲ Er führt in die Übung ein, überwacht die Zeitvorgabe und greift dann ein, wenn die Teilnehmer versuchen, sich um eine Entscheidung zu drücken oder unrealistische Vorschläge machen.

Material/ Unterlagen/ Vorbereitung ✍ Variable Tische und Stühle, um die Voraussetzungen für das Rollenspiel zu schaffen
✍ Namensschilder mit den Rollenspielnamen
✍ Flipchart mit Filzstiften und/oder Tafel mit Kreide (Auswertung)

Auswertung Da dieses Rollenspiel viele Möglichkeiten der Auswertung bietet, kann in verschiedene Richtungen ausgewertet werden. So kann der Umgang mit Konflikten, die Entscheidungsfindung, der Gruppendruck usw. in den Bewertungsprozeß einfließen.

Variationen Diese Übung kann vielfältig variiert werden, d. h. von den Namen über die Branche bis hin zum Gegenstand der Verhandlung.

✎ Material zum Rollenspiel J 5

Instruktionen zur Übung „Bürokommunikation"

Die Mitglieder der Gruppe sind Abteilungsleiter eines Bankinstitutes.

Herr Beck, Mitglied des Bankvorstandes, hat vom Gesamtvorstand die Aufgabe bekommen, ein neues Bank- und Bürokommunikationssystem (BBK), das sich bei anderen Banken bereits bewährt hat, schrittweise in seinem Institut einzuführen. Das neue System, das den Abteilungsleitern bereits aus der Zusammenarbeit mit anderen Geldinstituten bekannt ist, wird eine erhebliche Arbeitserleichterung für die Mitarbeiter darstellen, jedoch keine Arbeitsplatzgefährdung. Zudem ist die Einführung des neuen Systems in eine Abteilung mit Prestigezuwachs verbunden.

Der Vorstand der Bank hat beschlossen, zunächst einmal nur eine Abteilung des Hauses mit dem neuen Bank- und Bürokommunikationssystem auszustatten. Es sollen erst einmal Erfahrungen gesammelt und Mitarbeiter herangebildet werden, die als Multiplikatoren bei der Einführung in die anderen Bereiche der Bank dienen können. Der Vorstand möchte *ausschließlich eine Abteilung* als Pilotabteilung benannt haben. Hospitationen von Mitarbeitern anderer Bereiche in der Pilotabteilung werden nicht gewünscht. Der Vorstand möchte auf diese Weise einen weiteren kontinuierlichen Geschäftsablauf gewährleisten, der nicht durch „Kinderkrankheiten" des neuen Systems beeinträchtigt wird.

Besondere Vorteile des neuen Systems sind seine Fähigkeiten im Bereich der

– elektronischen Ablage und der Kundenberatung.

Bei der Archivierung führt das BBK einen Schritt weiter zum „papierlosen Büro", indem es das Ablegen, Ordnen und Wiederfinden enorm erleichtert. In der Kundenberatung werden die üblichen Brüche zwischen Gesprächseröffnung, Informationsbeschaffung, Abfragen usw. vermieden, da das System alle individuellen Daten zu passenden Anlagevorschlägen integriert. Alle Abteilungsleiter identifizieren sich stark mit ihrer Arbeit, wissen um die derzeitige Überlastung ihrer Mitarbeiter und sind daher daran interessiert, das neue System in ihrem Tätigkeitsbereich einzuführen.

Die Entscheidung, die „richtige" Abteilung für diese Einführung auszuwählen, läßt Herr Beck die Abteilungsleiter selbst treffen, da sie den besten Überblick über das jeweilige Geschehen und die Bedingungen in den Abteilungen haben.

Nähere Angaben (für alle Teilnehmer)

Herr Hanke ist Leiter der Scheck- und Wechselabteilung, staatl. gepr. Betriebswirt, hat 10 Mitarbeiter und ist seit 17 Jahren bei der Bank. Er ist 35 Jahre alt, verheiratet und hat zwei Kinder. Die Mitarbeiter von Herrn Hanke klagen seit langem über die hohe Arbeitsbelastung.

Herr Schnell ist Leiter der Wertpapierabteilung, gelernter Bankkaufmann und ist seit 8 Jahren bei der Bank. Er ist 37 Jahre alt und ledig. Er gilt als „Computerfachmann". Herr Schnell arbeitet mit fünf Mitarbeitern zusammen.

Herr König ist Leiter der Organisationsabteilung, Dipl.-Finanzwirt (FH), verheiratet, seit 10 Jahren in der Bank und Vorgesetzter von drei Bankangestellten. Er ist 42 Jahre alt, verheiratet und hat ein Kind. Herr König hat sich entschieden für die Einführung des neuen Systems eingesetzt.

Herr Lauter ist Abteilungsleiter in der Firmenkunden-Abteilung, Dipl.-Kaufmann, seit zwölf Jahren in der Bank und hat sieben Mitarbeiter. Er ist 40 Jahre alt und geschieden. Er wird im Hause wegen seiner effektiven Arbeit sehr geschätzt. Andererseits hat die Abteilung Probleme, die schwieriger gewordene Beratung der Firmen immer zu deren Zufriedenheit zu erledigen.

Herr Wünsch ist Leiter der Privatkunden-Abteilung, gelernter Bankkaufmann und seit seiner Lehrzeit bei der Bank. Er ist 48 Jahre alt, verwitwet und hat zwei erwachsene Kinder. Ihm unterstehen 20 Mitarbeiter. Wegen der mächtigen Konkurrenz ist die Privatkundenberatung einem starken Wettbewerbsdruck ausgesetzt.

Herr Klarner ist Abteilungsleiter der Kreditverwaltung, Dipl.-Betriebswirt und seit 22 Jahren in der Bank. Er ist 46 Jahre alt, verheiratet und kinderlos. Herr Klarner und seine Abteilung (15 Mitarbeiter) verwalten die Kreditakten, die sogenannten „Filmakten". Das Verfahren hierzu ist die Mikroverfilmung.

Jeder der Diskussionsteilnehmer muß sich stark mit der Rolle identifizieren und die gegebenen Fakten beachten. Sollten sich im Laufe des Gesprächs Fakten oder Situationen ergeben, die in den Anweisungen nicht erwähnt wurden, verhalten Sie sich bitte situationsgerecht.

Rolle für Herrn Hanke (nur für Rollenspieler!)
Sie sind davon überzeugt, daß das neue Bank- und Bürokommunikationssystem in Ihrer Abteilung installiert werden muß, weil Sie und Ihre Mitarbeiter die größten Probleme mit der Archivierung von Unterlagen haben. Ihre Mitarbeiter arbeiten zwar seit mehreren Jahren mit Mikroverfilmung, Ihrer Meinung nach ist das moderne Bank- und Bürokommunikationssystem diesem Verfahren jedoch weit überlegen. Da Sie seit geraumer Zeit auf technische Verbesserungen drängen, halten Sie es für selbstverständlich, daß das neue System in Ihrer Abteilung zuerst eingeführt wird.

Rolle für Herrn Schnell (nur für Rollenspieler!)
Sie fungieren in der Bank praktisch als „Computerfachmann", da Sie etliche Fortbildungskurse in Sachen Datenverarbeitung absolviert haben. Treten Probleme mit den hauseigenen EDV-Anlagen auf, werden zunächst Sie befragt, bevor der Kundendienst bestellt wird. Bei Ihrer letzten Geschäftsreise konnten Sie in Tokio miterleben, wie ein ähnlich arbeitendes System in der

Wertpapierabteilung Ihrer dortigen Partnerbank genutzt wurde. Sie sind daher der festen Überzeugung, die Möglichkeiten des neuen Systems voll ausschöpfen zu können, da Sie über die nötige „Fachkenntnis" verfügen.

Rolle für Herrn König (nur für Rollenspieler!)
Durch Ihre Tätigkeit als Leiter der Abteilung Organisation sind Sie mit dem neuen Bank- und Bürokommunikationssystem vertraut, da Sie entscheidend beim Beschluß mitgewirkt haben, dieses System einzuführen. Im Gegensatz zu Herrn Schnell sind Sie nicht der Meinung, daß man als Voraussetzung für den Umgang mit dem neuen System eigene EDV-Kenntnisse benötigt. Sie wissen aus den Verhandlungen mit dem Anbieter, daß dieser für eine qualifizierte Einarbeitung des Bedienungspersonals Sorge trägt. Da Sie sich sehr für das Projekt Bank- und Bürokommunikation eingesetzt haben, sähen Sie es gerne, wenn zunächst Ihre Abteilung in den Genuß der Vorteile des neuen Systems käme.

Rolle für Herrn Lauter (nur für Rollenspieler!)
In letzter Zeit hatten Sie bei Ihren Firmenbesuchen den Eindruck, daß die Konkurrenz ihr Beratungsverhalten geändert hat. Einige Kunden berichteten von Akquisiteuren, die mit Laptops vor Ort beim Kunden eine „Rundum-Beratung" durchführten, indem sie sich via Telefon an den Zentralrechner der Bank anschlossen und Angebote ohne Zeitverzögerungen unterbreiten konnten. Sie wissen, daß dies auch mit dem neuen „Bank- und Bürokommunikations-System" möglich ist und drängen darauf, dieses System zuerst bei sich in der Abteilung einzuführen. Sie befürchten, daß bei weiterer Verzögerungen etliche Firmenkunden zur Konkurrenz abwandern.

Rolle für Herrn Wünsch (nur für Rollenspieler!)
Da der steigende Konkurrenzdruck durch die anderen Banken Sie dazu zwingt, sich Gedanken über eine attraktivere Kundenberatung zu machen, sehen Sie im neuen Bank- und Bürokommunikationssystem den Schlüssel zur Lösung Ihre Probleme. Insbesondere die Schwierigkeiten der Informationsbeschaffung bei Anlageberatungen, die dem Kunden viel Geduld abverlangt, stehen für Sie im Vordergrund. Ihr Hauptargument, das Sie bereits dem Vorstand vorgetragen haben, ist, daß es beim Anlagegespräch mit dem Kunden zwangsläufig durch die herkömmliche Informationsbeschaffung zu Brüchen kommt. Nur ein modernes Bank- und Bürokommunikationssystem kann Ihrer Meinung nach die Kundenberatung rationalisieren.

Rolle für Herrn Klarner (nur für Rollenspieler!)
Sie sind seit 22 Jahren in der Bank, haben sich in verschiedenen Abteilungen ausgezeichnet bewährt und genießen das volle Vertrauen Ihrer Vorgesetzten. Sie wissen seit geraumer Zeit von den Plänen des Vorstandes, ein „Bank- und Bürokommunikations-System" einzuführen. Aber erst seit kurzem sind Ihnen die Möglichkeiten dieses Systems für Ihre Abteilung deutlich geworden. Darauf sind Sie auch von Ihren Mitarbeitern angesprochen worden, die nun große Erwartungen hinsichtlich der Einführung dieses Systems in Ihre Abteilung haben. Da Sie, ähnlich wie Herr Hanke, mit der Mikroverfilmung der Unterlagen nicht 100%ig zufrieden sind, insbesondere was Anfragen zu verfilmtem Material anbelangt, haben sich sich fest vorgenommen, daß System zuerst in Ihre Abteilung zu holen.

Beobachtungsblatt zum Rollenspiel

Ihre Aufgabe besteht darin, die spielende Gruppe zu beobachten und dabei besonders auf folgende Punkte zu achten:

– Haben sich alle an der Diskussion beteiligt?

. . . .

– Wer ist maßgeblich an der Problemlösung beteiligt?

. . . .

– Wie gehen die Betreffenden dabei vor?

. . . .

– Wie reagieren die anderen darauf?

. . . .

– Wann gibt es Konflikte?

. . . .

– Wie sieht das Verhältnis von sachlichen und emotionalen Argumenten aus?

. . . .

– Bilden sich Allianzen? Wer mit wem?

. . . .

– Gibt es Versuche der Gruppe, einer Entscheidung auszuweichen?

. . . .

– Wenn Kriterien für den Zuschlag entwickelt werden, wie sehen diese aus?

. . . .

– Wie ist das Klima in der Gruppe (angenehm, kompetitiv, gereizt, kooperativ)?

. . . .

– In welcher Form wird kommuniziert?

. . . .

– Sonstiges

. . . .

Name	Aquarium	J 6

Stichwort Intergruppen-Teamentwicklung; Teamentwicklung quer durch die Organisation

Ziel Verbesserung der Zusammenarbeit zwischen Teams; Austausch von Meinungen, Argumenten, Erfahrungen; Beziehungsklärung; Problemlösung; Herausarbeiten der Unterschiede verschiedener Teams

Typ Übung

Ort Nach Möglichkeit außerhalb des Unternehmens, z. B. in einem Hotel, um Störungen fern zu halten und eine entspannte Atmosphäre zu schaffen

Mitwirkende Mitglieder zweier verschiedener Teams

Durchführung ☞ Je ein Team bildet einen Außen- und einen Innenkreis

☞ Das Team, das den Außenkreis (Team 1) bildet, hört nun der Diskussion der Personen des Innenkreises (Team 2) zu. Folgende Themen werden erörtert:

– Welche Handlungen, Verhaltensweisen, Aktivitäten der Teammitglieder von Team 1 behindern unsere Arbeit bzw. die Kooperation zwischen den Teams?
– Was ist aus unserer Sicht positiv an unserem Team, was gefällt uns?
– Welche Handlungen, Verhaltensweisen oder Aktivitäten unsererseits bereiten Team 1 u. U. Probleme?
– Was sollten die Teammitglieder von Team 1 ändern, um die Zusammenarbeit mit uns zu verbessern?
– Wie könnte unser Beitrag dazu aussehen? usw.

☞ Der Moderator oder ein Protokollant hält die Aussagen fest.

☞ Welche und wieviele Fragen vorgegeben werden, entscheidet der Trainer gemeinsam mit den Teams.

☞ Im nächsten Schritt wechseln die Teams ihre Plätze, d. h. das Team aus dem Außenkreis begibt sich nun nach innen und diskutiert die gleichen Themen. Auch hier wird wiederum protokolliert.

☞ Anschließend werden gemischte Kleingruppen gebildet, die nun anhand der Notizen *„Spielregeln der Zusammenarbeit", „Regeln für den Umgang mit Konflikten"* oder *„Verfahren zur besseren Koordination der Arbeit bei gemeinsamen Aufgaben"* usw. ausarbeiten, die sie im Anschluß an die Gruppenarbeit im Plenum präsentieren.

☞ Nach den Präsentationen wird ein gemeinsamer Maßnahmenplan und eine Vereinbarung schriftlich festgehalten, die zuvor gründlich diskutiert wurde, so daß alle Teilnehmer sie akzeptieren können. Diese wird von allen Anwesenden unterschrieben. Mit der Unterschrift verpflichten sich die Unterzeichner, diesen „Vertrag" künftig einzuhalten.

☞ In einem nächsten Schritt wird das Prozedere für die Erfolgssicherung besprochen und die Konsequenzen, die sich ergeben, wenn das andere Team bzw. einzelne den Kontrakt nicht einhalten.

Dauer
🕐 Pro Einheit ca. 30–40 Minuten; für das Gesamtverfahren mindestens einen Tag

Teilnehmer
Hängt von der Größe der Teams ab

Trainer
➲ Er führt in die Übung ein und überwacht die Zeitvorgabe. Wichtig ist hierbei, die Teilnehmer im Innenkreis darum zu bitten, möglichst verständlich und laut zu sprechen, damit der Außenkreis die Diskussion verfolgen kann.

➲ Er teilt die Kleingruppen ein, z. B. durch Abzählen, um zu vermeiden, daß informell gut funktionierende Untergruppen aus den Teams im „eigenen Saft schmoren" und u. U. liebgewonnene Vorurteile pflegen.

➲ Er achtet darauf, daß keine Schuldzuweisungen erfolgen und die Teams nach vorne blicken, d. h. keine „Rabattmarkenhefte" einlösen, indem sie alte Vorfälle herauskramen und Schuldige suchen. Die Frage steht im Mittelpunkt: *„Was können wir konkret gemeinsam tun, damit bestimmte Dinge künftig nicht mehr passieren?"*

Material/ Unterlagen/ Vorbereitung
✎ Variable Tische und Stühle, um Kreise bilden zu können
✎ Namensschilder
✎ Flipchart mit Filzstiften und/oder Tafel mit Kreide
✎ Papier und Schreibzeug
✎ Materialien für die zusätzlichen Übungen

Auswertung
✓ Das Sammeln der Ideen aus dem Innenkreis kann z. B. mittels Kartenabfrage erfolgen

Variationen
Variante 1: Nachdem im ersten Durchgang der Innenkreis (Team 1) die Diskussion beendet hat, geben die Mitglieder des Teams 2 aus dem Außenkreis ein Feedback, bevor sie die Plätze tauschen.

Variante 2: Bevor die Teams ins Aquarium gehen, bearbeiten die Teammitglieder einzeln die festgelegten Fragestellungen (s. o.) und diskutieren erst dann im Innenkreis. Dies hat den Vorteil, daß der einzelne sich geistig auf die Themen in Ruhe vorbereiten kann.

Variationen

Variante 3: Die beiden Teams bereiten sich gemeinsam mit der vorgegebenen Fragestellung auf die Übung vor und diskutieren anschließend das Ergebnis im Innenkreis.

Variante 4: Im Innenkreis bleibt ein „Besucherstuhl" frei, auf den sich eine Person aus dem Außenkreis setzen kann, die Lust hat, mitzudiskutieren. Nach ihrem Beitrag zieht sie sich wieder zurück.

Name	Teambegegnung	J 7

Stichwort Kontaktaufnahme; Teamgrenzen; Identität; Teamnormen

Ziel Kontakt zu bisher fremden Teams; Erkennen von Teamnormen und -ritualen; Kennenlernen von Teamgrenzen

Typ Gruppen- und Plenumarbeit

Ort Drei verschiedene Räume, die nahe beieinanderliegen. Je ein Teamraum sowie ein größerer für die Plenumarbeit

Mitwirkende Mitglieder der Teams

Durchführung ☞ Jedes Team sucht zunächst für sich ein Symbol, das typisch für es ist.

☞ Zusammenkommen im Plenum und Darstellung der Teamsymbole. Dabei gilt:

– Jedes Team begründet die Wahl ihres Symbols.
– Das jeweils andere Team gibt eine Rückmeldung und teilt dessen Eindrücke mit.
– Das darstellende Team gibt Feedback auf diese Reaktion.

☞ Die Teams arbeiten anschließend wieder getrennt. Geklärt werden soll, wer welche Position in der Gruppe bekleidet und welche Rolle er einnimmt. Dabei soll auf die formelle Position und Rolle (z. B. Teamleiter mit den Aufgaben usw.) als auch die informelle (z. B. *„Karl ist unser Organisator, wenn es um Teamfeste geht"* usw.) eingegangen werden. Hierzu soll jeder aus dem Team folgendes tun:

– seine gewünschte Position und Rolle kundtun,
– Feedback zum Anspruch des Teams fordern und
– schlußendlich Position und Rolle im Team klären.

☞ Im nächsten Plenumschritt stellen sich die einzelnen Teammitglieder vor. Das andere Team gibt daran anschließend sein Feedback zu dieser Vorstellung, und die Feedback-Nehmer reagieren darauf (*„Auf mich hat Ihre Rückmeldung gewirkt wie ...!"*)

☞ In wiederum getrennten Teams wird die Wahrnehmung, die man zunächst vom anderen Team hatte, ausgewertet und ggf. korrigiert.

☞ Nach den getrennten Teamsitzungen finden sich die beiden Gruppen wieder im Plenum zusammen und teilen sich nun gegenseitig das Fremdbild mit, das man bis dato hat. Dies kann in gemalten Bildern oder verbal geschehen.

☞ Im letzten Schritt werten die beiden Teams das gesamte Vorgehen getrennt aus.

235

Dauer 🕓 1 Tag

Teilnehmer Je nach Teamgröße

Trainer ➲ Er gibt die Regeln bekannt und achtet auf deren Einhaltung sowie auf eine ausreichende Pausengestaltung.

➲ Bei der Wahl des Teamsymbols sollte er vor der Durchführung dieses Abschnittes einen Symbolbereich abgrenzen.

Material/ ✍ Namensschilder
Unterlagen/ ✍ Flipchart mit Filzstiften und/oder Tafel mit Kreide
Vorbereitung ✍ Papier und Schreibzeug

Hinweis für ○ Der Leiter sollte auf die Chancen hinweisen, die sich
die Weiterarbeit durch die Begegnung im Verhältnis der beiden Teams ergeben und einen gemeinsamen Abschluß planen (z. B. Abschlußfeier).

Name	Stereotyp	J 8

Stichwort	Blinder Fleck; Wirkung des Teams auf andere; Feedback
Ziel	Lösung von Intergruppen-Problemen; Verbesserung der Zusammenarbeit zwischen Teams
Typ	Einzel- und Teamarbeit
Ort	Nach Möglichkeit außerhalb des Unternehmens, z.B. in einem Hotel, um Störungen fern zu halten und eine entspannte Atmosphäre zu schaffen
Mitwirkende	Mitglieder der Teams, die ihre Zusammenarbeit verbessern möchten

Durchführung

☞ Mit Hilfe des Trainers erarbeiten beide Teams zunächst ihr Selbstbild sowie das Bild, das sie vom anderen Team haben. Der Auftrag ist, diese Erarbeitung anschließend im Plenum (beide Teams) zu präsentieren. Auf zwei Flipcharts können folgende Fragen stehen:

1. Wie sehen wir
   – uns und unser Team?
   – unsere Stärken?
   – unsere Defizite?
   – unsere Schwierigkeiten?
   – unsere Entwicklungspotentiale?

2. Wie und warum sehen wir das andere Team so, wie wir dies tun in bezug auf deren
   – Image?
   – Stärken?
   – Schwächen?
   – Probleme?

☞ Präsentation der Fremd- und Selbstbilder im Plenum (beide Teams). Das jeweils andere Team hört zunächst nur zu und kommentiert die Darstellung nicht, sondern läßt das Gesagte auf sich wirken.

☞ Ist die Präsentation durchgeführt, dürfen die Teams gegenseitig nachfragen, wie die Diskrepanzen zwischen Selbst- und Fremdbild zustandegekommen sind. D.h., die Teilnehmer können um Präzisierung bitten, sich Informationen ergänzen und erklären lassen. **Regel dabei:** Das Feedback nehmende Team darf sich dabei nicht rechtfertigen, Schuld zuweisen oder Erklärungen vorbringen.

☞ In anschließend getrennten Teamsitzungen wird versucht, die Ursachen für die Wirkungen auf das jeweils andere Team zu analysieren. Die Ergebnisse hieraus,

z. B. Reibungspunkte, werden festgehalten und wiederum im Plenum (beide Teams) präsentiert.

☞ Schließlich wird gemeinsam versucht, aufgrund der Analysen die Ursachen für die Probleme zwischen den Teams ausfindig zu machen und nach Lösungen zu suchen. Diese Lösungen finden Eingang in einen Maßnahmenplan (Wer? Was? Wo? Bis wann?).

Dauer

🕐 Ca. 1 Tag

Teilnehmer

Je nach Teamgröße

Trainer

➲ Er sollte vor allem auf die Einhaltung der Feedback-Regeln achten und vermeiden, daß alte Vorfälle, Konflikte etc. wieder „aufgewärmt" werden.

**Material/
Unterlagen/
Vorbereitung**

〰 Namensschilder
〰 Flipchart mit Filzstiften und/oder Tafel mit Kreide
〰 Papier und Schreibzeug

Variationen

Varianten bieten sich vor allem bei den Fragestellungen zum Selbst- und Fremdbild der Teams an. Erweiterungen wären: „Wie sollte unser Image bei den anderen sein?", „Weshalb sehen die anderen uns so, wie wir das vermuten?" usw.

Name	Spinnennetz	J 9

Stichwort	Kooperation; Strategieplanung; Rollenverteilung im Team	
Ziel	Sensibilisieren für den Nutzen gemeinschaftlichen Handelns und Planens; Herbeiführen eines Konsenses über einen Lösungsweg	
Typ	Spiel	
Ort	○ Reizvoller Platz in der freien Natur ○ Geschlossene Räume (siehe Variante)	
Mitwirkende	Mitglieder eines Teams	
Durchführung	☞ Der Leiter spannt zwischen zwei Bäumen, die nicht weiter als 4 bis 5 Meter auseinanderliegen sollten, eine Wäscheleine in ca. 2 Meter Höhe. Das gleiche tut er mit einer zweiten Leine in Höhe von ca. 40 bis 50 Zentimetern. Im nächsten Schritt verspannt er den Rest der Schnur so zwischen den beiden Leinen, daß sich eine Art Spinnennetz ergibt. Er muß allerdings darauf achten, daß die entstehenden Löcher zwischen 40 und 50 Zentimetern groß sind, so daß ein Mensch hindurchschlüpfen kann. Es sind so viele Löcher zu schaffen, wie Personen an dieser Übung teilnehmen.	
	☞ Folgende Aufgabe ist anschließend vom Team zu bewältigen: Das gesamte Team muß von der einen Seite des Netzes auf die andere gelangen, indem jeweils einzelne Mitglieder durch die Löcher im Netz „schlüpfen". Wichtigste Regeln dabei sind:	
	– das Netz darf *nicht* berührt, – jedes Loch nur *einmal* benutzt werden und – Hilfestellung darf nur von der Seite gegeben werden, von der aus *gestartet* wird.	
	Kommt es dennoch zu einer Berührung mit dem Seil, müssen alle Mitspieler, die bereits auf der anderen Seite sind, wieder zurück. Sind alle auf der anderen Seite, ist die Aufgabe bewältigt.	
Dauer	⏱ Ca. 60 Min.	
Teilnehmer	Hängt von der Größe der Teams ab	
Trainer	➲ Er führt in die Übung ein und gibt die Regeln bekannt. ➲ Er beobachtet die Aktionen des Teams, achtet auf die Einhaltung der Regeln und entscheidet, ob das Team bei der Berührung des Netzes an seinen Ausgangspunkt zurück muß.	

Material/   ⌒ 50–60 m langes Seil, Schnur oder Wäscheleine
Unterlagen/   ⌒ Klebeband bei der Variante
Vorbereitung   ⌒ Flipchart, Overhead oder Tafel für die Auswertung
           ⌒ Stifte
           ⌒ Schreibzeug

Auswertung   ✓ Nach welcher Strategie hat das Team versucht, die Aufgabe zu lösen?
           ✓ Wie hat es sich organisiert?
           ✓ Wer hat welche Rolle eingenommen? Waren die Rollen identisch mit denen im Teamalltag?
           ✓ Wie haben sich die einzelnen gefühlt, wenn sie sich auf die anderen voll und ganz verlassen mußten?
           ✓ Wo gab es Konflikte? usw.

Variationen   **Variante für geschlossene Räume:**
In geschlossenen Räumen, die über eine entsprechende Größe verfügen, kann diese Übung ebenfalls durchgeführt werden. Als „Baumersatz" fungieren rechts und links jeweils ein Tisch, auf den ein anderer kopfüber, also Tischfläche auf Tischfläche, gestellt wird. Das Netz wird nun mittels Klebeband von den Tischbeinen der rechten bzw. linken Seite zur gegenüberliegenden gespannt. Die Tische sollten mindestens 3 m voneinander entfernt stehen. Die Regeln sind dieselben wie bei der Outdoor-Fassung.

240

Name	Luftballonlauf	J 10

Stichwort	Kooperation; Koordination; Wettbewerb
Ziel	Durch die gemeinsame Aktion sollen die Teammitglieder ein Gefühl für die Notwendigkeit von Kooperation und Koordination bei einer gemeinsamen Aufgabe erhalten.
Typ	Spiel
Ort	Im Freien
Mitwirkende	Alle Teammitglieder
Durchführung	**Variante 1:** Das Team spielt als Ganzes gegen eine vorgegebene Zeit.

☞ Zunächst werden die Ballons aufgeblasen. Dann stellt sich das Team hintereinander auf. Jeweils Vorder- und Hintermann nehmen einen Luftballon zwischen sich.

☞ Auf das Zeichen des Trainers setzt sich das Team in Gang. Dabei gilt folgende Regel:

– Fällt ein Luftballon auf die Erde, muß das gesamte Team um einen Meter zurück und darf dann erneut starten.

☞ Die Aufgabe ist bewältigt, wenn das Ziel erreicht ist.

Variante 2: Das Gesamtteam wird in zwei oder drei kleinere Gruppen aufgeteilt, und es wird gegeneinander gespielt.

☞ Durch die Aufteilung wird eine Wettbewerbssituation induziert. Sieger ist die Gruppe, die zuerst am Ziel ist.

Dauer	◷ Je nach Länge der Strecke bis zu 15 Min.
Teilnehmer	Alle Teammitglieder
Trainer	➔ Er bestimmt eine Strecke für den Lauf ➔ Er gibt die Regeln bekannt, achtet auf die Einhaltung und stoppt die Zeit
Material/ Unterlagen/ Vorbereitung	✎ Ausreichend Luftballons ✎ Evtl. Flipchart für die Auswertung
Auswertung	✓ Wie wurde das „Aufeinander-Angewiesen-Sein" bei der Aufgabe erlebt? ✓ Wie hätte man es besser machen können? ✓ Wie hat sich die Wettbewerbssituation auf das einzelne Team ausgewirkt?
Variationen	Auch in geschlossenen Räumen einsetzbar, die genügend Platz bieten

241

Name	Getränkekistenklettern	J 11

Stichwort Vertrauen; Zusammenhalt; Grenzüberschreitung; Mut; Selbstvertrauen

Ziel
- Die Erfahrung machen, Kontrolle an andere abzugeben und sich ganz auf sie verlassen zu können
- Aufbau und Stärkung von Vertrauen im Team
- Erproben persönlicher Grenzen
- Stärkung des Selbstvertrauens einzelner

Typ Spiel

Ort Ebenes, grasbewachsenes Gelände mit Laubbäumen, z. B. Parkanlage eines Hotels

Mitwirkende Drei Personen aus dem Team

Durchführung
- ☞ Zunächst wird ein geeigneter, gesunder Baum gesucht und an einem Ast in ca. 7 bis 9 Meter Höhe zwei Schleifen und Karabiner zur Seilsicherung des Kletterers befestigt.

- ☞ Ist dies geschehen, werden alle Teammitglieder durch den Leiter mit den Sicherheitsmaßnahmen vertraut gemacht.

- ☞ Anschließend wird die Aufgabe beschrieben. Sie besteht darin, die vorhandenen Getränkekisten von einem Teilnehmer so aufeinander stapeln zu lassen, daß ein Turm entsteht, auf den er unter Halten des Gleichgewichts steigen muß. Dabei benutzt der Kletterer die seitlichen Griffausschnitte der Getränkekisten, um den nach und nach entstehenden Turm zu erklimmen.

- ☞ Der Trainer bittet den ersten Kletterer, den Helm und den Vollgurt anzulegen.

- ☞ Der Steiger darf sich nun aus dem Team einen Sicherer und einen Zureicher für die Kisten aussuchen.

- ☞ Der Sicherer legt den Hüftgurt an, der mit dem Seil des Kletterers verbunden ist. Er gibt darauf acht, daß das Seil nicht zu stramm bzw. locker ist, während der Kletterer seinen Turm aufbaut.

- ☞ Kann der Zureicher die Kisten dem Kletterer nicht mehr direkt in die Hand geben, muß er ihm diese zuwerfen. Verfehlt er sein Ziel, fällt die Kiste herab und stellt eine Gefahr für die Umstehenden dar. Das gleiche gilt auch für den Einsturz des Turms. Deshalb sollten die zuschauenden Teammitglieder einen Sicherheitsabstand halten. Will man ganz sicher gehen, kann man ca. 40–50 cm zu den Karabinern, also in Griffweite des Kletterers, versetzt eine Schleife befestigen. Durch sie wird ein zusätzliches Seil gezogen, mit dem der Zureicher die Kisten nach oben ziehen kann.

Dauer 🕐 Ca. 40 Minuten pro Durchgang

Teilnehmer Drei Personen (Kletterer, Sicherer, Zureicher)

Trainer
- ➲ Er sichtet geeignetes Gelände vor der Übung
- ➲ Er bereitet diese Übung vor, indem er sich in geeigneten Sport- bzw. Fachgeschäften mit der Seiltechnik, mit dem Anlegen der Gurte und den weiteren Sicherheitsmaßnahmen vertraut machen iäßt.
- ➲ Er sollte diese Übung zunächst einmal selbst ausprobieren und Sicherheit im Umgang mit den Materialien gewinnen

Material/ Unterlagen/ Vorbereitung
- ᗌ Drei Kletterseile a 30 m (1x Ersatz)
- ᗌ Ein Vollgurt
- ᗌ Ein Hüftgurt
- ᗌ Fünf Karabiner (1x Ersatz)
- ᗌ 20 große Getränkekisten (idealerweise Saft- oder Cola-Kisten)

Auswertung
- ✓ Wie haben sich die Teammitglieder in den verschiedenen Rollen gefühlt?
- ✓ Wie war es für den Kletterer, sich ganz auf den Sicherer zu verlassen?
- ✓ Wie ging der Sicherer mit der Verantwortung um?
- ✓ Wie wurde das Scheitern empfunden, was hat es ausgelöst?

Variationen Keine

Name	Heißluftballon	J 12

Stichwort
Kooperation; Stärkung des Zusammenhalts; Strategiefindung

Ziel
Bau eines Heißluftballons zur Bildung von Teamidentität und Verdeutlichung der Wirkung verschiedener Funktionen und Rollen im Team

Typ
Übung

Ort
Großer Raum mit Tischen oder im Freien

Mitwirkende
Alle Teammitglieder

Durchführung
Variante 1: ohne Beobachter

☞ Anhand der Bauanleitung beginnen die Kleingruppen, den Ballon zu bauen (siehe Bauanleitung).

☞ Wenn alle Ballons fertig sind, können sie gestartet werden.

Variante 2: mit Beobachter

☞ Mittels Bauanleitung beginnen die Kleingruppen, den Ballon zu bauen.

☞ Die Beobachter verfolgen das Tun in den Gruppen und machen sich Notizen (siehe Beobachtungsbogen).

☞ Wenn alle Ballons fertig sind, können sie gestartet werden.

☞ Nach dem Start, wenn die Ballons außer Sichtweite sind, beginnt die Auswertung.

Dauer
🕐 Ca. 3 bis 4 Stunden

Teilnehmer
○ **Variante 1:** Kleingruppen à vier Personen

○ **Variante 2:** Kleingruppen à vier Personen mit je einem Beobachter

Trainer
➲ Je nach Wahl der Variante sind die Gruppen entsprechend aufzuteilen (Teilnehmer und Beobachter).

➲ **Hinweis:** Der Flug des Ballons ist am erfolgreichsten in den Morgen- oder Abendstunden!

➲ Der Ballon wird am einfachsten mit einem Heißluftfön gefüllt.

Material/ Unterlagen/ Vorbereitung
✄ Je Gruppe die notwendigen Materialien

Auswertung   ✓ In Variante 1, ohne Beobachter, wertet der Trainer mit Hilfe der Fragen aus dem Beobachtungsbogen aus.

✓ In Variante 2 befragt er die Beobachter und anschließend die Teilnehmer. Dabei geht er schrittweise die Phasen des Bogens durch.

Variationen   s. o.

Bauanleitung Heißluftballon (J 12)

Hier mit den anderen Seitenteilen verkleben!

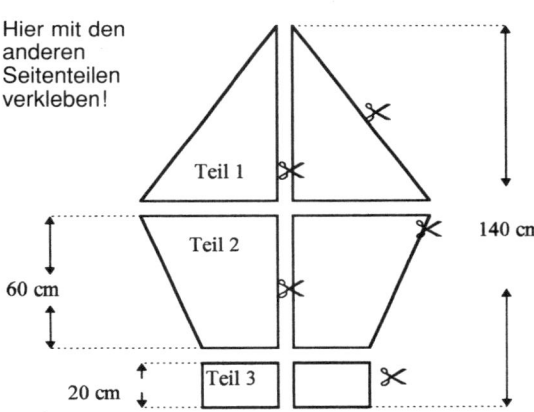

Ansicht eines Seitenteils, die jeweils an den Schnittstellen (✂) miteinander verklebt werden. Vier solcher Seitenteile ergeben den Ballon!

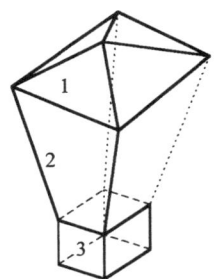

Sind alle vier Seiten miteinander verklebt, ergibt sich nebenstehende Ballonform.

Benötigtes Material:

– Große Seidenpapierbogen
– Klebstoff
– Schere

245

✎ Material zu Übung J 12

Beobachtungsblatt

Ihre Aufgabe besteht darin, die bastelnde Gruppe zu beobachten und dabei besonders auf folgende Punkte zu achten:

Planungsphase:

– Wie lange dauert es, bis sich die Gruppe auf eine gemeinsame Strategie geeinigt hat?

. . . .

– Wer beeinflußt den Prozeß in der Gruppe am stärksten?

. . . .

– Wie geht die Gruppe bei ihrer Arbeit vor?

. . . .

– Wie reagieren die aus der Gruppe, die den Prozeß nicht beeinflussen?

. . . .

– Kam es zu Konflikten und wann?

. . . .

Durchführungsphase:

– Wie werden die Aufgaben in der Gruppe verteilt? Wer ist aktiv, wer ist eher passiv?

. . . .

– Gibt es ein einheitliches Vorgehen?

. . . .

– Ist die Gruppe erfolgreich?

. . . .

– Bringt jemand besondere Ideen ein?

. . . .

– Herrscht eine angenehme Atmosphäre in der Gruppe?

. . . .

– Wie kommunizieren die Gruppenmitglieder miteinander?

. . . .

8.13 Methoden für die interkulturelle Zusammenarbeit

8.13.1 Länderübergreifende Firmenkulturen

Insbesondere Großkonzerne entwickeln individuelle, transnationale Unternehmensidentitäten. Für Führungskräfte und Mitarbeiter heißt dies, eine gemeinsame Wertekultur und Corporate identity zu schaffen. Unabhängig davon ist auch in vielen beruflichen Bereichen ein internationales Setting üblich geworden. So müssen Mitarbeiter in Behörden, Verwaltungen und Firmen im Reden und Handeln kulturelle Eigenheiten erkennen und adäquat darauf regieren können. Ebenso erfordert ein Einsatz im Ausland diese interkulturelle Kompetenz.

Maßnahmen der Personalentwicklung, die ein besseres gegenseitiges Verstehen fördern sollen, setzen vor allem am Verständnis des Kommunikationsverhaltens der verschiedenen Kulturen an. Kultur dient dem einzelnen als Orientierungssystem sowohl auf der Ebene der Gesamtgesellschaft als auch auf der einer Organisation oder Gruppe. Kultur zeigt sich in Symbolen, Normen, Legenden, Werten, Riten usw., die von Generation zu Generation weitergegeben oder tradiert werden. Man denke nur an unterschiedliche Eßgewohnheiten oder Führungsverhaltensweisen, die sich von Land zu Land sehr stark unterscheiden können. Kultur beeinflußt die Wahrnehmung, das Denken, die Werthaltungen, das Handeln und die Verhaltensweisen ihrer Mitglieder. Kulturen schaffen aber auch spezifische materielle und immaterielle Ausdrucksformen.

Probleme entstehen immer dann, wenn Personen verschiedener Kulturzugehörigkeit, unterschiedlicher Standards der Wahrnehmung, des Denkens und Handelns aufeinandertreffen. Dies verunsichert und erschwert die Kommunikation. Die Folge davon kann eine Ablehnung des anderen sein. Kulturen müssen sich jedoch anpassen, um überleben zu können, dies gilt in besonderem Maße für Firmenkulturen.

Länderübergreifende Firmenkulturen bedürfen daher eines Prozesses des „Kulturlernens", des Aufbaus interkultureller Kompetenz ihrer Mitglieder. Dazu gehört die bewußte Reflexion der eigenen Kulturstandards sowie das Erfahren und Kennenlernen der Standards anderer Kulturen. Daraus müssen sich Bewältigungsstrategien entwickeln, die es den einzelnen ermöglichen, kulturelle Situationen die mit starker Verunsicherung verbunden sind oder Überschneidungen kultureller Bereiche darstellen, erfolgreich zu meistern, Toleranz und Verständnis zu zeigen, um so interkulturelle Begegnungen zum Erfolg zu führen.

Über Entwicklungsmaßnahmen im Rahmen der Fort- und Weiterbildung können Mitarbeiter lernen, sich auf die Begegnung und eine gedeihliche Zusammenarbeit mit Kollegen aus anderen Ländern vorzubereiten. Übungen und Spiele sind dazu sinnvolle Hilfen in gemischten Seminaren.

Fünf Vorgehensweisen, die das gegenseitige Verständnis fördern und sich in Veranstaltungen bewährt haben, finden sich nachfolgend beschrieben. Sie sollen nicht nur die inhaltliche Planung interkultureller Veranstaltungen erleichtern, sondern auch dazu anregen, eigene Vorgehensweisen zum Thema zu entwickeln.

Name	Sightseeing	K 1

Stichwort	Kulturstandards; Wahrnehmung
Ziel	Gemeinsam mit Teilnehmern aus anderen Nationen oder Kulturkreisen die eigene Lebensumgebung neu erfahren
Typ	Aktivität
Ort	Bei gemischtnationalen bzw. -kulturellen Veranstaltungen sollte das Seminar am Ort des einladenden Unternehmens stattfinden.
Mitwirkende	Teilnehmer an interkulturellen Veranstaltungen
Durchführung	☞ Die Großgruppe teilt sich in mehrere kleinere Gruppen (bi- oder multinational bzw. -kulturell mit max. 8 Teilnehmern). Aufgabe der Gruppen ist es, eine Stadtführung für die *eigene* Gruppe zu planen. Folgende Fragen können der Vorbereitung dienen: – Welche wichtigen Einrichtungen wollen wir sehen? – Welche kulturellen Sehenswürdigkeiten sollen wir besuchen? – Welche Unternehmen, Gewerbe, Industrien sind für die Stadt/Region beispielhaft und daher einen Besuch wert? – Was ist typisch für das Lebensumfeld der Stadt/des Ortes usw. (z. B. Berge, Seen usw.)? ☞ Nach der Aktivität, die streckenweise geführt sein kann und ca. einen halben Tag dauert, werden der Ausflug in der verbleibenden Zeit nachbesprochen und die Erlebnisse und Eindrücke diskutiert.
Dauer	🕐 Vorbereitung ca. 4 Stunden 🕐 Durchführung 1/2 Tag und mehr
Teilnehmer	Überschaubare und organisierbare Gruppengröße
Trainer	➲ Führt in die Aufgabe und Ziele der Aktivität ein ➲ Hilft bei der Vorbereitung ➲ Stellt Kontakt zu Institutionen, Behörden, Firmen usw. her ➲ Moderiert die Auswertung und Diskussion
Material/ Unterlagen/ Vorbereitung	ᘓ Flipchart und Stifte ᘓ Stadtpläne ᘓ Gruppenfahrscheine, wenn notwendig
Auswertung	Mögliche Fragen: ✓ Was war besonders interessant? ✓ Wer aus der Gruppe der Einheimischen hat eine neue Perspektive seines Lebensraums bekommen?

249

✓ Haben die Einheimischen durch die Fragen der anderen Teilnehmer eine andere Wahrnehmung bestimmter Dinge ihres Umfeldes entwickelt?

✓ Was hat die Teilnehmer abgestoßen, angezogen, erstaunt?

Variationen   Bedingt modifizierbar

Name	Besonderheiten	K 2

Stichwort	Kulturelle Identität
Ziel	Herausarbeiten der nationalen und kulturellen Identität
Typ	Übung
Ort	Nach Belieben
Mitwirkende	Teilnehmer an interkulturellen Veranstaltungen
Durchführung	☞ Die Großgruppe teilt sich in mehrere kleinere Gruppen (kulturell homogen).
	☞ Die Gruppen erhalten die Aufgabe, in einer Gegenüberstellung auf einem Chart oder an einer Pinnwand positive und negative Persönlichkeitseigenschaften, die typisch für ihr Volk, ihre Nation oder Kultur sind, aufzulisten.
	☞ Für die positiven Eigenschaften kann ein grüner Stift verwendet werden oder wenn mit der Pinnwand gearbeitet wird, diese mit grünen Kärtchen dargestellt werden. Rot steht für die negativen Charakteristiken. Schwarz wird für die neutralen Eigenschaften verwendet, die weder positiv noch negativ, aber „typisch" sind.
	☞ Danach stellen die Gruppen ihre Gegenüberstellungen im Plenum dar und diskutieren die Ergebnisse.
Dauer	🕐 Ausarbeitung mit Auswertung ca. 60 Min.
Teilnehmer	Max. 20 Personen
Trainer	➲ Er führt in die Übung ein. ➲ Er moderiert die Auswertung.
Material/ Unterlagen/ Vorbereitung	✎ Flipchart oder Pinnwand ✎ Farbige Stifte oder farbige Kärtchen
Auswertung	✓ Treffen die Charakteristiken aus Sicht der anderen Teilnehmer zu?
	✓ Sind die positiven, negativen oder neutralen Zuordnungen aus der Perspektive der anderen so zutreffend?
	✓ Können sich die so Charakterisierten mit der Auflistung identifizieren?
	✓ Was erstaunt die Teilnehmer der jeweils anderen Nation bzw. Kulturkreises an der Auflistung?
	✓ Gibt es Dinge in den Gegenüberstellungen, die im Wandel begriffen sind?
Variationen	Um Selbst- und Fremdbild von Anfang an in die Ausarbeitung einfließen zu lassen, können auch gemischtnationale bzw. -kulturelle Gruppen gebildet werden.

251

Name	Stille Post einmal anders	K 3

Stichwort Nonverbale Kommunikation; Sprache; Kommunikations-störungen

Ziel Erkennen von Konsequenzen aus Verstehensproblemen bei Verschiedensprachigkeit

Typ Übung (heiter)

Ort In geschlossenen Räumen

Mitwirkende Teilnehmer an interkulturellen Veranstaltungen

Durchführung ☞ Der Trainer sucht 10 Freiwillige, die zunächst den Raum verlassen müssen. Dann bittet er einen weiteren Teilnehmer, bei der Übung mitzumachen. Dieser erhält den Auftrag, eine Tätigkeit, wie beispielsweise das Füttern eines Kleinkindes, in seiner Muttersprache unter Zuhilfenahme nonverbaler Signale zu vermitteln. Diese „Tätigkeit" soll er dem nächsten Teilnehmer, der anschließend hereingebeten wird, erklären.

☞ Der Teilnehmer, der als nächster den Raum betritt, wird angewiesen, genau zuzuhören und zu beobachten, was ihm sein Partner beschreiben möchte, da er die Aufgabe hat, diesen „Auftrag" an den nachfolgenden Teilnehmer weiterzuvermitteln. Nachfragen sind nicht erlaubt. So werden alle Teilnehmer durchgeschleust. Der letzte wird gebeten zu sagen, was er denkt, was für eine Aufgabe er ausgeführt hat. Auch die Vorgänger werden befragt. Anschließend beschreibt Teilnehmer Nr. 1 die Tätigkeit, die er vorgemacht hat, und klärt über die Bedeutung seiner Worte und Gesten auf. Dies erzeugt meist große Heiterkeit im Plenum, da der Ausgangsauftrag und die Folgedeutungen oft wenig miteinander zu tun haben.

☞ Nach der Übung wertet der Trainer gemeinsam mit den Teilnehmern die Aufgabe aus.

Dauer 🕐 Ca. 60 Min. je nach Gruppengröße

Teilnehmer Max. 10 Personen, da sonst ermüdend

Trainer ➲ Der Trainer beschreibt die Aufgabe und sucht Freiwillige.
➲ Er moderiert die Auswertung und Diskussion.

Material/ Unterlagen/ Vorbereitung Keines/Keine

Auswertung   Fragen zur Auswertung im Plenum:

✓ War die Aufgabe schwierig?

✓ Welches Gefühl hatten Sie dabei, Anweisungen ausführen zu müssen, die Sie nicht oder nur teilweise verstanden haben?

✓ Was hat Sie überrascht?

✓ Welche Konsequenzen haben die Erkenntnisse aus dieser Übung für Ihr künftiges Kommunikationsverhalten?

Variationen   Wenig modifizierbar

Name	Was soll ich tun?	K 4

Stichwort   Nonverbale Kommunikation; Hilflosigkeit; Sprache

Ziel   Bewußtmachung der Situation des Nicht-verstanden-Werdens und Nicht-verstehen-Könnens

Typ   Übung

Ort   Beliebig

Mitwirkende   Teilnehmer an interkulturellen Veranstaltungen

Durchführung   ☞ Das Plenum teilt sich in gemischtkulturelle bzw. -nationale Zweier-Gruppen auf.

☞ Die Paare erhalten folgende Aufgabe:
„Einigen Sie sich auf eine für Ihre berufliche Tätigkeit typische Situation, die Ihr Partner nachstellen soll. Geben Sie ihm dazu Anweisungen, die er nach Möglichkeit exakt ausführen soll. Das kann mit realen Gegenständen geschehen (z. B. Schreibunterlagen, Stühle, Tische usw.) oder pantomimisch. Körpersprachliche Hinweise sind erlaubt. Bitte wechseln Sie nach 5 Minuten die Rollen."

☞ Nach der Übung wertet der Trainer gemeinsam mit den Teilnehmern die Aufgabe aus und diskutiert die Konsequenzen daraus.

Dauer   🕐 Ca. 30 Min.

Teilnehmer   Max. 20 Personen

Trainer   ➲ Er führt in die Aufgabe ein.
➲ Er hilft bei der Partnersuche.
➲ Er moderiert die Auswertung und Diskussion.

Material/ Unterlagen/ Vorbereitung   ✎ Flipchart und Stifte
✎ Evtl. Tageslichtprojektor

Auswertung   Fragen zur Auswertung im Plenum:

✓ Welches Gefühl hatten Sie dabei, Anweisungen ausführen zu müssen, die Sie nicht oder nur teilweise verstanden haben?

✓ Welche Rolle spielte die nonverbale Hilfestellung durch den Partner?

✓ Welche Mißverständnisse sind aufgetreten?

✓ Auf welche Weise hätten Sie sich noch verständigen können?

✓ Wie wirkte der Partner auf Sie, der die Aufgabe ausführen mußte, Sie jedoch nicht verstand und vielleicht ungeschickt agiert hat?

✓ Wie gingen die Ausführenden mit der aufkommenden Hilflosigkeit um?

Variationen   Wenig modifizierbar

Name	Gedächtnis	K 5

Stichwort — Kulturelle Spezifika

Ziel — Bewußtmachen, was aus fremden Kulturen in der eigenen aufgegangen ist

Typ — Übung

Ort — Beliebig

Mitwirkende — Teilnehmer an interkulturellen Veranstaltungen

Durchführung

☞ Die Teilnehmer wurden vor der Veranstaltung aufgefordert, einige typische Gegenstände ihres Heimatlandes mitzubringen, um diese vorzustellen (z. B. Lebensmittel, Bücher, Fotos, Schmuck usw.).

☞ Vor Beginn einigen sich die Teilnehmer auf die Sprache, in der die Übung durchgeführt werden soll. Dies hängt von den Fähigkeiten der Teilnehmer ab.

☞ Am Anfang der Übung bittet der Trainer die Teilnehmer, einen Stuhlkreis zu bilden. Ein Freiwilliger startet damit, den mitgebrachten Gegenstand zu beschreiben. Reihum stellen die Teilnehmer ihre „Mitbringsel" vor, geben über deren Gebrauch und Stellenwert in ihrer Kultur Auskunft. Danach werden die Gegenstände im Uhrzeigersinn weitergegeben. Der Trainer stoppt das Weitergeben nach einigen Sekunden, indem er kurz „Stop" ruft. Jeder, der nun einen neuen Gegenstand in der Hand hat, ist aufgefordert, diesen zu beschreiben. Dazu muß er sich des Zwecks, der Funktion und des Stellenwertes in der Kultur erinnern. Der Teilnehmer, der den Gegenstand mitgebracht hat, kann nach der Vorstellung Zustimmung signalisieren, eine Korrektur anbringen oder die Aussagen ergänzen.

☞ Der Trainer stößt diesen Vorgang zwei bis drei Mal an und wertet anschließend die Übung gemeinsam mit den Teilnehmern aus.

Dauer — 🕐 1 Stunde

Teilnehmer — Max. 12 Personen

Trainer

➲ Er führt ein und hilft, wenn es Artikulationsschwierigkeiten gibt.

➲ Er moderiert die Auswertung und Diskussion.

Material/ Unterlagen/ Vorbereitung — ᕦ Landes- bzw. kulturspezifische Gegenstände

Auswertung Fragen zur Auswertung im Plenum:

✓ Sind die vorgestellten Dinge noch landes- bzw. kulturspezifisch, oder sind sie bereits Bestandteil der eigenen oder anderer Kulturen bzw. Nationen?

✓ Was wird mit bestimmten Gegenständen oder Lebensmitteln gefühlsmäßig verbunden? Sind ähnliche Emotionen auch in der eigenen Kultur vorhanden (z. B. Weihnachten)?

Variationen Beliebig modifizierbar

8.14 Methoden für das Mitarbeiter-Coaching

Unternehmen werden zukünftig nur Wettbewerbsvorteile erzielen, wenn es ihnen gelingt, die Qualifikation, die Motivation und das Engagement ihrer Mitarbeiter zu steigern. Wie können Mitarbeiter unterstützt werden, sich persönlich und fachlich weiter zu entwickeln? An Führungskräfte werden in diesem Zusammenhang verstärkt Erwartungen herangetragen. Vorgesetzte sollen Partner bei der Entwicklung von Mitarbeitern und Qualifizierungshilfe sein. Dazu wird vermehrt die amerikanische „Ur-Form" des Coaching eingesetzt, d.h. der direkte Vorgesetzte als Coach des Mitarbeiters.

Der Modebegriff Coaching hat mittlerweile viele unterschiedliche Bedeutungsinhalte erfahren, und Abgrenzungen werden immer problematischer. Im folgenden wird der Begriff Coaching im Sinne der Hilfe zur Selbsthilfe durch den Vorgesetzten verwendet. Bei diesem Prozeß geht es um die Selbstorganisation des Mitarbeiters, das Lösen von Wahrnehmungsblockaden und -verzerrungen sowie um die Veränderung von Einstellungen und Glaubenssätzen. Letztendlich geht es darum, Fähigkeiten von Mitarbeitern für die Bewältigung von Arbeitsanforderungen zu optimieren.

8.14.1 Das Coaching-Konzept

Seit Mitte der 80er Jahre wird das *Coaching-Konzept* im Rahmen der Führungskräfteentwicklung diskutiert. Unter Coaching wird allgemein das „Beraten", „Betreuen" bis hin zur „Psychotherapie" verstanden. Coaching kann auf einem Kontinuum von individueller Beratung bis zur Kollektiv- oder Systembetreuung lokalisiert werden.

Von der Psychotherapie unterscheidet sich das Coaching dadurch, daß vor allem das *berufliche Handeln* im Vordergrund steht und weniger existentiell oder psychisch bedrohliche Situationen. Insofern ist auch die *Beziehung zwischen Coach und Coachee*, in diesem Fall zwischen Vorgesetztem und Mitarbeiter, viel flacher. Mit dem *Training* ist es nur bedingt vergleichbar, da sich der Coach stärker für die *Persönlichkeit des Coachees* interessiert und weniger für das richtige Einüben von Verhaltensstrategien. Mit der *klassischen Managementberatung* ist es ebenfalls nicht gleichzusetzen, da die Beratung sich weniger auf die Sach- als vielmehr auf die Verhaltensebene bezieht. Insgesamt kann man sagen, daß Coaching eher ein *pädagogisches Vorgehen* beinhaltet, welches durch sozialwissenschaftliche und psychologische Methoden und Techniken gestützt wird. Natürlich wird es immer wieder Situationen im Mitarbeiter-Coaching geben, die sich von der Berufsrolle des Mitarbeiters entfernen, etwa dann, wenn dieser *private Probleme* schildert. Hier wird der Vorgesetzte auch in eine angemessene Rolle schlüpfen. Insofern stellt das Coachen eines Mitarbeiters durch den Vorgesetzten immer eine Gratwanderung dar (vgl. *Brinkmann*, 1994).

Der wesentlichste Unterschied zu anderen Konzepten liegt darin, daß der Begriff Coaching für eine *reguläre Führungsfunktion* verwandt wird, die hauptsächlich aus dem *Anleiten, Beraten, Unterweisen und Fördern von Mitarbeitern* besteht.

Alle Bemühungen des Vorgesetzten richten sich in diesem Modell auf eine Optimierung von *Fach-, Sozial- und Managementkompetenz* sowie *Gesundheit, Wohlbefinden* und *Arbeitszufriedenheit* des Mitarbeiters. In diesem Sinn sind Mitarbeiter aller Ebenen Zielgruppe des Coaching.

In erster Linie dient das Coaching-Gespräch zwischen Vorgesetztem und Mitarbeiter dazu, daß letzterer die *Einschätzung seiner Tätigkeit* durch den Vorgesetzten besser kennenlernt und sein *Verhalten* gemeinsam mit der Führungskraft *optimieren* kann. Dies ermöglicht es ihm, sich rechtzeitig auf seine künftige Entwicklung innerhalb des Unternehmens einstellen zu können. Voraussetzung dazu ist ein *realistisches Selbstbild*, das der Mitarbeiter nur gemeinsam mit einem kompetenten Gesprächspartner erarbeiten kann, der sich in der *fachlichen Materie* und dem *Beziehungsgeflecht* der Organisation auskennt. Ein erweiterter Dialog, wie er im Prozeß des Coachens stattfindet, geht damit wesentlich über die Inhalte des klassischen Mitarbeitergesprächs hinaus. Denn das Coaching-Gespräch bezieht sich in erster Linie auf den *Verhaltens-, Beziehungs- und Denkbereich* sowie die *individuelle Betreuung* des Mitarbeiters und ermöglicht dadurch eine korrigierende Rückmeldung.

8.14.2 Wann ist welcher Coaching-Stil angebracht?

Die Frage, welcher Coaching-Stil der richtige ist, wird sich vermutlich jeder Vorgesetzte stellen, wenn er die nicht leichte Aufgabe übernimmt, Mitarbeiter zu coachen. Je besser eine Führungskraft die Person kennt, die er helfend berät, desto problemloser wird er die Art und Weise des Umgangs mit ihr wählen können. Vorgesetzte, die ihre Mitarbeiter coachen, kennen meist deren „Reifegrad". *Hersey* und *Blanchard* (1977) verstehen darunter den *aufgabenbezogenen* und den *sozialen Reifegrad* des Mitarbeiters. Der „Reifegrad" stellt einen *Situationsparameter* in ihrem Führungsmodell dar, der sich aus den beiden Komponenten des Führungsverhaltens *„Mitarbeiterorientierung"* und *„Aufgabenorientierung"* zusammensetzt. Dieses Modell soll hier zur Orientierung bei der Wahl des Coaching-Stils dienen. *Hersey* und *Blanchard* (ebenda) beurteilen den Reifegrad eines Mitarbeiters anhand der „Fähigkeit" und des „Engagements".

– Unter *Fähigkeit* verstehen sie berufliche Fertigkeiten, Wissen und Erfahrungen des einzelnen.
– Engagement ist das Vertrauen des Mitarbeiters in die eigenen Fähigkeiten sowie die gezeigte Verantwortung bei der Erledigung der Arbeit.

Mit „Reife" ist also das Zusammenspiel von *Motivation, Verantwortungsbereitschaft und Erfahrung* in bezug auf die zu bewältigende Aufgabe gemeint.

Für ein effektives Mitarbeiter-Coaching durch den Vorgesetzten bedeutet dies, seinen Coaching-Stil nach dem Reifegrad des Coachees zu wählen. Er muß also den Mitarbeiter dort „abholen, wo er gerade steht". Die Konsequenz daraus: Mitarbeiter unterschiedlichen Reifegrades sind auch verschieden zu coachen. Der Reifegrad eines Mitarbeiters kann von einem Vorgesetzten natürlich schneller und besser beurteilt werden, als dies durch einen externen Coach geschehen könnte.

		Fähigkeiten	
		hoch	niedrig
Engagement	hoch	**Reifegrad 4**	**Reifegrad 2**
	niedrig	**Reifegrad 3**	**Reifegrad 1**

Abb. 16: Reifegrad als Ergebnis der Kombination von Fähigkeit und Engagement

Was beinhalten die unterschiedlichen Reifegrade?

R 1 = Der Mitarbeiter ist fachlich und motivationsmäßig noch nicht zur Erfüllung der Aufgabe in der Lage.

R 2 = Der Mitarbeiter ist sehr leistungsbereit und motiviert, aber fachlich nicht ausreichend kompetent.

R 3 = Der Mitarbeiter ist zwar fachlich fähig, seine Aufgabe zu bewältigen, fühlt sich aber noch sehr unsicher oder ist unwillig.

R 4 = Der Mitarbeiter ist fähig und bereit, die vorgegebene Aufgabe zu bewältigen.

Eine Führungskraft in der Rolle eines Coachs muß daher in bezug auf die beiden Reifegrad-Facetten Verfahrensweisen an die Hand bekommen, um diese richtig einzustufen.

In den Übungen 1 und 2 geht es daher um Hilfen, diesen Reifegrad einzustufen und den passenden Coaching-Stil zu wählen.

8.14.3 Die vier Coaching-Stile

Ein Coach führt immer beziehungsorientiert und aufgabenorientiert, je nach Reifegrad des Mitarbeiters. Daher kommt es auf den Reifegrad an, welchen Stil der Coach wählt. Aus dem Ergebnis der *Analyse des Reifegrades* des Mitarbeiters ergibt sich folgendes Vier-Felder-Schema. Den einzelnen Feldern kann der jeweils sinnvolle Coaching-Stil für den Vorgesetzten zugeordnet werden.

Coaching-Stil 1: Unterweisen

Dieses Vorgehen ist durch eindeutige Anweisungen an den Coachee gekennzeichnet. Der Reifegrad des Mitarbeiters ist in diesem Fall sehr gering, d.h. es herrscht wenig *Wissen, Engagement und Selbstvertrauen* bzgl. der zu bewältigenden Aufgabe vor. Die Führungskraft richtet daher ihr Verhalten sehr stark an der Aufgabe des Mitarbeiters aus. Die Beziehung steht bei diesem Coaching-Stil *nicht* im Vordergrund.

Beispiel:
Der Geschäftsführer einer mittelständischen Baufirma unterweist seinen neuen technischen Bauleiter im Umgang mit den Anträgen an die Baubehörden.

Coaching-Stil 2: Anleiten

Der Vorgesetzte als Coach sollte einzelne Mitarbeiter anleiten, wenn deren *Fähigkeiten noch gering ausgeprägt* sind, die *Leistungsbereitschaft*, bezogen auf die Aufgabe, jedoch *hoch* ist.

stark	**Reifegrad 2:** **Anleiten** stark beziehungsorientiert stark aufgabenorientiert *Entscheidungen werden* *dem Mitarbeiter erklärt und* *mit ihm diskutiert.*	**Reifegrad 3:** **Unterstützen** stark beziehungsorientiert wenig aufgabenorientiert *Dem Mitarbeiter werden* *Anregungen, Tips und* *Ideen gegeben. Er wird* *ermutigt, Entscheidungen* *zu treffen.*
beziehungs- **orientiertes** **Führen**	**Reifegrad 1:** **Unterweisen** wenig beziehungsorientiert stark aufgabenorientiert *Klare und genaue An-* *weisungen werden an die* *Mitarbeiter gegeben, und* *stete Kontrolle ist* *notwendig.*	**Reifegrad 4:** **Delegieren** wenig beziehungsorientiert wenig aufgabenorientiert *Entscheidungsfindung und* *Durchführung werden* *delegiert.*
wenig		

stark **aufgabenorientiertes** wenig
Führen

Abb. 17: Die vier Coaching-Stile

Im Unterschied zum zuvor beschriebenen Vorgehen leitet und über-wacht die Führungskraft die Aufgabenbewältigung des Mitarbeiters noch stark. Allerdings sollte aufgrund des ausgeprägten Mitarbeiteren-gagements der Coach anstehende Entscheidungen besprechen bzw. Vorschläge erbitten. Bereits erkennbare Fortschritte sollten verstärkt werden, um das starke Engagement zu erhalten.

Beispiel:

Der Mitarbeiter einer Bank, gelernter Bankkaufmann, der über viele Jahre als Autoverkäufer tätig war, ist seit einigen Wochen wieder in seinem angestammten Beruf in der Abteilung Revision tätig. Während seiner Zeit, in der er „aus dem Geschäft war", hat sich vieles im Ban-kenbereich getan. Sein Abteilungsleiter hat ihn mit Unterlagen zur ver-wendeten Software versorgt. Der hochmotivierte Mitarbeiter hat auch bereits vieles am Computer ausprobiert. Der Vorgesetzte weiß jedoch um die Probleme der Softwarenutzung und geht daher mit dem Mitar-beiter die Einzelschritte des Programms durch, um ihm auch die Mög-lichkeit zu geben, Fragen zu stellen.

Coaching-Stil 3: Unterstützen

Wenn die Führungskraft bei der Beobachtung des Arbeitsverhaltens seiner Mitarbeiter feststellt, daß der einzelne zwar über ein *hohes Maß an Fähigkeiten und Fertigkeiten* zur Aufgabenbewältigung verfügt, das *Engagement* für einen bestimmten Auftrag jedoch *gering* ist, so ist unterstützendes Verhalten notwendig. Unterstützen bedeutet, den Mitarbeitern bei Entscheidungen Hilfestellung zu geben, sie zu ermutigen und zu fördern.

Diese Art des Coaching ist besonders wichtig, wenn es darum geht, Schwierigkeiten einzelner Mitarbeiter, die sich auf die Tätigkeit auswirken, sinnvoll zu bewältigen, seien sie arbeitsbedingt oder aus dem Privatbereich stammend.

Beispiel:

Mitarbeiter XY, ein hochqualifizierter Fachmann, zeigt in letzter Zeit ein starkes Vermeidungsverhalten, wenn es um die Umsetzung vereinbarter Ziele geht. Im Coaching-Gespräch stellt der Vorgesetzte fest, daß Herr XY massive Eheprobleme hat. XY öffnet sich im Gespräch und sieht als letzte Möglichkeit, seine Ehe zu retten, eine Eheberatung. Der Vorgesetzte ermutigt den Mitarbeiter, diesen Schritt zu unternehmen und sichert ihm Unterstützung, in Form zeitlicher Freistellungen, zu.

Coaching-Stil 4: Delegieren

Das Vorgehen beim Delegieren zeichnet sich dadurch aus, daß der Vorgesetzte einem Mitarbeiter die Verantwortung für die zu lösenden Probleme und Entscheidungen überträgt. Der Mitarbeiter kann somit Probleme selbständig lösen und eigenverantwortlich Entscheidungen fällen. Dieser Stil ist angebracht, wenn ein Mitarbeiter *sehr hohe Fähigkeiten* besitzt und bzgl. der Aufgabenstellung ein *sehr starkes Engagement* zeigt.

Beispiel:

Der Leiter des technischen Kundendienstes weiß von Mitarbeiter Z, daß dieser ein exzellenter Techniker ist und zur Zufriedenheit der Kunden arbeitet. Daher macht er kaum Vorgaben und läßt ihn seine Arbeit tun.

Die zuletzt beschriebene Form des Coaching, die zu einem *selbstregulativen Verhalten* von Mitarbeitern führt, kann als idealtypisch angesehen werden. Es bewirkt hohe *Arbeitszufriedenheit* bei den Mitarbeitern und befreit die Führungskraft von Routinearbeiten.

8.14.4 Werte und Glaubenssätze

Das Coachen von Mitarbeitern bedeutet immer, Einfluß auf das Denken, Verhalten und die Einstellung des Mitarbeiters zu nehmen. Häufig sind einer Beeinflussung jedoch Grenzen gesetzt, wenn Werte und Glaubenssätze von Mitarbeitern einer Verhaltensänderung entgegenstehen. Deshalb müssen sich Führungskräfte, die eine Coaching-Beziehung mit einzelnen Mitarbeitern eingehen möchten, mit deren Wertesystem und Glaubenssätzen befassen. Weshalb ist dies so wichtig?

Unser tägliches Verhalten wird von *Werten* und *Glaubenssätzen* beeinflußt. Werte sind dabei die Basis für unsere Glaubenssätze, welche wiederum unser Handeln in Arbeit und Freizeit steuern. Werte können als grundlegende verhaltenssteuernde Überzeugungen und Einstellungen zum Leben, Denken und Handeln sowie zur Arbeit verstanden werden. Sie beantworten uns die Fragen, was uns im Leben wichtig ist, wofür es sich lohnt sich einzusetzen, wie wir unsere Arbeit sehen oder Beziehungen gestalten. Beispiele sind: Lebensfreude, Liebe, Freundschaft, ein erfülltes Familienleben, Gesundheit, Harmonie, Erfolg, materielle Sicherheit, Vertrauen, Offenheit usw. Um in einem Bild zu sprechen, sind die Werte die Wurzeln einer Pflanze, die unsichtbar im Boden stecken und die Pflanze mit Nährstoffen versorgen. Die Pflanze selbst sind unsere Glaubenssätze, und die Blüten sind unser Verhalten.

Unter Glaubenssätzen werden allgemeine Aussagen über die eigene Person, Beziehungen, Lebenspartner, Arbeit, usw. verstanden. Es sind somit Überzeugungen, an die ein Mensch persönlich glaubt. Sie haben einen nachhaltigen Einfluß auf unser Leben. Ihre Inhalte beeinflussen unsere Wahrnehmung, unser Denken, unser Handeln, unsere Fähigkeiten und Fertigkeiten sowie unsere Gefühle. Stimmen Glaubenssätze und das, was ein Mensch im Leben anstrebt, miteinander überein, ist er erfolgreich und zufrieden. Solch ein Glaubenssatz wird *förderlich* oder *motivierend* genannt. Hindern uns unsere Überzeugungen an einer sinnvollen Zielverwirklichung, spricht man von *hemmenden* Glaubenssätzen. Diese beginnen meist mit: *„Das liegt mir nicht …“*, *„Das kann ich nicht …“*, *„Das habe ich noch nie gemacht …“* usw.

Für einen Coach ist es ratsam und wichtig, gemeinsam mit dem Coachee die hinderlichen Glaubenssätze zu erörtern. Verhaltens- und Einstellungsänderungen sind über diesen Weg möglich, indem hemmende Glaubenssätze durch förderliche ersetzt werden. Die Übung *„Veränderung von Glaubenssätzen“* stellt eine solche Vorgehensweise dar.

Es werden in der Folge Methoden beschrieben, die es Vorgesetzten erleichtern sollen, den Coachingprozeß effektiv zu gestalten. Dabei wird davon ausgegangen, daß diese Verfahrensweisen Vorgesetzten in Trainings vermittelt werden, weshalb die einzelnen Methoden für einen entsprechenden Trainingsablauf dargestellt werden.

Name	Analyse des Reifegrades	L 1

Stichwort	Coaching; Reifegrad
Ziel	Lernen, den Reifegrad der Mitarbeiter zu bestimmen, indem der Vorgesetzte sich kritisch mit deren Engagement und Leistung auseinandersetzt
Typ	Einzel- und Gruppenarbeit
Ort	Beliebig
Mitwirkende	Teilnehmer an Seminaren für Führungskräfte
Durchführung	☞ Der Trainer führt in das Thema *Reifegrad* ein und teilt die Arbeitsblätter aus.
	☞ Er bittet anschließend die Teilnehmer, sich Gedanken über den Reifegrad einzelner Mitarbeiter zu machen. Dazu sollen sie das Arbeitsblatt *„Der Reifegrad meiner Mitarbeiter"* benutzen.
	☞ Nach der Einzelarbeit finden sich die Teilnehmer in Paaren zusammen. Nach Möglichkeit sucht sich jeder eine Person, mit der er in der Veranstaltung bisher noch nicht zusammengearbeitet hat.
	☞ In der Zweier-Konstellation tauschen sich die Teilnehmer anschließend über ihre Einstufungen aus und begründen, warum sie einzelne Mitarbeiter so und nicht anders eingestuft haben. Der jeweilige Partner hinterfragt die Einstufungen bewußt kritisch.
	☞ Nach Beendigung des Austausches werden die Erkenntnisse im Plenum miteinander diskutiert.
Dauer	🕐 Ca. 40 Minuten
Teilnehmer	Zwei
Trainer	➲ Er führt in die Aufgabe ein. ➲ Er überwacht die Zeitvorgabe. ➲ Er wertet gemeinsam mit den Teilnehmern die Übung aus.
Material/ Unterlagen/ Vorbereitung	✎ Arbeitsblatt *„Der Reifegrad meiner Mitarbeiter"*
Auswertung	✓ Wie sind Sie mit der Aufgabe zurechtgekommen? ✓ Ergab die Diskussion mit den Partnern neue Erkenntnisse?
Variationen	Bedingt modifizierbar

✎ Material zu Aufgabe L 1

Analyse des Reifegrades

Denken Sie bitte bei der folgenden Aufgabe an alle Mitarbeiter, die Sie zu führen haben. Wer hat welchen Reifegrad? Beantworten Sie sich dazu die folgenden Fragen, und tragen Sie dann die Namen der Mitarbeiter in den betreffenden Quadranten. Sollten Sie dabei unterschiedliche Führungssituationen vor Ihrem geistigen Auge haben, vermerken Sie dies bitte unterhalb des Vier-Felder-Schemas.

Fragen bzgl. der Fähigkeiten des Mitarbeiters:

– Wie sieht es mit der Problemlösefähigkeit des Mitarbeiters aus?
– Wie groß ist der Unterschied zwischen dem Anforderungsideal der Position und den vorhandenen Fähigkeiten und Fertigkeiten?
– Wie definiert der Mitarbeiter seine Rolle?
– Kann der Mitarbeiter selbständig arbeiten?
– Setzt er sich in einer Führungsposition sozialverträglich durch?
– Wie sieht es mit seiner Entscheidungsfähigkeit aus?

Fragen zum Engagement des Mitarbeiters:

– Wie sieht es mit der Bereitschaft aus, sich mit Neuem auseinanderzusetzen?
– Wie stark ist die Leistungsbereitschaft des Mitarbeiters ausgeprägt?
– Wie sieht das Verhältnis von Belastbarkeit und Beanspruchung aus?
– Welche Motive spornen den Mitarbeiter an?
– Wie sieht es mit seiner Verantwortlichkeit aus?

Name	Und Sie?	L 2

Stichwort	Coaching; Reifegrad
Ziel	Reflexion des eigenen Führungs- und Coaching-Stils
Typ	Einzel- und Gruppenarbeit
Ort	Beliebig
Mitwirkende	Teilnehmer an Seminaren für Führungskräfte
Durchführung	☞ Der Trainer teilt das Arbeitsblatt *„Welchen Coaching-Stil wenden Sie an?"* an alle Teilnehmer aus.
	☞ Jeder Teilnehmer hat die Aufgabe, mit Hilfe des Arbeitsblattes die Beziehungen zu seinen Mitarbeitern zu reflektieren und einzustufen, also welcher Coaching-Stil bei wem und in welcher Situation notwendig sein wird. Da häufig die Aussage kommt, daß ein und derselbe Mitarbeiter „je nach Situation" anders geführt wird, sollen die Teilnehmer dies gleich vermerken. Auch sollen sie die Frage beantworten, *warum* sie denselben Mitarbeiter unterschiedlich führen.
	☞ Die Teilnehmer sollen sich nach der Einzelarbeit in Zweiergruppen zusammenfinden und sich über ihre Ausarbeitungen austauschen. Dabei begründen sie gegenseitig, weshalb sie sich für die unterschiedlichen Stile entschieden haben.
	☞ Im Plenum werden danach die Ergebnisse des Austausches in der Kleingruppe diskutiert.
Dauer	⏰ Ca. 40 Minuten
Teilnehmer	Zwei
Trainer	⟳ Er führt die Teilnehmer in die Aufgabe ein. ⟳ Er überwacht die Zeitvorgaben. ⟳ Er wertet gemeinsam mit den Teilnehmern die Übung aus.
Material/ Unterlagen/ Vorbereitung	✎ Arbeitsblatt *„Welchen Coaching-Stil praktizieren Sie?"*
Auswertung	✓ Weshalb gibt es die Unterschiede im Coaching-Stil? ✓ Wird der Reifegrad bewußt berücksichtigt, oder geschieht das Führen eher intuitiv? ✓ Welche Erkenntnisse haben die Reflexion und der Austausch mit dem Partner gebracht? ✓ Was nehmen Sie für Ihren Führungsalltag mit in den Betrieb?
Variationen	Bedingt modifizierbar

✏ **Materialien zur Aufgabe L 2**

Welchen Coaching-Stil praktizieren Sie?

Mitarbeiter/Name	Welchen Stil verwenden Sie wann in welchen Situationen?			
	Wo unterweisen Sie?	Wo leiten Sie an?	Wo unterstützen Sie?	Wo delegieren Sie?

Bei welchem Mitarbeiter oder in welcher Situation wollen Sie stärker in den Stil des Delegierens kommen?

Name	Veränderung von Glaubenssätzen	L 3

Stichwort   Glaubenssätze, Einstellungen, Werte

Ziel   Selbstmanagement; Glaube an sich selbst fördern

Typ   Einzelarbeit

Ort   Störungsfreier Raum

Mitwirkende   Teilnehmer an Seminaren für Führungskräfte

Durchführung   ☞ Einführung durch den Trainer:

> „In dieser Übung werden Sie lernen, über Ihre Glaubenssätze zu reflektieren. Sie sollen damit selbst erfahren, welche Erkenntnisse sich ergeben, wenn man sich mit Glaubenssätzen kritisch befaßt. Auf diese Weise lernen Sie ein Instrument kennen, das Ihnen beim Coaching von Mitarbeitern hilft. Mit einem Mitarbeiter können Sie so z.B. gemeinsam an dessen Glaubenssätzen zu bestimmten Facetten seiner Tätigkeit arbeiten. Bei dieser Übung bezieht sich das Vorgehen auf **Ihre** Glaubenssätze.“

☞ a) Einzelarbeit und Selbstverpflichtung

☞ b) Einzelarbeit plus Austausch in der Kleingruppe (max. drei bis vier Teilnehmer pro Gruppe)

☞ c) Einzelarbeit mit anschließendem Austausch in der Kleingruppe und Selbstverpflichtung

Dauer   🕐 a) ca. 40 Minuten; b) ca. 60 Minuten; c) ca. 75 Minuten

Teilnehmer   Max. 15 Personen

Trainer   ➲ Er führt in die Thematik ein, erklärt den Ablauf, die Regeln und achtet auf die Einhaltung der Zeitvorgabe.

Material   📖 Informationsblatt *„Werte und Glaubenssätze“*

Unterlagen/ Vorbereitung   ✎ Arbeitsblätter *„Analyse von Glaubenssätzen“, „Selbstverpflichtung“* (Variante a und c)

Auswertung   ✓ Wie war der Prozeß des Formulierens von Werten und Glaubenssätzen?
✓ Gibt es Gemeinsamkeiten zwischen den Gruppenmitgliedern?
✓ Sind große Unterschiede bei den Werten vorhanden, die durch die einzelnen Teilnehmer vertreten werden?
✓ Finden sich bestimmte Glaubenssätze häufiger?
✓ Gab es Schwierigkeiten bei der Fixierung neuer Glaubenssätze?
✓ Welche Schwierigkeiten gab es mit der Selbstverpflichtung?

Variationen   s.o.

📖 Informationen über Werte und Glaubenssätze

Werte

Werte sind Konzeptionen des Wünschenwerten, also Ihre grundlegenden Überzeugungen und Einstellungen zum Leben, Arbeiten, Denken und Handeln. Es sind die Antworten auf die Fragen: „Was ist mir im Leben besonders wichtig?" oder „Was ist mir als Führungskraft wichtig?". Antworten können sein: Harmonie, Lebensfreude, Familie, Gesundheit, Erfolg, Vertrauen usw.

Glaubenssätze

Wenn wir an etwas glauben, halten wir es für wahr. Unsere Glaubenssätze sind daher allgemeine Aussagen, z.B. über Ihre eigene Person, Ihre Kunden („Der Kunde ist König!"), Ihre Beziehungen, Ihre Arbeit usw. Es sind Aussagen, an die Sie persönlich glauben. Die Inhalte dieser Glaubenssätze beeinflussen unsere Wahrnehmung, unser Denken, unser Verhalten, unsere Fähigkeiten und unsere Empfindungen. Wir verfügen über hemmende und motivierende Glaubenssätze.

Beispiel für einen förderlichen Glaubenssatz:

1. Wert: „Soziale Anerkennung und gesellschaftlicher Status sind wichtig!"

2. Glaubenssatz (entstanden durch Erziehung): „Nur durch eine gute, gesellschaftlich hoch angesehene Ausbildung kann ich dies erreichen."

3. Verhalten: Studium der Medizin mit Promotion und Niederlassung als frei praktizierender Arzt

4. Folge: *Erfolgskreislauf.* Der Glaubenssatz oder die Einstellung setzt Potentiale und Energien frei („Das schaffe ich problemlos!"). Die freigesetzte Handlung oder Verhaltensweise führt zu einem positiven Resultat (Ausbildung erfolgreich bestanden), welches wiederum den Glauben an sich selbst stärkt *(„Ich habe mit Prüfungen kein Problem!").*

Beispiel für einen hemmenden Glaubenssatz:

1. Wert: „Erfolg ist wichtig im Leben!"

2. Glaubenssatz (entstanden durch Erfahrung): „Ich bin ein Versager, unbegabt, zu nichts fähig und falle durch jede Prüfung!"

3. Verhalten: Meiden jeder Gelegenheit zum Erfolg, zur Ausbildung und zum Fortkommen

4. Folge: Kreislauf des Mißerfolges

Der Glaubenssatz „Ich bin ein Versager!" führt zu mangelnder Vorbereitung auf eine Prüfung (Ressourcen, Potentiale und Energien werden nur unzureichend freigesetzt). Die erste Prüfungsfrage wird unglücklich gestellt und kann nicht korrekt beantwortet werden (Gedanke: „Ich habe es ja gewußt, ich schaff' das nicht!"). Eine Blockade tritt auf, keine klaren Gedanken sind mehr möglich. Das Ergebnis, die Prüfung nicht bestanden zu haben, führt zu einer negativen Stärkung des hemmenden Glaubenssatzes.

Beispiel für eine Veränderung eines hemmenden Glaubenssatzes:

a) Glaubenssatz: „Ich bin ein Versager, unbegabt, zu nichts fähig und falle durch jede Prüfung!"

b) Neuer Glaubenssatz: „Ich kann lernen, meine Begabungen, Fähigkeiten und Erfolge zu erkennen und mich an ihnen zu freuen."

c) Verhalten: Zunehmende Erfolge und eine differenzierte Sicht der eigenen Fähigkeiten, dadurch Freisetzung von Ressourcen (Stärken).

d) Folge: Bereitschaft, kleinere Herausforderungen anzunehmen um so einen Erfolgskreislauf in Gang zu setzen.

✎ Arbeitsblatt Nr. 1 zur Übung L 3

Analyse von Glaubenssätzen

1. Schritt: Denken Sie bitte die nächsten 20 Minuten über *Ihre Glaubenssätze* nach, die Ihr Leben und Ihre Arbeit beeinflussen. Schreiben Sie mindestens sechs verschiedene Glaubenssätze auf, die bisher Ihr Verhalten und Ihre Handlungsweise bestimmt haben. Überlegen Sie bitte auch, welche Werte diesen Überzeugungen zugrunde liegen. Prüfen Sie anschließend die notierten Glaubenssätze daraufhin, ob sie sich *hemmend oder fördernd* auf Ihr Verhalten auswirken. Bei hinderlichen Überzeugungen kontrollieren Sie bitte, ob Sie diesen Glaubenssatz evtl. erweitern oder durch einen förderlichen auswechseln können.

2. Schritt: Listen Sie nun mindestens sechs *positive Glaubenssätze* auf, die Sie künftig dabei unterstützen können, Ihre wichtigsten Lebensziele, persönliche und berufliche, zu erreichen. Beginnen Sie bitte alle Sätze mit ICH, und formulieren Sie sie positiv, z.B. „Ich will lernen, künftig gelassener zu sein."

Wenn Sie diese Aufgabe in einer Großgruppe durchführen, setzen Sie sich bitte anschließend für weitere 30 Minuten in einer Kleingruppe von vier Personen zusammen und erklären Sie sich gegenseitig Ihre Notizen.

Wenn Sie diese neuen Überzeugungen formuliert haben, können Sie sich diese in Form eines Merkzettels, z.B. im Terminkalender oder auf Kärtchen, täglich vergegenwärtigen. Damit beeinflussen diese Glaubenssätze Ihre Zukunft positiv.

✎ Arbeitsblatt Nr. 2 zur Übung L 3

Selbstverpflichtung

1. In folgenden Situationen möchte ich mit meinen neuen Glaubenssätzen ein neues Verhalten ausprobieren:

Neuer Glaubenssatz: . . . .

. . . .

Situation: . . . .

. . . .

Neuer Glaubenssatz: . . . .

. . . .

Situation: . . . .

. . . .

Neuer Glaubenssatz: . . . .

. . . .

Situation: . . . .

. . . .

Neuer Glaubenssatz: . . . .

. . . .

Situation: . . . .

. . . .

2. Welche meiner Stärken kann ich in diesen Situationen einsetzen, um erfolgreich zu sein?

. . . .

. . . .

3. Welche in der Vergangenheit gemeisterten Situationen können hilfreich sein für mein neues Verhalten?

. . . .

. . . .

4. Was will ich ganz konkret ändern?

. . . .

. . . .

5. Was will ich in Zukunft nicht mehr machen?

. . . .

. . . .

6. Woran merken die anderen, daß ich mich verändert habe?

. . . .

. . . .

7. Wie werde ich mich möglicherweise selbst überlisten, um den Vertrag nicht erfüllen zu müssen?

. . . .

. . . .

8. Wann werde ich überprüfen, ob ich meine neuen Glaubenssätze lebe?

. . . .

. . . .

Datum: . . . .

. . . .
(Unterschrift)

Name	Streßbewältigung	L 4

Stichwort	Coaching, Selbstmanagement, Streß, Verhaltensänderung
Ziel	Bewältigung von beruflichen Streßsituationen
Typ	Gruppenarbeit
Ort	Nach Belieben
Mitwirkende	Teilnehmer an Seminaren für Führungskräfte
Durchführung	☞ Der Trainer bittet die Teilnehmer, sich zu Paaren zusammenzufinden.
	☞ Ein Teilnehmer übernimmt die Rolle des Coachs, der andere die des Coachees.
	☞ Anschließend bearbeitet der Coach gemeinsam mit dem Coachee das Arbeitsblatt *„Hilfen zum Umgang mit beruflichen Belastungen"*.
	☞ Gemeinsam werden die Situationen, in denen die erarbeitete Lösung umgesetzt werden soll, sowie der Zeitrahmen für die Erprobung festgelegt.
	☞ Im zweiten Durchgang werden die Rollen gewechselt und der Vorgang wiederholt.
Dauer	🕐 Je Teilnehmer 15 Minuten
Teilnehmer	Kleingruppe (max. 6 Personen)
Trainer	➲ Er führt in die Arbeitsblätter ein und gibt Denkanstöße
Material/ Unterlagen/ Vorbereitung	✎ Arbeitsblätter 1 und 2
Auswertung	✓ Wie könnte der Prozeß der Umsetzung abgesichert werden?
	✓ Wo könnte es Schwierigkeiten und Hindernisse geben?
	✓ Was fiel bei der Übung schwer?
	✓ Was lief gut?
Variationen	Beliebig modifizierbar

✎ Arbeitsblatt zur Übung L 4

Hilfen für den Umgang mit beruflichen Belastungen

1. Beschreibung der Belastungssituation:

. . . .

. . . .

2. Erarbeiten der möglichen Lösungen:

. . . .

. . . .

3. Bewerten der Lösungsmöglichkeiten:

. . . .

. . . .

4. Beschreibung der ausgewählten Lösungsstrategie:

. . . .

. . . .

5. Erstellen eines Plans: Schritte und Maßnahmen, um das angestrebte Ziel zu erreichen

. . . .

. . . .

6. Erfahrungen mit der Umsetzung:

. . . .

. . . .

Name	Problemlösung im Coaching-Prozeß	L 5

Stichwort Coaching; Problemlösung

Ziel Hilfe zur Aufgaben- und Problembewältigung einzelner Team- oder Gruppenmitglieder durch Förderung und Stärkung

Typ Gruppenarbeit

Ort Nach Belieben

Mitwirkende Teilnehmer an Seminaren für Führungskräfte

Durchführung ☞ Einleitung durch den Trainer: „Nachfolgend möchte ich eine Übung mit Ihnen durchführen, die Ihnen helfen wird, in einer Coaching-Sitzung einem ratsuchenden Mitarbeiter Hilfe anzubieten. Dazu wollen wir gemeinsam die Probleme einer Person lösen. Wer stellt sich als ratsuchender Coachee zur Verfügung?"

☞ Der Coachee erhält ca. 15 Minuten Zeit, um seine Schwierigkeiten oder seine Erwartungen bzgl. der Hilfe seitens der Gruppe zu präsentieren. Dazu soll er nur ein Problem pro Sitzung schildern. Zum Schluß muß er maximal vier Fragen an die Zuhörer richten.

☞ In der nächsten Phase bekommen die Kollegen die Möglichkeit, Fragen zum Verständnis zu stellen bzw. sich Aussagen präzisieren zu lassen.

☞ Der folgende Schritt beinhaltet nun den eigentlichen Coaching-Prozess, d. h. die Teilnehmer aus der Gruppe dürfen nun gezielt Fragen stellen und ihre Vermutungen äußern. Sie regen die präsentierende Person durch Kommentare an und vermitteln ihre Ideen. Der Vortragende kann die Äußerungen und Hypothesen dahingehend bewerten, ob sie hilfreich sind, neue Sichtweisen darstellen oder in anderer Hinsicht förderlich sind.

☞ Nachdem die Zeit abgelaufen ist, gibt der Coachee nochmals eine kurze Stellungnahme zum Coaching-Prozeß ab.

Dauer 🕐 Max. 60 Minuten

Teilnehmer Nicht mehr als 12 Personen

Trainer ➲ Er erklärt die Regeln und bricht nach max. 60 Minuten ab, auch wenn keine Problemlösung erkennbar ist.

Material/ Unterlagen/ Vorbereitung ✂ Vor der Sitzung festlegen, wer als Coachee präsentieren möchte
✂ Probleme oder Aufgaben, mit denen es Schwierigkeiten gibt, inhaltlich abgrenzen

Variationen Beliebig modifizierbar

276

Name	Schwierige Kundschaft	(L 6)

Stichwort Coaching; Rollenspiel

Ziel Simulation einer Kundensituation; Lernen, Fragen zu stellen; konstruktive Einwandbehandlung

Typ; Rollenspiel

Ort Nach Belieben

Mitwirkende Teilnehmer an Seminaren für Führungskräfte

Durchführung ☞ Einführung durch den Trainer: „Ich möchte nun mit Ihnen eine Coaching-Situation simulieren, in der Sie das Verkaufsverhalten des Mitarbeiters in einem kleinen Rollenspiel optimieren sollen."

☞ Der Trainer bittet die Teilnehmer, sich paarweise zusammenzufinden. Einer übernimmt die Rolle des Coachs, der gemeinsam mit seinem Coachee in einem Rollenspiel ein Kundengespräch simuliert.

☞ Dann klären beide den Inhalt des Kundengesprächs ab und legen den Ablauf des Rollenspiels fest. Der Coach übernimmt die Kundenrolle und bringt seine Einwände vor. Nach dem Gespräch sprechen beide über ihre Beobachtungen. Schließlich tauschen sie die Rollen.

Dauer 🕐 Max. 30 Minuten

Teilnehmer Zwei

Trainer ➲ Er erklärt die Aufgabe und stoppt die Zeit.

Material/ Unterlagen/ Vorbereitung Keines/Keine

Variationen **Variation 1:** Der Trainer wählt einen Teilnehmer aus bzw. sucht einen Freiwilligen. Er spielt den Kunden, der Teilnehmer kann nun seine Verkaufsargumente an ihm ausprobieren, und der Trainer reagiert entsprechend.

Variation 2: Der Trainer ist der Verkäufer und der Teilnehmer der Kunde. Nun kann der Teilnehmer erleben, was ein Kunde fühlt, denkt, hört oder sieht.

Variation 3: Der Trainer bittet den Teilnehmer, beide Rollen zu übernehmen. D. h. er sitzt zuerst auf Stuhl eins und ist der Verkäufer, der seine Argumente vorbringt. Dann wechselt er auf den zweiten Stuhl und reagiert als Kunde auf die zuvor von ihm selbst gebrachten Argumente. Der Trainer beobachtet dies und greift bei Bedarf ein und gibt Hilfestellung.

8.15 Methoden zur Verbesserung der Kunden- und Serviceorientierung

Der Kunde ist bei weitem der wichtigste Faktor für den Erfolg eines Unternehmens. Die Kundenbetreuung ist eine fundamentale strategische Voraussetzung dafür, denn auf seiten der Kunden wachsen die Erwartungen an den Service und die Kundenorientierung der Mitarbeiter. Damit ist das Thema „Kundenpflege" oder „Beziehungsmanagement" angesprochen. Es beinhaltet die Schaffung von *humanem Mehrwert* durch Mitarbeiter, indem diese die Kundenbindung intensivieren und somit die Kundentreue stärken.

Unter dem Aspekt einer Neuorientierung von Mitarbeitern in Richtung Kundenwünsche und -erwartungen, beinhaltet dies Veränderungen von Einstellungen, Denkweisen und Verhalten. Über Maßnahmen der Personalentwicklung kann dieser Veränderungsprozeß in Gang gesetzt werden. Die in der Folge beschriebenen Methoden wollen die Bereitschaft bei Teilnehmern entsprechender Veranstaltungen wecken, sich mit dem Thema „Kundenorientierung" auseinanderzusetzen. Sie bieten aber auch Vorgehensweisen zur Analyse der Kundenunzufriedenheit und zeigen Möglichkeiten von Änderungsschritten auf. Auch bieten sie den Teilnehmern die Chance, mittels Selbstreflexion die eigene Service- und Kundenorientierung kritisch zu hinterfragen.

Name	Kundenerwartungen	M 1

Stichwort   Kundenorientierung; Servicequalität

Ziel   Bewußtmachen von Kundenerwartungen

Typ   Einzelarbeit/Gruppenarbeit

Ort   Nach Belieben

Mitwirkende   Teilnehmer an Veranstaltungen zum Thema Kunden- und Serviceorientierung

Durchführung
- ☞ Der Leiter führt in die Bedeutung der Kunden- und Serviceorientierung ein.

- ☞ Anschließend teilt er einen Fragebogen aus (siehe *„Fragebogen"*), mit dem sich jeder Teilnehmer zunächst alleine beschäftigen soll. Die Antworten auf die im Bogen gestellten Fragen sollen notiert werden, um sie später in die Gruppenarbeit einbringen zu können. Hierzu stehen 20 Minuten zur Verfügung.

- ☞ Nach der Einzelarbeit bittet er die Teilnehmer, sich in Vierergruppen zusammenzufinden und ihre Antworten auszutauschen. Dazu gibt er 30 Minuten Zeit. Eine Person aus der Gruppe soll das Ergebnis der Diskussion in einer kleinen Präsentation vorstellen (Flipchart, Folie o. ä.).

- ☞ Nach jeder Präsentation läßt der Leiter ein wenig Zeit für Fragen. Haben alle präsentiert, wird gemeinsam ein *„Kunden-Erwartungskatalog"* erstellt. Dieser kann für die Weiterarbeit oder einen späteren Workshop als Arbeitsgrundlage dienen.

Dauer   🕐 60 Minuten

Teilnehmer   Vierergruppen

Trainer
- ➲ Er führt in das Thema Kunden- und Serviceorientierung ein
- ➲ Er erläutert den *„Fragebogen"* und kontrolliert den Zeitrahmen
- ➲ Er moderiert die Diskussionen und erarbeitet gemeinsam mit den Teilnehmern einen *„Kunden-Erwartungskatalog"*

Material/ Unterlagen/ Vorbereitung
- ✎ „Fragebogen"
- ✐ Filzstifte, Flipchart, Folien und Folienstifte

Auswertung
- ✓ Was hat sich aus der Diskussion als besonders wichtig herauskristallisiert?
- ✓ Was können wir auf unsere Kunden übertragen?
- ✓ Was müssen wir in unsere *„Kundenvergraul-Liste"* eintragen?

279

✓ Welche Ideen haben Sie zur Verbesserung der Situation?
✓ Was können wir als realistische Kundenerwartungen festhalten?
✓ Welche Funktion soll der *„Kunden-Erwartungskatalog"* für uns haben?

Variationen   Bedingt modifizierbar

✎ Material zur Übung M 1

Fragebogen

1. Wenn Sie an einen schlechten Kundenservice in Ihrer Branche denken, was fällt Ihnen zuerst ein?

2. Erzählen Sie von Ihrer positivsten Erfahrung, die Sie als Kunde in Ihrer eigenen Branche erlebt haben.

3. Woran denken Sie vor allem, wenn Sie an einen Top-Kundenservice in Ihrer Branche denken?

4. Berichten Sie über die negativste Erfahrung, die Sie jemals im Kontakt mit Vertretern Ihrer Branche gemacht haben. Hätte man Ihrer Meinung nach noch etwas anderes tun können, um die von Ihnen erlebte Situation anders zu gestalten? Was könnte getan werden, um diese negative Erfahrung in eine positive umzuwandeln, wenn Sie sie noch einmal erleben würden?

5. Inwieweit erfüllt Ihr Unternehmen die folgenden Punkte, und wie wichtig ist jeder einzelne für Sie?

   ○ schnelle Entscheidungsfindung
   ○ konsequentes Handeln
   ○ Schnelligkeit
   ○ persönlicher Service
   ○ Marktführerschaft
   ○ Professionalität
   ○ sorgfältiges Arbeiten
   ○ umfassendes Know-how
   ○ gutes Preis-Leistungs-Verhältnis
   ○ hoher Leistungsgrad
   ○ ausgeprägte Zuverlässigkeit
   ○ erfolgreiche Kommunikation nach innen und außen
   ○ konstruktiver Umgang mit Beschwerden
   ○ ausgeprägte Höflichkeit im Umgang mit Kunden

6. Das Marketingkonzept Ihres Unternehmens sagt aus, was Ihre Firma macht, um die Zufriedenheit Ihrer Kunden zu gewährleisten. Wird dieses Marketingkonzept in Ihrer Organisation realisiert?

7. Was ist Ihrer Meinung nach an Wartezeit beim Verkauf oder der Beratung noch akzeptabel?

8. Inwieweit beeinflußt das äußere Erscheinungsbild eines Geschäftes oder Unternehmens Ihre Erwartungshaltung bezüglich der Servicequalität?

9. Was zeichnet ein freundliches Geschäft oder Unternehmen aus?

10. Wenn ein Unternehmen einen „erstklassigen" Service verspricht, was erwarten Sie dann?

Name	Analyse der Kunden-Zulieferer-Beziehungen	M 2

Stichwort Selbstanalyse; Kundenorientierung; Servicequalität; interne und externe Kundenbeziehungen

Ziel Analyse, wer von wem in der Organisation profitiert

Typ Einzelarbeit

Ort Nach Belieben

Mitwirkende Teilnehmer an Veranstaltungen zum Thema Kunden- und Serviceorientierung

Durchführung ☞ Einführung:

Der Leiter führt in die Selbstanalyse wie folgt ein:

„In Ihrem Unternehmen oder Ihrer Organisation sind Sie alle voneinander abhängig. Sie alle tragen Verantwortung für die Produktion von Waren oder Dienstleistungen. Meist wird dabei aber übersehen, daß KollegInnen auf gute qualitative Arbeit von Ihnen angewiesen sind. Nur so können auch sie hohe Qualität erzeugen. Dieses Innenverhältnis zu Ihren ‚internen Kunden' ist daher von den gleichen Kriterien im Sinne der Kundenorientierung gekennzeichnet, wie sie auf die Beziehung zum externen Kunden zutreffen. Wichtig sind Termintreue, Zuverlässigkeit, Unterstützung, aber auch Freundlichkeit und entsprechende Umgangsformen. Meist ist uns diese interne Kundenbeziehung nicht so bewußt oder weniger in unserem Focus. Erfolgreich wird Ihre Organisation oder Firma nur dann sein, wenn Sie auch Ihre internen Kunden entsprechend behandeln und betreuen.
Ich möchte Sie daher einladen, mit einer kritischen Selbstanalyse zu prüfen, wer von Ihrer Arbeit alles profitiert? Sind es externe Kunden oder auch interne Kunden, welche Dienstleistungen erbringen Sie für diese Kunden, oder welche Produkte bieten Sie ihnen an?"

☞ Am Flipchart zeichnet der Leiter folgendes Schema auf, das Grundlage für die Selbstanalyse ist (Beispiel: Bankgewerbe, Position „Organisator"):

Wer sind meine Kunden?

Welche Dienstleistungen/ Produkte gebe ich?	*Wer profitiert davon?*	*Ist Kunde intern/ extern?*
Organisation der EDV	Filialen	intern

☞ Für die Ausarbeitung der Selbstanalyse erhalten die Teilnehmer 20 Minuten Zeit. Danach bittet der Trainer die Teilnehmer, nacheinander zu sagen, welche Kunden sie notiert haben und wieviele davon intern und wieviele extern sind.

☞ Der Moderator moderiert diese Auswertung, die meist in eine lebhafte Diskussion übergeht, da sich häufig Unterschiede in der Behandlung von externen und internen Kunden ergeben.

☞ Sinnvoll ist es, gegen Ende der Diskussion die wesentlichsten Erkenntnisse daraus auf dem Flipchart gut sichtbar für alle zu notieren und diese Zusammenfassung als Grundlage für die weitere Arbeit in der Veranstaltung zu nutzen.

Dauer	⏱ 45 Minuten
Teilnehmer	Beliebig
Trainer	➲ Er führt in das Thema externe/interne Kunden ein.
	➲ Er erläutert das Analyseschema und kontrolliert die Zeitvorgaben.
	➲ Er moderiert die Diskussionen und faßt deren Kernaussagen auf dem Flipchart zusammen.
Material/ Unterlagen/ Vorbereitung	✐ Filzstifte und Flipchart
Auswertung	✓ Welche Erkenntnisse ziehen Sie aus der Diskussion?
	✓ Haben Sie bei der Selbstanalyse bestimmte Verhaltenstendenzen an sich festgestellt?
	✓ Was passiert, wenn ich einen externen Kunden vernachlässige und was, wenn ich dies bei einem internen mache?
Variationen	Beliebig modifizierbar

Name	Selbst-Test	M 3

Stichwort   Kundenorientierung; Servicequalität; Selbstanalyse; Test

Ziel   Selbstreflexion und Selbsterkenntnis in bezug auf die eigene Kunden- und Serviceorientierung

Typ   Einzel- und Gruppenarbeit

Ort   Beliebig

Mitwirkende   Teilnehmer an Veranstaltungen zum Thema Kunden- und Serviceorientierung

Durchführung ☞ Einführung durch den Trainer:

"Ich teile Ihnen nun einen Test mit der Bitte aus, diesen in den nächsten 10 Minuten alleine zu bearbeiten. Bitte kreuzen Sie jeweils rechts an, inwieweit die jeweilige Aussage auf Sie zutrifft. Zählen Sie am Schluß die Punktwerte unter den Kästchen zusammen. Die Summe ist Ihr persönlicher Testwert. Danach nehmen Sie bitte das Blatt "Persönlicher Maßnahmenplan" zur Hand und machen sich Gedanken darüber, was Sie verbessern können. Dafür haben Sie 25 Minuten Zeit."

☞ Jeder Teilnehmer erhält die Unterlagen *„Test zur eigenen Kundenorientierung"* und *„Persönlicher Maßnahmenplan"*.

☞ Nachdem alle Teilnehmer die Aufgabe beendet haben, bittet der Trainer Freiwillige, im Plenum darüber zu berichten, was sie sich vorgenommen haben.

Dauer   🕐 Für die Einzelarbeit ca. 25 Minuten

🕐 Für die Diskussion im Plenum 10 Minuten

Teilnehmer   Einzelaufgabe

Trainer   ➲ Er führt in die Aufgabe ein und gibt den zeitlichen Rahmen vor.

➲ Er teilt den Test und den Maßnahmenplan aus und erklärt beides.

➲ Er gibt Anerkennung für die dargestellten Maßnahmen zur Verbesserung der persönlichen Kunden- und Serviceorientierung, um die Teilnehmer zu motivieren.

➲ Er hilft bei Problemen der Umsetzung.

Material/ Unterlagen/ Vorbereitung ✎ *„Test zur eigenen Kunden- und Serviceorientierung"*

✎ *„Persönlicher Maßnahmenplan"*

Auswertung   ✓ Der Trainer kann die Fragen zur Gruppendiskussion auf das Flipchart schreiben und gut sichtbar für alle im Raum aufhängen oder auch mündlich weitergeben:

– Wie konkret sind Ihre Verbesserungsmaßnahmen?
– Wer hat zu den bereits vorgestellten Maßnahmen noch weitere Ideen?

Variationen   Keine

✎ **Material zur Aufgabe M 3**

Test zur eigenen Kunden- und Serviceorientierung

1. Wenn das Telefon klingelt, gehe ich sofort dran.

stimmt ☐☐☐☐☐ stimmt nicht
1 2 3 4 5

2. Meine Kollegen erhalten wichtige Informationen sofort.

stimmt ☐☐☐☐☐ stimmt nicht
1 2 3 4 5

3. Wenn ich weniger zu tun habe als meine Kollegen, unterstütze ich sie, bis alles erledigt ist.

stimmt ☐☐☐☐☐ stimmt nicht
1 2 3 4 5

4. Gegenüber internen und externen Kunden bin ich termintreu.

stimmt ☐☐☐☐☐ stimmt nicht
1 2 3 4 5

5. Personen, die mir ein Anliegen vortragen, höre ich aufmerksam zu.

stimmt ☐☐☐☐☐ stimmt nicht
1 2 3 4 5

6. Zu Terminen mit Kunden, seien sie intern oder extern, komme ich immer pünktlich.

stimmt ☐☐☐☐☐ stimmt nicht
1 2 3 4 5

7. Kritik von Kunden, Kollegen und Vorgesetzten ist mir willkommen, da ich daraus lernen kann, noch kundenorientierter zu werden.

stimmt ☐☐☐☐☐ stimmt nicht
1 2 3 4 5

8. Wenn Kollegen sich besonders kundenorientiert verhalten haben, melde ich ihnen dies anerkennend zurück.

stimmt ☐☐☐☐☐ stimmt nicht
1 2 3 4 5

9. Mit meinen Kollegen arbeite ich sehr gut zusammen.

stimmt ☐☐☐☐☐ stimmt nicht
1 2 3 4 5

10. Ich bin zuverlässig.

stimmt ☐☐☐☐☐ stimmt nicht
1 2 3 4 5

11. Ich arbeite sorgfältig und genau.

stimmt ☐☐☐☐☐ stimmt nicht
1 2 3 4 5

12. Probleme, die ich bei der Arbeit bekomme, schiebe ich nicht auf andere ab, sondern kläre sie selbst.

stimmt ☐☐☐☐☐ stimmt nicht
1 2 3 4 5

13. Für externe und interne Kunden bin   stimmt ☐☐☐☐☐ stimmt nicht
    ich gut erreichbar.   1 2 3 4 5

14. Ich vermeide destruktive Kritik gegen- stimmt ☐☐☐☐☐ stimmt nicht
    über Kollegen, sondern versuche,   1 2 3 4 5
    unterstützendes Feedback zu geben.

15. Auf Wünsche von internen und   stimmt ☐☐☐☐☐ stimmt nicht
    externen Kunden reagiere ich schnell   1 2 3 4 5
    und flexibel.

16. Bei Schwierigkeiten spreche ich   stimmt ☐☐☐☐☐ stimmt nicht
    immer zuerst direkt mit den Be-   1 2 3 4 5
    troffenen.

17. Kollegen und externe Kunden in-   stimmt ☐☐☐☐☐ stimmt nicht
    formiere ich aus eigenem Antrieb   1 2 3 4 5
    über wichtige Sachverhalte.

18. Auf Besprechungen bereite ich mich   stimmt ☐☐☐☐☐ stimmt nicht
    intensiv vor.   1 2 3 4 5

19. Gespräche führe ich sehr strukturiert stimmt ☐☐☐☐☐ stimmt nicht
    mit einem ausreichenden Zeitrahmen.   1 2 3 4 5

20. Mein Zeitmanagement ist sehr gut.   stimmt ☐☐☐☐☐ stimmt nicht
                                                      1 2 3 4 5

Auswertung: Zählen Sie bitte Ihre Punktzahl zusammen. Diese Summe ist
Ihr Testwert!

20 bis 40 Punkte: Sie verfügen über eine sehr gute Kunden- und Ser-
                      viceorientierung.

41 bis 50 Punkte: Sie besitzen eine gut ausgeprägte Kunden- und Ser-
                      viceorientierung.

51 bis 60 Punkte: Ihre Kunden- und Serviceorientierung ist zufrieden-
                      stellend.

61 bis 80 Punkte: Sie sollten unbedingt an Ihrer Kunden- und Service-
                      orientierung arbeiten.

81 bis 100 Punkte: Sie sollten prüfen, ob Sie in Ihrer derzeitigen Tätigkeit
                      am richtigen Platz sind!

✎ Material zu Aufgabe M 3

Persönlicher Maßnahmenplan zur Verbesserung von Kunden- und Serviceorientierung

Ab sofort werde ich ...

⇨ *kunden- und serviceorientierter* sein in den Bereichen

1. . . . .

2. . . . .

3. . . . .

4. . . . .

⇨ folgende *Fähigkeiten und Fertigkeiten* verbessern

1. . . . .

2. . . . .

3. . . . .

4. . . . .

⇨ nachstehende *Probleme* beseitigen

1. . . . .

2. . . . .

3. . . . .

4. . . . .

⇨ nachfolgende *Verhaltensweisen* ändern

1. . . . .

2. . . . .

3. . . . .

4. . . . .

⇨ ein neues persönliches Motto leben, es lautet:

. . . .

. . . .

287

Name	Warum-warum-Analyse	M 4

Stichwort   Kundenorientierung; Servicequalität;

Ziel   Analyse mangelnder Kundenorientierung

Typ   Gruppenarbeit

Ort   Nach Belieben

Mitwirkende   Teilnehmer an Veranstaltungen zum Thema Kunden- und Serviceorientierung

Durchführung   ☞ Einführung:

> „Nachfolgend möchte ich Sie mit einem Instrument bekanntmachen, daß es Ihnen erleichtern soll, die Gründe für eine mangelnde Kundenorientierung oder Probleme im Verhältnis zum Kunden zu analysieren. Es ist die aus dem Qualitätsmanagement stammende *Warum-warum-Analyse.* Dazu benötigen wir zunächst Beispiele für eine geringe Kundenorientierung oder schädigendes Verhalten gegenüber Kunden. Bitte nennen Sie mir solche Fälle per Zuruf."

☞ Der Trainer notiert die Beispiele am Flipchart und stellt so eine *„Kundenvergraul-Liste"* zusammen (mangelnder Telefonservice, Unfreundlichkeit usw.) Anschließend verweist er auf ein vorbereitetes Chart oder legt eine Folie auf, die ein *Warum-warum-Diagramm* zeigt und führt in die Technik ein (siehe Materialien).

☞ Jetzt bittet er die Großgruppe, sich in Kleingruppen aufzuteilen (evtl. methodisch gesteuert) und sich je ein abschreckendes Beispiel herauszusuchen und mit dem Analyseverfahren zu bearbeiten. Die Ergebnisse werden festgehalten und später im Plenum präsentiert. Dabei gibt der Trainer den Zuhörern nach jeder Präsentation kurz Zeit, um Fragen stellen zu können.

☞ Nachdem alle Gruppen präsentiert haben, erarbeitet der Trainer gemeinsam mit dem Plenum einen Maßnahmenkatalog zur Veränderung der Negativbeispiele („Welches Erlebnis wollen wir dem Kunden bieten?")

Dauer   🕐 60 Minuten

Teilnehmer   Max. 16 Personen

Trainer
➲ Er führt in das Verfahren ein und erläutert das *„Warum-warum-Diagramm."*
➲ Er beachtet den Zeitrahmen und moderiert die Diskussionen.
➲ Er erarbeitet gemeinsam mit den Teilnehmern einen Maßnahmenkatalog.

**Material/
Unterlagen/
Vorbereitung**   ᝂ Filzstifte und Flipchart

Auswertung   ✓ Wie hat das Arbeiten mit der *„Warum-warum-Analyse"* funktioniert?
✓ Haben Sie neue Erfahrungen mit dem Instrument gemacht oder spezifische Erkenntnisse sammeln können?

Variationen   Bedingt modifizierbar

Warum-warum-Analyse
(Beispiel aus der „Kundenvergraul-Liste")

Vorgehensweise: Bei der Warum-warum-Analyse wird sechs Mal nach dem „Warum" gefragt.

Schritte zum Beispiel:

1. Schritt: „Warum ist der Verkäufer ungeduldig?"

Antwort 1: „Es liegt an seiner Persönlichkeit."

Antwort 2: „Er ist überfordert."

2. Schritt: „Warum ist er überfordert?"

Antwort 1: „Weil der Laden unterbesetzt ist."

Antwort 2: „Weil er über mangelnde Produktkenntnisse verfügt."

Antwort 3: „Weil ihm verkäuferische Fähigkeiten fehlen."

3. Schritt: „Warum ist der Laden unterbesetzt?"

usw.

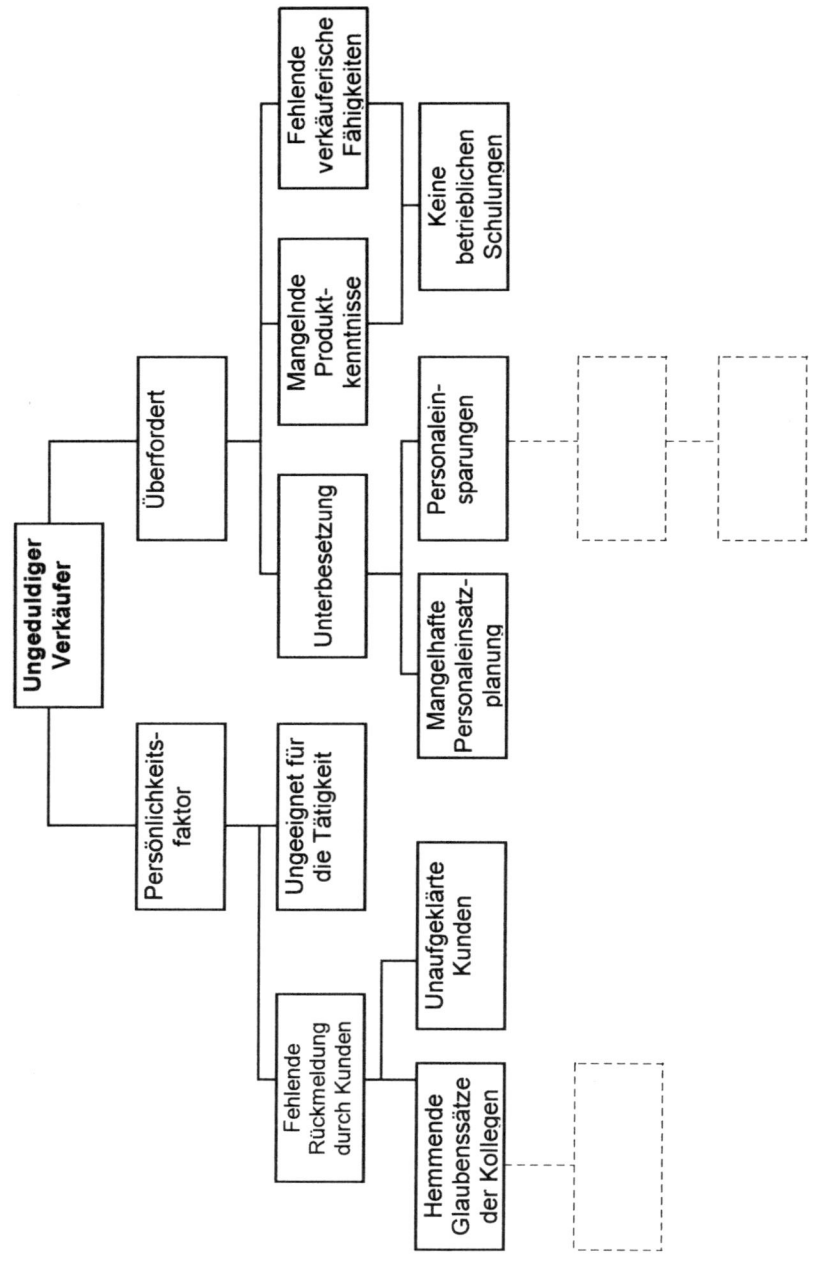

9. Schlußbemerkung

Die Beherrschung von Techniken der Personalentwicklung durch einen Trainer, Vorgesetzten oder andere Personen, die mit der Entwicklung von Personal betraut sind, ist eine wesentliche Voraussetzung für den Erfolg von Trainingsmaßnahmen. Die im Buch beschriebenen Methoden stellen dazu einen Ausschnitt eines entsprechenden Instrumentariums dar. Sie geben den Verantwortlichen für Lernprozesse das benötigte Rüstzeug, um die immer stärker ins Blickfeld kommenden psychologischen Aufgabenstellungen effektiv zu bearbeiten und wichtiger gewordene Themen, wie etwa das Coachen von Mitarbeitern, besser zu bewältigen. Über das reine Vermitteln von Wissen hinaus sollen sie das Mobilisieren von Potentialen bei Mitarbeitern ermöglichen. So können Mitarbeiterpotentiale geweckt und verstärkt genutzt werden. Insofern ist der gezielte Einsatz von Methoden zur Initiierung von Lernprozessen im Rahmen von Trainings oder anderen betrieblichen Zusammenhängen ein vielversprechender Weg. Gleichwohl soll vor der Illusion gewarnt werden, alle betrieblichen Schwierigkeiten, angefangen bei Motivationsproblemen von Mitarbeitern bis hin zu Führungsschwächen der Vorgesetzten, ließen sich alleine durch Trainingsmaßnahmen verändern. Zwar leistet Personalentwicklung einen großen Beitrag zur Entwicklung einer Organisation und deren Mitarbeiter. Genauso wichtig ist es aber, sich die Ergebnisse der Interaktionsforschung zu vergegenwärtigen, die zeigen, daß insbesondere die Wechselwirkungen zwischen der *Persönlichkeit des Mitarbeiters*, seiner *Arbeitssituation* und den *organisationalen Bedingungen* des Unternehmens Verhalten maßgeblich beeinflußt (*Brinkmann,* 1998). Die Persönlichkeit eines Menschen ist dabei sicher ein wesentlicher Faktor, dennoch dürfen die anderen Variablen nicht vernachlässigt werden. Die Anwendung von Techniken der Personalentwicklung muß daher immer auch im Kontext mit einer geplanten Organisationsentwicklung gesehen werden. Nur wenn der systemische Blickwinkel eingenommen wird, können die hier beschriebenen Methoden ihre volle Wirkung entfalten. Trainings, integriert in ein Gesamtkonzept von Organisationsentwicklung, werden so ein unverzichtbarer Beitrag zur Überlebensfähigkeit von Organisationen. Sie tragen dann die Kraft der Veränderung in sich, die eine lebendige lernende Organisation mitbegründen. Der Leser sei deshalb ermutigt, die hier beschriebenen Methoden unter einer systemischen Sichtweise zur persönlichkeitsförderlichen Weiterentwicklung von Mitarbeitern einzusetzen und seine Erfahrungen damit zu sammeln.

10. Literaturverzeichnis

Bandler, R./Grinder, J.   Neue Wege zur Kurztherapie. Paderborn 1980.

Brinkmann, R.   Mitarbeiter-Coaching – Der Vorgesetzte als Coach seiner Mitarbeiter, 2. Aufl. Heidelberg 1998.

Brinkmann, R.   Vorgesetzten-Feedback – Rückmeldungen zum Führungsverhalten – Grundlagen und Anleitungen für die Praxis. Heidelberg 1998.

Comelli, G.   Training als Beitrag zur Organisationsentwicklung. München/Wien 1985.

Francis, D./Young, D.   Improving Work Groups. University Associates Inc. San Diego, California/USA 1980.

Freudenreich, D.   Das Planspiel in der sozialen und pädagogischen Praxis. München 1979.

Kirckhoff, M.   Mind Mapping. Die Synthese von sprachlichem und bildhaftem Denken. 6. Aufl. Berlin 1992.

Knoll, J.   Kurs- und Seminarmethoden. Weinheim/Basel 1992.

Losche, H.   Interkulturelle Kommunikation. Alling 1995.

Luther, M./Maaß, E.   NLP Spiele-Spectrum. Paderborn 1994.

Metzger, R./ Weichert, B.   Handbuch der Seminar- und Kursmethoden für SozialarbeiterInnen; Teil 1. Unveröffentlichte Studienarbeit Fachhochschule Heidelberg 1996.

Noe, R.A.   Trainee's attributes and attitudes – Neglected influences on training effectiveness. Academy of Management Review, Vol. 11, No. 4, pp 736–749, 1986.

Obermann, C./ Schiel, F.   Trainingspraxis. Köln 1997.

Rehm, S.   Gruppenarbeit: Ideenfindung im Team. Frankfurt a. M. 1994.

Reichel, G./ Rabenstein, R./ Thanhoffer, M.   Bewegung in der Gruppe. Arbeitsgemeinschaft für Gruppenberatung. Münster 1987.

Literaturverzeichnis

Ruddies, G.   Erfolgreiche Erwachsenenbildung: Praxis – Reflexion – Ratgeber. Villingen-Schwenningen 1991.

Schrader, E./
Gottschall, A./
Runge, T.   Der Trainer in der Erwachsenenbildung. München 1984.

Schulz von Thun, F.   Miteinander reden. Reinbek bei Hamburg 1998.

Stogdill, R.M.   Personal factors associated with leadership, Am. J. of Psychology. No. 25, 1948.

Wellhöfer, P.R.   Gruppendynamik und soziales Lernen. Stuttgart 1993.

11. Verzeichnis der Methoden

12. Sachregister

Erfolgreiches Bildungscontrolling

Praxis und Perspektiven

Von Prof. Dr. **Thomas R. Hummel,**
Dipl.-Kfm., Dipl.-Handelslehrer.
1999, 227 Seiten, Kt.,
ISBN 3-7938-7188-6
Heidelberger Fachbücher für Praxis und Studium

■ Controlling ist in seinem ganzen Facettenreichtum heute für viele Unternehmen unerläßlich. Die Applikation des Controllinggedanken auf den Bildungsbereich sowie entsprechende Literatur sind dagegen trotz zunehmender Bedeutung von Bildung als unternehmerischem Erfolgsfaktor nicht ausreichend verbreitet. Diese Lücke schließt das vorliegende Werk.

■ Vor dem Hintergrund immer höherer Investitionen in die personelle Weiterbildung und der damit zusammenhängenden Frage nach dem Nutzen von Qualifizierungsmaßnahmen bietet es Zweifaches: Es stellt anschaulich die theoretischen Grundlagen des Bildungscontrolling dar, und es bietet Praxisbeispiele und Handlungsanleitungen für die Einführung oder Verbesserung von Controllingmaßnahmen.

■ Dieses neue Buch ist für Weiterbildungsverantwortliche in Unternehmen und Verwaltungen, Personalentwicklungsverantwortliche, Personalberater und private Weiterbildungsanbieter von besonderem Interesse.

Sauer-Verlag

Heidelberg